SIMON &
SCHUSTER

LIBROS EN
ESPAÑOL

Dr. Phil McGraw

Eres
importante

Construye tu vida
desde el interior

Libros en Español
Publicado por Simon & Schuster
Nueva York   Londres   Toronto   Sydney

SIMON & SCHUSTER
LIBROS EN ESPAÑOL
Rockefeller Center
1230 Avenue of the Americas
New York, NY 10020

Primera Simon & Schuster Libros en Español edición 2005

Para información respecto a descuentos especiales para compras al por mayor, por favor,
póngase en contacto con Simon & Schuster Special Sales, en el 1-800-456-6798
or en business@simonandschuster.com.

Hecho en los Estados Unidos de América

10 9 8 7 6 5 4 3 2 1

Datos de catalogación de la Biblioteca del Congreso:
Phillip C.
     Self matters : creating your life from the inside out / Phillip C. McGraw.
        p.   cm.
        1. Self-actualization (Psychology)   I. Title.
     BF637.S4 M24 2001
158.1—dc21
2001054935

ISBN-13: 978-0-7432-8229-1
ISBN-10:   0-7432-8229-9

A mi esposa, Robin,
sin ella no estaría viviendo
la mejor vida posible,
y a mis hijos, Jay y Jordan,
dos jóvenes maravillosos
que me retan al ser lo que son,
y a mi madre, "Abuelita Jerry",
por hacerme sentir especial
desde el primer día,
y por enseñarme el verdadero
significado del perdón y del valor.
Este libro también está dedicado
a la memoria de mi padre, Joseph,
quien nunca se dio por vencido
y superó todas las desventajas,
para lograr, a la edad de 72 años,
encontrarse con su yo *auténtico.*

ÍNDICE

AGRADECIMIENTOS

Escribir este libro ha sido una experiencia maravillosa y transformadora, aunque compleja a nivel personal. Ha sido una empresa que no habría podido lograr sin la ayuda y el apoyo de un gran número de personas importantes en mi vida, que en algunos casos se han constituido en "claves" para mí.

Quiero agradecer a Robin, mi esposa y compañera por casi 30 años. Robin: tú has sido mi inspiración y guía para construir mi vida desde mi interior. Es tu apoyo y fe en mí lo que me ha dado el valor de salir y encontrar el camino hacia mi auténtico yo; para ser yo mismo y no lo que otros pretenden que sea. Sin tu espíritu aventurero, hoy estaría atrapado en una vida que no quisiera vivir.

También deseo agradecer a mis hijos, Joy y Jordan, por creer en su papá y darle valor. Los dos, Jay y Jordan, estuvieron a mi lado todos los días en que escribí este libro. Sin recriminaciones ni caras largas por las agotadoras jornadas, sólo apoyo. Eso importa, y mucho. Gracias muchachos por mantenerme concentrado en lo que verdaderamente era importante. En esos momentos en que me cuestionaba: "¿Cuál es el motivo para tanto esfuerzo?" Tan sólo tenía que voltear y ver la esperanza y energía que sus ojos irradiaban, y la respuesta me quedaba clara. Rezo para que, como adulto, pueda alcanzar el nivel que ustedes, como jóvenes, ya han alcanzado.

Un agradecimiento especial para Oprah, querida amiga y poderosísima persona "clave" en mi vida. Gracias a una conversación con ella, cuando circulábamos por una autopista desolada de Texas al final del invierno, fue que me inspiré para que algún día desmitificara el concepto del yo, y creara un auténtico esquema para que la gente lo use y logre ser auténtica. Oprah: gracias por el apoyo en la realización de este sueño, gracias por todo tu trabajo y esfuerzo encaminado a marcar la diferencia, y gracias por ponerme a trabajar en lo que amo, gracias Oprah por estar en mi balcón y dejarme estar en el tuyo.

Gracias a Jonathan Leach, por sus habilidades organizativas y la escritura que aportó para construir este libro. Yo no he escrito una sola página en éste, o cualquier otro de mis libros, sin que Jonathan no la haya estrujado, volteado, masajeado y convertido en una mejor página. Tú eres, desde mi punto de vista, el mejor que hay, y has hecho de mí un mejor escritor, y en el proceso, una mejor persona. Gracias Jonathan por las largas noches y los interminables fines de semana. (Para Linda, la esposa de Jonathan: perdón, pero ya lo tienes de regreso, al menos por ahora.)

Gracias al doctor Frank Lawlis por todos sus consejos sobre el contenido de este libro, así como sobre mi manera de escribir. Frank fue mi mejor profesor en la universidad, supervisó mi tesis y generalmente me ha mantenido por el buen camino. Él me ayudó cuando hubiera sido más fácil no hacerlo, y ha sido un amigo de toda la vida. ¡Siempre discutimos si él me enseñó todo lo que sé o todo lo que sabe! De cualquier manera, él es, en mi opinión, la máxima autoridad en psicología de la actualidad. Sus conocimientos y análisis han sido invaluables para la gestación de este libro. Es uno de los pocos psicólogos que han alcanzado la excelencia tanto en la psicología clínica como en la de consulta, él ha aportado tal experiencia a este trabajo, que me siento con la confianza de que mis ideas son acertadas.

Gracias a Gary Dobbs, mi socio, mejor amigo y padrino de mis hijos, por tu constante apoyo en todo lo que emprendo en esta vida. Invariablemente siempre estás de mi lado a nivel personal, profesional y espiritual. Gary siempre está en las listas más exclusivas, de las más exclusivas, de las personas "clave" de mi vida. Él hace una gran diferencia cada día.

Gracias a Jan Miller y a todo el equipo de Dupree Miller. Jan es "el" agente literario en el mundo de hoy y ha comprometido su energía y carrera para poner mi mensaje en "las manos de todas las personas que saben leer en el planeta". (¡Jan siempre dispara alto!) Eres un increíble e incansable porrista, con el que es imposible estar sin sentirse impulsado. Gracias Jan por ser el gran profesional que nunca se cansa, pero, más importante, gracias por ser un gran amigo.

Gracias a Dave Kahn, mi publicista-publirrelacionista-amigo-compañero de tenis-nunca-dice-no-tipo que lo hace realidad. Dave vive y respira nuestros esfuerzos por impulsar la vida de la gente. Tu espíritu gentil y tu voluntad de tomar las riendas, contribuyeron de manera fundamental en la creación del espacio, tiempo y energía necesarios para la concepción de este proyecto. Gracias Dave por tu incansable esfuerzo mientras yo escribía como un eremita.

Gracias a Scott Madsen, quien se despierta cada mañana diciendo: "¿Qué puedo hacer para ayudarte?" De nuevo un amigo y gran apoyo que creó el espacio, tiempo, seguridad y energía que me permitieron concentrarme en este trabajo.

También le quiero agradecer a Carolyn Reidy, presidenta de Simon & Schuster, por comprometerse apasionadamente en la realización de este proyecto.

Finalmente, gracias a Dominick Anfuso, mi editor en Simon & Schuster, por involucrarse profundamente con este libro. Dominick, tus consejos fueron invaluables e hicieron de *Eres importante* un libro mucho mejor. Gracias Dominick, eres muy apreciado.

Una vida que no es cuestionada, no vale la pena vivirse.

PLATÓN

1

¿QUÉ TAL SI...?

En algún momento descubrimos quienes somos en realidad,
pero después tenemos que vivir con esa certeza.

ELEANOR ROOSEVELT

El sol golpeaba el rostro del joven que estaba parado en el estacionamiento. No había corrientes de aire y el negro asfalto estaba pegajoso y reflejaba el calor vespertino. El hornazo de calor se irradiaba sobre su cara. Él no estaría aquí, llamando por un teléfono público, al menos que estuviera lejos de casa y que esta llamada necesariamente debiera ser hecha a través de una operadora.

A lo largo de los años, él ha hecho infinidad de llamadas por cobrar, pero ésta era completamente diferente. Esta vez, instruyó a la operadora de que remarcara, que la llamada la hacía el "doctor", no el señor. Le sonó extraño escucharla decir "doctor" antecediendo a su nombre justo en el momento en que su padre contestó la llamada. Era el "doctor hijo" llamando al "doctor papá". Un logro que le costó tiempo y esfuerzo. Once años para ser exactos. 300 horas de créditos escolares, decenas de miles de páginas leídas y estudiadas, y cientos y cientos de desvelos para igual número de pruebas y exámenes. Kilómetros y kilómetros de caminatas entre el estacionamiento y el hospital, donde los estudiantes, internos y residentes, eran tratados como "carne de cañón". A últimas fechas, fueron meses y meses de soportar el inevitable y agrio olor a orines del pabellón psiquiátrico, donde pasó interminables días con sus noches "tratando" (mas bien encasillando) a los pacientes de ese pabellón frío y desolado.

No menos penosos fueron los días, semanas y meses en que tuvo que lidiar con una pléyade de profesores inseguros (más interesantes, emocionalmente hablando, que los mismo pacientes); muchos de ellos, enfundados en sus batas blancas cual Napoleones de la psiquiatría, estaban demasiado ansiosos como para controlar el poder de su despreciable feudo. Sus tormentos finalmente terminaron con ese inolvidable último año, cuando recorrió los pasillos del hospital blandiendo su carta de renuncia, deseando no tener que hablar de nuevo con alguno de sus mentores-torturadores anales-retentivos.

En lugar de eso, y para sorpresa de todos lo que lo conocían, permaneció estoico. Recordó a uno de sus profesores favoritos diciéndole que no lograría graduarse debido a su actitud soberbia, ya que se rehusaba a "lamerles el culo". Le dijeron: "¡Tienes muchas opciones en la vida como para tolerar este fiasco disfuncional, no estás suficientemente desesperado como para aguantar tanto abuso!" Pues aquí estaba. Uno a uno los jefes de departamento firmaron el requerimiento final, le estrecharon la mano y lo felicitaron por obtener la calificación más alta de su profesión. ¡Doctor! El sabía lo orgulloso que su padre se iba a poner. ¡Esa llamada telefónica era un enorme paso hacia la consecución del sueño de su padre: padre e hijo, ambos doctores, ejerciendo juntos, hombro con hombro!

A lo largo de su calvario estuvo fuertemente influido por la visión y los sueños de su padre. Provenía de una familia con pocos éxitos. De hecho, él y su padre fueron los únicos de la gran familia que pudieron asistir a la universidad, ni hablar de los títulos de doctor. En consecuencia, esa llamada telefónica se convirtió en un instante de enorme orgullo. El largo viaje concluía. La victoria era suya, sus padres y el resto de la familia estallarían en júbilo.

Estaba todo arreglado. Listo y esperándolo estaba una próspera clientela, todo listo para crecer con la energía e inspiración que él le iba a imprimir. Eso significaba que ya no tendría que mendigar por el dinero que él y su joven esposa requerían. Ya no tendría que manejar automóviles vetustos. No más vivir en departamentos tan chicos, que para darte la vuelta, tenías que salirte del mismo. Y lo más importante: el joven doctor verdaderamente quería ayudar a la gente, ahora tenía la oportunidad de hacerlo. Por lo tanto no existía nada negativo en esto. ¿O no?

Todavía está en el estacionamiento, pensando en las palabras de júbilo —incluso cuando la voz de su padre se quebró de la emoción— se volteó a ver a su mujer que lo esperaba en el coche. Ahí estaba la única persona en el mundo que podía entender que algo no andaba bien con él. ¿Cómo podía todo parecer tan perfecto y, en cambio, sentirse él tan mal? La miró a los ojos. Sin decirle una palabra supo que ella sabía.

Pero él representaría al buen soldado. Escondería los pensamientos negativos y seguiría adelante. Pronto viviría en tal ajetreo que esos pensamientos quedarían enterrados, así podrá concentrarse en cumplir con las expectativas de tanta gente que lo ama. Se dijo que probablemente era tan sólo ansiedad, nada que el duro trabajo no pueda solucionar. Así que, con una ración sana de "hacer lo correcto", ejercitar el "cumple con tus compromisos" y una ingenuidad que sólo puede provenir de ser joven y estúpido, se preparó para ir al trabajo. Ahí quedaban esas dudas y la sensación de vacío acerca del nuevo viaje que iba a emprender. La sensación de que algo estaba mal, permaneció. ¡Pero, a cambio, él iba a hacer feliz a tanta gente!

Al mismo tiempo se hizo una promesa: "No importa cuanto dinero gane, si alguna vez siento que sólo lo estoy haciendo por sinergia, me salgo. Nunca voy a vivir sin pasión, nunca me voy a vender. ¡No voy a hacer las cosas porque sean fáciles, seguras o porque alguien las espere de mí! Si he podido superar esto, podré superar cualquier adversidad, no tengo problema alguno."

Diez años después...

Diez años y cientos de pacientes después, el no tan joven, no tan estúpido y no tan ingenuo doctor, con su esposa, bajan de un avión privado propiedad de un cliente. Es un hermoso domingo del mes de octubre. Su consultorio posiblemente sea el más importante del país. Es el maestro en su profesión. ¿Éxito? Claro que sí, bajo el esquema del éxito que él ha aceptado. ¿Seguridad en la vida? Sin lugar a dudas. ¿Automóviles y casas? Sólo los mejores. Dos increíbles hijos, un precioso matrimonio y unos padres orgullosos: lo tiene todo.

Entonces, ¿por qué no se siente igual de bien que hace diez años, cuando hizo esa llamada por cobrar en ese estacionamiento desierto? Las promesas que se hizo en ese entonces lo carcomen más y más. Incluso ha habido ocasiones en que hubiera deseado no haberlas hecho. Son esos momentos en que la verdad lo rebasa. Pero empeoran cuando está agotado, o en aquellos instantes cuando se permite a sí mismo descansar. Realmente ha odiado esos momentos, porque es justo entonces cuando la verdad lo impacta: "No importa cuanto dinero gane, si alguna vez siento que sólo lo estoy haciendo por sinergia, me salgo. Nunca voy a vivir sin pasión, nunca me voy a vender. ¡No voy a hacer las cosas porque sean fáciles, seguras o porque alguien las espere de mí! Si he podido superar esto, podré superar cualquier adversidad, no tengo problema alguno."

La promesa lo persigue, porque sabe que el dinero y el estilo de vida lo han "comprado", justo lo que él prometió que no ocurriría. Lejos de sentir que él "vive" su propia vida, siente que ésta lo ha atrapado. Pero existe una parte de él que recuerda qué se sentía tener pasión, esperanza, optimismo y energía. Esa parte se ha rehusado a sucumbir y a aceptar el "papel" que le ha asignado una sociedad que es insensible y, a veces, cruel. Es esa parte del "yo" que quiere participar del juego, el juego que él quiere jugar: un juego que sí significa algo para él, aunque no lo sea para los demás. Es privada, y muchas veces no aceptada, esa parte de él que se niega a ser controlada por las expectativas de la sociedad. Es una parte que sabe lo que es auténtico, sin embargo, generalmente se mantiene en silencio.

La sencilla verdad es que no está viviendo la vida que quiere o que escogió. Él vive una vida que complace a los que lo rodean, ellos la quisieran vivir, pero él no. Hace lo que hace porque es lo que su padre hizo. Incluso vive en un lugar que no escogió, al menos de manera consciente. De hecho, es el último lugar de la tierra que él hubiera escogido. Tiene una vida que muchos amarían, pero su corazón no está ahí. No es natural para él, así que todo lo tiene que hacer con fuerza de voluntad: todo es una carga. No existe pasión; no hay gusto. Él ha ignorado sus verdaderos sueños, pero ha sido difícil y cada vez lo es más. Ser alguien que no es ha sido lo más difícil en su vida.

Evidentemente, ésta no es una tragedia monumental. A lo que me refiero, es que no podemos decir: "¡Pobre hombre, tiene que trabajar en una oficina lujosa todo el día!" No estamos frente a una situación que acapare los titulares de los diarios. ¿Podrá ser feliz? De cualquier forma, su matrimonio y su familia son maravillosos. ¿Podrá sentirse satisfecho con eso y simplemente continuar su vida sin más? Sí. Pero cada día que pasa se vuelve más difícil, días que pasan y se convierten en semanas, meses y años. Algunas veces escucha una voz, su propia voz, implorando por ser consolada, sin embargo, no reacciona. La mayor parte del tiempo es más conveniente no pensar. Después de todo, ¿acaso es tan importante sentirse bien y tener pasión? ¿No será ridículamente romántico al creer que ser "honesto consigo mismo" es una filosofía existencial? ¿No debería sentirse agradecido por todas las bendiciones que cualquier otro apreciaría?

Él piensa que si se dedicara a algo que lo apasionara, sí habría diferencia, pero tiene muchas "responsabilidades". Tiene esposa e hijos, dios santo: ¿Cómo les podría pedir que dejaran sus escuelas, amigos y la vida entera, sólo para que persiga sus sueños? Él se pregunta si éstas son las razones de fondo o simplemente siente miedo. Tal vez sólo es un pony que sólo se sabe un truco. Quizá ha tenido mucha suerte y no tendría éxito si se dedicara a otra cosa. Parece no tener la misma confianza que tenía. Todavía le queda algo, pero su visión, clara y brillante, se ha convertido en opaca y difusa.

En el preciso momento en que está combatiendo con esos pensamientos, su esposa le pregunta: "¿Dónde estabas? ¡Me tienes que decir lo que pensabas! Dime a dónde vas cuando te veo tan ensimismado." Queda claro que ella le lee la mente. Entonces le dice: "Está aumentando con los días, siento que estoy perdiendo una parte de ti. Cuando estamos solos o con los niños aparece tu yo auténtico, tal y como eras antes de que tuviéramos esto que llamamos "nuestra vida". Pero en el momento en que el mundo cruje te desvaneces. Cuando suena el teléfono, o cualquier otra cosa rompe el hechizo, te conviertes en otra persona, como un robot".

Por alguna razón, en esta preciosa tarde otoñal, mientras recorre la ciudad en su automóvil descapotable sintiendo la suave brisa, decide de una vez por todas dejar de negarse a sí mismo. Decide darle voz a sus sentimientos y decir la verdad: "Odio decirte esto, ¡pero creo que una gran parte de mi vida no vale un céntimo! Me odio a mí mismo por hundirme tanto que siento que no puedo salir. Odio mi carrera. Odio el lugar en el que vivimos. Odio lo que hago. Lo he odiado desde antes de hacerlo. Hace diez años, el día que le hablé a mi papá desde el estacionamiento, yo sabía que no me quería mudar a este pueblo maldito, y mucho menos hundirme en esta maldita carrera. Lo eché todo a perder y ahora estoy atrapado, viviendo una vida que odio. Me vendí e hice todo lo que los demás querían que hiciera, no he hecho lo que yo he querido. No siento pasión por lo que hago. Nada más me muevo por inercia y cada día es más difícil. Debería de sentirme emocionado por mi vida, pero no es así. Los estoy engañando, a ti y a los niños, porque no estoy siendo yo mismo. Voy a cumplir 40 años. Ya desperdicié diez años de mi vida y no los puedo recuperar por más que lo intente. Me hace sentir enfermo, siento el estómago oprimido. No quiero agitar el barco, pero no soporto este esquema de vida, si de mí dependiera lo cancelaba todo, me largaba de aquí para hacer algo que me apasione en un lugar que me guste. Perdóname, pero ésta es la verdad. Soy un fraude. Siento mucho haber tenido que soltarte toda esta basura, pero tú preguntaste. Estoy perdiendo toda mi energía. Estoy exhausto. Estoy cansado de no emocionarme cada mañana al levantar-me. Ya me cansé de no sentirme orgulloso de lo que hago. No culpo a nadie, soy el único culpable. La culpa es mía, no tuve las agallas de hacer las cosas a mi manera. ¿Qué tan impactante es esto?"

Conozco cada detalle de esta historia, incluido el diálogo en el automóvil, porque yo estaba en ese coche. La historia, la "confesión", es mía. Yo era ese joven que habló desde ese estacionamiento en el año de 1979, y era yo el que se largó de Love Field, Texas, con mi esposa, Robin, en 1989.

Durante esos diez años, viví en la incongruencia. El contenido de mi vida, las decisiones que tomé, eran incongruentes con lo que yo era y con lo que quería ser. Lo hacía así, porque en ese entonces no puse el corazón, no tenía pasión. Por un lado ocupaba una posición privilegiada y tenía una vida "segura", porque todo era perfectamente predecible y exacto como el segundero de un reloj. El problema de fondo era que todo lo que yo hacía, lo hacía en función de las expectativas que otras personas tenían en mi persona, y no en las que yo tenía sobre mí mismo. Era miserable. Si me hubieran preguntado: "¿Esta es la vida que quieres vivir?, ¿estás haciendo el trabajo que te gusta?, ¿estás cumpliendo el cometido por el viniste al mundo?" Hubiera tenido que contestar: "No, ni de cerca." Yo sabía que estaba viviendo una vida para la que no estaba predestinado. Yo sabía que había algo que no funcionaba, pero durante diez años evité enfrentarlo porque pensé que era mejor seguir como estaba y no dañar a los que me rodeaban. En lugar de aligerar la carga que tenía que llevar cada día, en vez de tratar de corregir mi rumbo, yo decidí mantenerme en lo mismo. Increíble, pero cierto.

Como a un enemigo que conociera tanto como a un amigo íntimo, llegué a conocer el vacío de una vida incongruente. Me ignoré a mí mismo y viví para los demás, busqué alcanzar metas que no eran mías. Traicioné lo que yo era y a cambio acepté a un sustituto que no era yo. Que venía de afuera. Me traicioné, y mi vida era una ficción, un fraude.

Mucho de lo que hice —que estaría perfecto si es que me hubiera apasionado— era *contranatura* para mí tal y como hubiera sido para un perro tratar de volar. No tiene nada de malo el tratar de volar, al menos que tú seas un perrito y no un perico. Amaba a mi familia, pero los demás aspectos de mi vida eran dolorosos y demasiado complejos, ya que no provenían de mi corazón, de mi interior. Adicionalmente a tener que ser y hacer lo que no era, existía la carencia de gratificaciones interiores. No me divertía ni me emocionaba. No estaba haciendo lo que consideraba valioso. Yo no me estaba dedicando a lo que era bueno, en consecuencia no estaba cumpliendo con mi misión en la vida, el motivo por el que estoy aquí. Nunca terminaba un día diciendo: "Que buen trabajo hice, debería de sentirme orgulloso". Necesitaba sentirme así al mirarme al espejo. Necesitaba sentirme con un motivo, con una misión, pero no podía porque no los tenía. Nada me emocionaba. No era nada bueno.

Afortunadamente pude reconstruir las partes que no me gustaban y construir sobre las que yo consideraba acertadas. Una vez que dejé de vivir esa vida incongruente y empecé a escuchar a mi voz interior, mis propias necesidades, mi calidad de vida cambió radicalmente. No recuperé esos diez años, pero quedaron como vagos recuerdos que son reemplazados con las experiencias de una vida que para mí sí es auténtica. (Pronto te explicaré cómo lo logré.)

Nunca podré, ni quiero, olvidar por completo el dolor y vacío en los que viví durante esos diez años. Después de haber vivido ese tiempo en un territorio desolado, sé que no quiero volver a hacerlo. Preferiría mendigar por comida y cobijo, pero seguir haciendo lo que hago y no volverme a traicionar. Si tú has sido tan tonto y vivido una vida incongruente por mucho tiempo, pero en algún momento cambiaste y corregiste el rumbo, sabrás de lo que te hablo. Al volver la vista atrás, piensas: "¿Cómo pude ser tan estúpido y desperdiciar tanto tiempo?" Así que te puedes imaginar cómo me sentí cuando cambié mi vida por completo después de diez años. ¡Un enorme alivio, inmenso! Me logré liberar, y si tú estás en esa situación, quiero que también lo hagas. No te espantes. No pretendo que acabes con tu matrimonio o tu familia. Vivir una vida incongruente no implica necesariamente locación, ocupación, tiempo o las personas con las que vives y convives. El "arreglo" al que me refiero viene desde tu interior, lo que sí incluye es *cómo* haces lo que haces. Tiene que ver con la honestidad que tienes contigo mismo. Yo lo sigo haciendo desde la primera vez que lo hice; lo hago constantemente y las prioridades son mías, de nadie más. Se trata de que estés siempre para ti, se trata de que seas tu propio mejor amigo.

Pregunta: ¿existe la posibilidad, que como yo, tú tengas oportunidad de vivir una vida mucho más satisfactoria y plena, pero te estás vendiendo, porque no lo sabes o, si lo sabes, estás atrapado en tu propia vida y no haces nada por remediarlo? ¿No crees que, de hecho, eres un extraordinario y único individuo que necesita ser y hacer todo lo que potencialmente eres, pero que estás negando todo el poderío que como individuo tienes y permaneces atrapado en un mundo conformista en el que no está permitido "hacer olas"?

Te confieso que te estoy poniendo una trampa ya que mis preguntas están dirigidas, y te puedo apostar que tu respuesta a las dos preguntas es un rotundo y contundente sí. Si estoy en lo correcto, tu concepto de ti mismo está en problemas y no sólo te estás engañando a ti mismo sino a tus hijos, a tu pareja y a todos los que te rodean. Sigue leyendo y veremos si tengo la razón. Si es así, no te desesperes, te prometo que te voy a ahorrar esos diez años que yo desperdicié. Juntos vamos a aligerar tu vida de una manera que ni te imaginas.

Advertencia: Este es un libro extremadamente directo, que te mostrará la cruel realidad, y que utilizando el sentido común, te enseñará la manera de tomar el control de tu propia vida. El control al que me refiero es el que obtienes al "reconectarte" con tu *yo auténtico*. Para que entiendas a lo que me refiero con "yo auténtico" necesitas recordar todas las veces en que fuiste mejor, los momentos en que fuiste absolutamente feliz, los más plenos y en especial los más auténticos. Recuerda el sentido, el corazón, de esos momentos en que tu vida fluía plena de energía y emoción. Al mismo tiempo, es posible que te hayas sentido tranquilo con estos recuerdos. Puedes haber estado trabajando, pero el trabajo era un juego. Probablemente sentiste que estabas justo en el lugar en el que debías estar, haciendo exactamente lo que tenías que hacer y con la gente indicada. Confiabas en ti mismo. Te divertías y no te torturaban otros pensamientos. No había espacio para el miedo, ansiedad o falta de confianza. Cada parte de ti se encontraba en absoluta armonía con el resto. Estabas viviendo plenamente el momento actual, mantenías una sensación de optimismo, la esperanza de que mañana todo fuera a seguir siendo igual de maravilloso que hoy. La vida parecía estar teñida de colores vívidos. Tu propia vida era la más interesante que conocías y no podías esperar para saber qué era lo que venía enseguida. Quizá lo más importante es que tú te aceptabas a ti mismo por lo que eras y hacías. El resultado era una especie de blindaje contra el juicio de los demás. Te sentías tan bien contigo, porque sentías que tú mantenías el control y los juicios ajenos no te afectaban. Eras tú quien importaba, mas no de una manera egoísta, sino gracias a tu gran seguridad. Sin lugar a dudas te sentías orgulloso de ti mismo y caminabas con gran seguridad. No estabas seguro de lo que el futuro te deparaba, pero sabías que lo podrías manejar. La autoaceptación era el cimiento del momento más feliz que has vivido, y también el motor que potenciaba tu maquinaria.

Conectarte con tu *yo* auténtico, significa el regreso al camino que llevaba a tu *yo* verdadero antes de que el tumulto te desviara de él. Este es un control que proviene de tu interior. Significa que este libro es sobre ti y nadie más. Es un libro diseñado para mantenerte emocionado con la posibilidad de llenar tu vida con todo lo que es importante para ti, en lugar de desgastarte en aquello que no vale la pena. Me refiero a controlar cada aspecto de tu vida. Significa unir todas las partes de tu ser de una manera que reconozcas lo que quieres sentir, que hagas lo que quieres hacer y, más importante, necesitas hacer. Significa que construyas una vida que tú respetes por lo que eres y haces. Significa que te puedes ver al espejo y sentirte orgulloso de lo que ves. Significa que estás viviendo de una forma que todos tus sueños permanecen vigentes. Significa que, al construir tu vida, dejarás de preguntarte: "¿Qué sentido tiene todo esto, para qué lo hago?" "La vida es una porquería y después te mueres", no es mi concepto de una buena filosofía o estrategia de vida. Si quieres estar completa y conscientemente en control de ti mismo y de todo lo que piensas, haces o sientes, y utilizar ese control para generar bienestar para ti y todos los que te rodean, has escogido el libro correcto, sin embargo queda mucho trabajo por delante.

Tengo la siguiente teoría: creo que tú, yo, nosotros, hemos cometido o estamos cometiendo errores en este juego que llamamos vida. Las personas están tan ocupadas en sus rutinas que han dejado que el colorido se desvanezca de sus vidas. Ellos se han abaratado demasiado. Piensa en ello: tu vida, a excepción de la íntima, puede estar apestando. Un ejemplo: en las mañanas, en lugar de dedicarle cinco minutos a tu mente y a tu corazón, puedes desperdiciar dos horas en mejorar tu apariencia. Aquí estás privilegiando lo externo a lo interno. Harías bien en detenerte a pensar cuánta de tu energía se desperdicia en superficialidades, en vez de utilizarla en aquello que, desde tu corazón, bien sabes que es más importante. Yo veo a cantidad de parejas que se casan cada año y te apostaría que el 90 por ciento de ellas pasan más tiempo planeando la boda que planeando el matrimonio. Qué tan locos debemos de estar, para que invirtamos más tiempo en decidir el banquete o los adornos florales para una ceremonia que durará sólo algunas horas, y muy poco para hablar de hijos, dinero y un plan de vida. (¡No digo esto por ser hombre! Yo tengo tres hermanas y sé cuan importante es la ceremonia para una mujer. Lo que quiero decir es: ¡Por favor, planeen su matrimonio!) Lo mismo sucede con tu vida. Tu vida es creada de adentro hacia fuera, así que tienes que estar bien contigo desde tu interior; y eso requiere tiempo y que te concentres en ti mismo, no en tu máscara social, en ti.

Este asunto acerca del *yo*, acerca de quién eres en realidad es importante, verdaderamente muy importante. ¿Por qué?

Porque una vida descolorida es una vida sin interés, sin pasión. Es una existencia gris, en la que te dejas arrastrar por la rutina sin manifestar la menor emoción. Gastas tu energía en tratar de cumplir con las expectativas de tus trabajos y empleos. Dejas de vivir de verdad, sólo existes: te levantas, alimentas a los niños, te preocupas por el dinero, vas al trabajo, regresas a casa, lavas la ropa, cocinas, te preocupas por los niños, te vuelves a preocupar por el dinero, ves televisión, comes un poco más, te preocupas un poco más y te vas a la cama; entonces te vuelves a despertar y repites la misma rutina, una y otra vez hasta sumar 365 veces durante un año. No te confundas: el trabajo, la rutina y el buscar la seguridad, se convierten en el único motivo de tu existencia, no hay un proyecto y tenemos que encontrarlo. Necesitas conocer tus mayores ambiciones y perseguirlas. ¡Qué trágico hubiera sido que Einstein se dedicara al comercio, Elvis manejara un camión o que la madre Teresa atendiera las mesas de una cafetería! Cuando nuestra existencia se convierte en rutinaria, sin retos, y la seguridad es la única meta que perseguimos, dejamos de ser auténticos, porque todos tenemos una misión en la vida, un motivo de vida que no podemos, ni debemos, negar para vivir plenamente. Si no tienes metas pierdes la pasión. Si no tienes pasión te has vendido a ti mismo. Yo sé que dentro de nosotros existen grandes pasiones, cumplirlas y liberarlas hará de nuestra vida una experiencia llena de emoción y energía.

Una vida sin pasión se vuelve superficial. Falsas metas como el dinero, el reconocimiento ajeno y acumular "cosas" controlarán tu vida. Estarás atrapado en un círculo descendente de una existencia sin sentido. Si no tienes compromisos y no crees en nada, incluido tú, puedes ser engañado y llevado a cualquier parte. Tú estás equipado para cumplir con una misión; y para reconocerla, y después cumplirla, se requerirá de todo tu ser — cuerpo, alma y espíritu. No puedes jugar tratando de no perder, buscando la seguridad. Tienes que vivir para ganar; aunque tú debes de definir la palabra ganar. Hacer cualquier otra cosa será negarte a ti mismo.

¿Te acuerdas de cuando tu vida tenía color y pasión? Reflexiona sobre ello y después pregúntate: ¿qué tanto he dejado que esos colores se desvanezcan? No es fácil acordarse porque nos descoloramos poco a poco. De cualquier forma, ¿tu vida ha cambiado de ser colorida a gris? Pregúntate desde cuándo no te has emocionado de verdad sobre algún aspecto trascendente de tu vida. No me refiero a comprarte un automóvil nuevo, una joya o un nuevo equipo de pesca; me refiero a la emoción y pasión que te da el seguir tus metas y sentir que vas en el sentido correcto. Me refiero a que sientes esa confianza que proviene de creer en ti mismo; la tranquilidad que experimentas cuando reconoces que tienes el valor de ser tú mismo y que siempre puedes contar contigo mismo. Es la clase de valor que te hará levantar cuando caigas, que te ayudará ha decidir bien tu profesión o decidir si quieres tener hijos. Pasión, emoción y confianza son las medicinas que requieres diariamente. Y las puedes obtener sólo por reclamar tu derecho a divertirte hoy, no como en un recuerdo del pasado, es hoy.

Aquí te voy a atrapar: ¿Eres de esas personas que se reúnen para platicar de lo "locas y divertidas" que eran en el pasado? ¿Recuerdas los tiempos idos al decir: "Te acuerdas cuando solíamos hacer..."? ¿Aceptas el hecho de que en el pasado quedaron los momentos más divertidos y plenos, porque ahora lo que te quedan son cuentas, responsabilidades y cualquier otra estupidez que se te ocurra para seguir negándote a ti mismo? Déjame decirte que si así piensas, estás loco. Hace no mucho tiempo, asistí a una reunión de ex alumnos y me encontré con mis antiguos compañeros de equipo. Algunos de ellos han logrado construir una forma de vida maravillosa. Otros se quedaron paralizados en sus momentos de gloria, cuando jugábamos futbol americano. Estos amigos sólo hablaban de tiempos pasados: "Oye Phil, ¿te acuerdas de aquel tercer cuarto, cuando le aplicamos el *blitz* al mariscal de campo y no dejamos a nadie en la defensiva secundaria? Vaya que éramos arriesgados." Yo le respondí: "Claro que sí, eso sí que era bueno." Cuando en realidad estaba pensando: Claro que no me acuerdo, si he tenido que hacer nueve millones de cosas desde aquella jugada de hace 30 años, pero parece que tú no has tenido que hacer nada. Y, por cierto, esa gloria que pareces insinuar, nunca existió. ¡La verdad es que ni éramos tan buenos ni arriesgados! La verdad, ahora que recuerdo aquel tercer cuarto, íbamos perdiendo dieciséis a cero, así que has estado aburriendo a tus hijos con historias de fracasos. ¡Por Dios, supéralo ya! Suenas como mi papá cuando platicaba el trayecto que debía hacer de niño para ir a la escuela; ¡resultaba que tanto el camino de ida como el de vuelta eran cuesta arriba!

La única razón para que te mantengas fantaseando con el pasado es que tu vida presente no es tan buena como la ida. No se tú, pero yo no quisiera volver a tener veinte años. Algunos momentos fueron estupendos, pero no todos lo fueron. Otra cosa que le encantaba decir a mi papá acerca de sus tiempos en la Marina o cuando jugaba futbol americano, era: "No aceptaría un millón de dólares a cambio de la experiencia y no te daría un centavo para que la repitieras." Así me siento respecto a muchas de mis experiencias pasadas, pero también hay otras que te vendería por un centavo.

Si la mejor parte de tu vida ya pasó algo anda muy mal contigo. Así es como (se supone) las cosas deben de ser: al crecer debemos de ser más competente, no menos. Se supone que la vida debe de mejorar, porque se supone que somos mejores como individuos. Quiero traerte al centro del escenario y platicarte la importancia de fortalecer la autoestima, colocarla en un lugar en el que no puedas vender tus deseos, sueños, necesidades y visión.

Igual y estás pensando que estoy siendo muy rudo contigo sin siquiera conocerte. ¡Dame un respiro! ¿Cómo puedes creer saber tanto de mí sin siquiera conocerme?

No creo que quieras que te dé un respiro, sinceramente espero que no me dejes de leer por ser tan franco y directo, por decirte cosas no tan agradables de oír. Cualquiera te puede decir las cosas que tú deseas oír y, francamente, para mí sería más fácil. El problema es que, de hacerlo así, éste sería un libro igual a cientos que ya existen en el mercado. Compraste este libro porque te preocupa tu vida y quieres dar tu mayor esfuerzo para hacerte cargo de tu vida y la de los que amas.

Yo creo saber mucho de lo que ocurre con tu vida. Lo creo por dos motivos. El primero es que yo he vivido mi propia vida y, segundo, yo trato con cientos y cientos de personas como tú y yo cada año. ¡He visto sus vidas, sus caras y sus ojos! Están demasiados ocupados, demasiado inmiscuidos en sus "papeles", como para poder considerarse a sí mismos. Probablemente estés pensando: "Increíble, yo que creía que todo iba a las mil maravillas, hasta que compré este maldito libro. Y ahora me dices que yo sólo pensaba que era feliz. ¡Mil gracias!"

Perdóname, pero tal y como te decían tus padres: "Algún día me darás las gracias." Pero con la diferencia de que ahora sí es verdad.

Sólo escúchame, si al final decides que en realidad eres feliz y que vas bien, me dará mucho gusto. Al menos entonces lo sabrás con la seguridad de que ya le hiciste una "auditoría" a tu vida, mente y espíritu. Te apuesto a que vas a quedar asombrado con lo que encontrarás y, al final, agradecerás esta llamada de alerta. La hago para que no te duermas durante diez años, como lo hice yo.

El mundo y tú

He pensado que nos hemos perdido a nosotros mismos debido a que vivimos en un mundo que presiona demasiado, hasta llevarnos a perder el control de una manera muy poco sana. Es tal la presión, y tantos los estímulos externos, que ya no podemos escuchar los mensajes que provienen de nuestro interior. Nos hemos perdido a nosotros mismos en el frenesí del mundo actual.

Quinientos canales de televisión, internet, renta de películas, juegos de video y dos o tres trabajos más, nos están robando nuestro *yo* interior. A los niños no les queda un minuto libre, todo está programado: de la escuela al ballet, al fútbol, al teatro, una actividad tras otra. Nos hemos montado en un carrusel frenético, que gira tan rápido que no podemos aferrarnos a nada, tan rápido que no nos podemos bajar. Como respuesta, tan sólo nos agachamos y tratamos de pasar de largo. Si por casualidad llegamos a tener un minuto libre, no lo utilizamos para concentrarnos en nosotros mismos, no pensamos en nosotros. Nos ponemos nerviosos; nos da pánico y tratamos de hacer algo o buscamos a alguien que nos diga qué hacer. Estamos tan ocupados haciendo "cosas" que ya no elegimos y probablemente no podríamos elegir porque ya no pensamos en lo que queremos, necesitamos o quién nos importa.

Aquí tienes una pequeña prueba para determinar si estás aceptando de manera pasiva o incluso eligiendo comportamientos que no corresponden con lo que tú eres en realidad, o si has estado escogiendo circunstancias de vida que no forman parte de tu verdadero y auténtico *yo*.

Si constantemente estás cansado, estresado, decaído emocionalmente o incluso deprimido, preocupado e infeliz, es que estás ignorando a tu auténtico *yo* y viviendo una vida que sólo deja pasar los momentos. Si tu vida incluye elementos que tú has declarado odiar y sin embargo sigues tolerándolos, eso también implica autonegación. Por ejemplo, ¿te quejas constantemente de tener sobrepeso y sin embargo lo mantienes? ¿No has podido hacer ejercicio, regresar a la escuela, cambiar de trabajo, enfrentarte con tu pésimo matrimonio, conseguir una cita, adquirir un pasatiempo o manejar el dolor que acarreas desde tu infancia? Si es así, no es posible que estés viviendo en armonía con quien estabas destinado a ser. Si tu vida está dominada por la ansiedad y la preocupación y tú no haces absolutamente nada para cambiar, eso también es un mal augurio. (Mi papá decía: "Preocuparte es como mecerte en un mecedora, haces algo pero no llegas a ningún lado.")

Si tu mente se ha endurecido y no eres lo brillante que acostumbrabas ser, no es que te estés volviendo viejo o tonto, lo que sucede es que tu auténtico *yo* se está aburriendo. Está luchando por algo de aire. Si tus emociones están dominadas por el cinismo, la apatía, la falta de esperanza y de optimismo, se debe a que te has abandonado a ti mismo y a todo lo que de verdad te importa. Si estás escogiendo lo que haces, lo que piensas y pones hasta delante de tu lista de prioridades lo que los demás esperan de ti y no lo que tú deseas, entonces te has contagiado del "virus de la ficción". Tu auténtico *yo* se ha infectado con una gran cantidad de vivencias nada genuinas que ignoran lo que tú eres y han gestado un *yo* de ficción.

Ignorar lo que eres, lo que auténticamente eres, puede literalmente matarte. Sí, digo literalmente. Si sigues ignorando quien eres en realidad, tu sistema por completo se colapsa y te vuelves más viejo de lo que tu edad indica. Forzarte a ser quien no eres, o aplastar a quien verdaderamente eres, es increíblemente tóxico. Te vas a envenenar tanto que tu vida se acortará años y años. Me imagino cómo muchos obituarios del periódico deberían anunciar las defunciones:

Jackson, Robert. El señor Robert Jackson murió ayer por complicaciones debidas a una vida de mierda que nunca deseó. Su estado se complicó porque fracasó al no hacer nada de lo que verdaderamente quería. Los expertos informaron que murió por tratar de introducir el estilo de vida de otra persona en su cuerpo, mente y espíritu. Los intentos del señor Jackson de llenar el vacío con trabajo, automóviles, comida, alcohol, tres esposas, doscientas rondas de golf y cumplir con las expectativas de los demás, fueron claramente infructuosos. Desgraciadamente, todo esto mermó de forma tal al señor Jackson, que lo carcomió tanto que murió con veinte años de anticipación. Miserable durante los últimos años de su vida, falleció sin paz ayer en su hogar. Murió rodeado por compañeros del trabajo que odiaba y miembros de su familia que son igual de miserables que él.

Posiblemente esto sea un poco antipático, pero no estoy bromeando. Expertos médicos dicen que podemos perder hasta catorce años, respecto a nuestra expectativa de vida, si vivimos bajo condiciones constantes de estrés como las que he descrito. Por eso te digo que estás jugando con fuego.

Entonces, si yo estoy bien, ¿cómo es posible que todo esto suceda? Obviamente nadie te ha dado una píldora para ser estúpido, ni eres un imbécil que debería estar confinado en una institución mental. Tú sólo quedaste atrapado en este tren que huye y al que llamamos vida. Te acostumbraste a no vivir emocionado. Con el pasar del tiempo se volvió cada vez más fácil negarte a ti mismo que decirle no a los demás. De alguna manera te programaste para creer que sería egoísta concentrarte en ti mismo. Esa programación, por supuesto, la adquiriste de muchísima gente que prefería que les hicieras caso a ellos y no a ti y lo que realmente deseabas.

Si, por el otro lado, te emociona algo en tu vida cotidiana, si te sientes bien con quien tú eres y con lo que haces, entonces estás viviendo en congruencia con tu *yo*. Si en cambio sientes que estás en paz y pleno, y crees estar en contacto con tu misión y propósito por el que estás en este mundo, entonces estás viviendo en armonía contigo mismo.

Déjame explicarte lo que me agradaría oírte decir ahora, durante y después de la lectura de este libro:

Espera un segundo. Al diablo las expectativas, al diablo vivir para los demás. ¡Ellos (quienes sean) no pagan mi renta, ellos no regresan a mi casa de noche y me ayudan a bañar a los niños, ellos no cocinan mi cena! ¿Por qué entonces estoy viviendo de acuerdo con lo que un grupo de personas esperan de mí? Ya no tendrán voz ni voto. Ya no voy a volver a entregar mi poder. Lo quiero de vuelta, lo utilizaré para ser yo mismo.

Quiero hacerme feliz siendo honesto conmigo mismo, haciendo lo que me interesa de verdad. Si amo la música, quiero tener música en mi vida. Si deseo una carrera profesional, entonces encontraré la manera de tenerla. Si ya me cansé de estar gordo, procuraré cambiar mis hábitos alimenticios. Si no me están tratando con respeto y dignidad, eso no lo permitiré más, ni hoy ni nunca. Prefiero quedarme solo que convivir con alguien que me enferma. Si me he alejado de Dios porque mi pareja no es religiosa, entonces ella tendrá que cambiar, no yo. Ya me cansé de sentir miedo. Estoy harto de tener pavor de perder a mis hijos, el dinero o el trabajo, no quiero temer a mi jefe, a mis padres o al reconocimiento público. Quiero sentirme vivo. Quiero ser valorado por los demás y por mí mismo. Quiero tener una certeza de por qué estoy en este mundo y de lo que debo hacer mientras siga aquí. Necesito estar seguro de que ésta es mi vida y sólo tengo una oportunidad. Deseo que mis hijos sepan que me tienen al cien por ciento y no sólo una parte de mi persona. Quiero que ellos vean la totalidad de mi auténtico yo, mis intereses, mi sentido del humor y mis valores. Creo que los niños aprenden lo que viven, deseo enseñarles con el ejemplo para que se sientan orgullosos, en lugar de enseñarles a comprometerse. Deseo vivir con paz, plenitud, gozo y emoción. Quiero ser capaz de finalizar el día y poder decir: "Me siento muy bien." También añoro decir: "Me gusta lo que soy y quiero todo lo que soy." Me quiero sentir tranquilo y en calma. Deseo sentirme satisfecho. ¡Necesito sentir que pertenezco y merezco lo que quiero, simplemente porque así lo deseo! Quiero gustarme por quien soy y por ubicarme hasta arriba de mi lista de prioridades.

¿Estás completamente sorprendido? Posiblemente estés pensando que me he vuelto un loco egoísta, que he ido demasiado lejos, que estoy histérico.

¡Error! Es nada más tu forma de ser "políticamente correcto", tu costumbre de sólo decir lo que los otros quieren oír, la que está tomando el control de tu pensamiento. ¿Cómo podría ser egoísta hacerte cargo de ti mismo, cuando perfectamente sabes que tú sólo puedes dar lo que verdaderamente posees? Por lo tanto, si tú eres egoísta pero contigo mismo, puede que seas un increíble y bien intencionado mártir, pero en contra de tus intenciones vas a engañar a todos los que forman parte de tu vida —hijos, pareja, amigos, compañeros y padres—, vas a engañar a todo el mundo menos a ti. Incluso la Biblia nos dice que amemos a nuestros prójimos como a nosotros mismos. Tienes que ser capaz de cuidarte a ti mismo antes de poder cuidar a alguien más.

¿Cuánto tiempo ha pasado, si es que alguna vez pasó (no es broma, no te sientas culpable), desde que te hiciste cargo de ti mismo? Pregúntate desde cuándo no eres capaz de decir: "Lo que estoy haciendo el día de hoy es lo que deseo hacer, y no lo hago por hacer lo mismo que el día de ayer, no me guío por la costumbre."

Bueno, lo que quiero es que no vayas de día en día como un autómata, sin pensar ni meditar tu papel en la vida. Deseo que tomes una decisión, sincera y comprometida, para que pongas en sintonía tu mundo con la persona que auténticamente eres. No quiero que vivas de manera constante con un *yo* ficticio que no tiene absolutamente nada que ver contigo o con lo que te es importante. Empieza a preguntarte qué es lo que te importa: ¿Qué quieres? ¿Qué necesitas para formar parte de tu vida? Fíjate en la siguiente lista y marca las cosas que te gustaría que fueran parte de tu vida, pero que todavía no lo son:

- Música
- Arte
- Trabajo
- Niños
- Vida espiritual
- Honestidad
- Tiempo libre
- Orgullo por el trabajo
- Orgullo por la apariencia
- Vivir con dignidad
- Salud
- Convivir con la naturaleza
- Una profesión que aproveche tus potencialidades
- Permiso para decir, hacer y ser tú mismo
- Trabajo voluntario
- Pasatiempo
- Un estilo de vida diferente
- Pasión
- Emoción
- Independencia
- Una relación valiosa
- Un cuerpo distinto
- Sentirte como un filántropo

Podría seguir y seguir. Te digo esto para que empieces a ta-
mizar y pensar acerca de las cosas que quieres en tu vida. Si
no están incluidas en ella, y te apuesto que muchas no lo
están, te voy a enseñar de manera precisa y exacta la razón

por la que no las tienes, pero también te voy a enseñar, otra vez de manera precisa y exacta, la forma de recuperarlas.

Las buenas noticias son que sólo tenemos que arreglar a una persona: tú. No necesitas de tus padres, ni de tu pareja o de tu jefe, solamente tú eres indispensable. En mi teoría toda la responsabilidad recae en ti, porque tú, ya sea pasiva o activamente, te has estado burlando de ti mismo, al ponerte a ti y a lo que te es importante hasta el final de la lista de prioridades. Puede que lo sepas, quizá no, pero parece que te has vendido. Normalmente cuando hacemos eso, cuando nos vendemos, las cosas que abandonamos primero son las que sólo nos importan a nosotros. ¿Por qué? Porque así no desilusionamos a nadie y eso está prohibido por Dios. Recuerda, cuando tú te pones al final de la lista de prioridades te estás engañando a ti mismo, pero también a todos los que te rodean.

Lo que quiero establecer no es que tengas derecho a tratar de encontrar a tu auténtico *yo*, sino que tienes la obligación de hacerlo. Estamos hablando de tu vida entera. Estamos hablando de la única oportunidad que tienes en este mundo. Si tienes la mente tan cerrada para hacerlo por ti mismo, hazlo por tus hijos, por tu familia y por cualquier otra persona que signifique algo para ti. De otra manera no te vas a recuperar a ti mismo, ellos no te van a recuperar, y eso, créeme, no está nada bien.

Mientras lees este libro, me gustaría que pudieras decir: "Ya entendí, estoy aquí para mí y para toda la gente que quiero." Quiero mostrarte una verdad clave que es la suma y sustancia para tu punto de partida: tu verdad personal.

Tu punto de partida

Para que puedas planear a dónde quieres llegar, primero tienes que saber en dónde te encuentras. Donde estás ahora, todo lo que eres, todo lo que haces, comienza y está cimentado sobre lo que yo llamo tu verdad personal. Yo defino a la verdad personal como *todo aquello, que desde lo más profundo de tu ser, crees que eres.* La verdad personal es crucial, porque si crees en ella, si es tu verdadero *yo*, si es auténtica para ti, entonces es la realidad exacta en la que vas a vivir cada día. Todos tenemos y vivimos nuestra propia verdad, lo quieras o no. Si eres honesto respecto a lo que piensas y sientes acerca de ti mismo, entonces sabes que lo que digo es cierto. Lo sabes porque has descubierto tu verdad personal en los momentos que hubieras deseado no hacerlo. ¡Nos puedes contar, a mí y al resto del mundo, la historia que quieras, pero tú te estás contando (a ti mismo) otra versión, la que tú crees que es verdad, y ésta no tiene nada que ver con la que nos has contado a todos! La versión que tú te platicas es la historia que vives; ésa es la que brinca y que te hace sentir mal cuando la presión se acrecienta. Siempre te preguntas si será hoy cuando termine la fiesta de máscaras, si será el día en que te encuentres a ti mismo. No importa que tan duro lo intentes, nunca podrás escapar a tu verdad personal; siempre te atrapa al final, por eso es crucial que la limpies y le quites todo lo que la contamina y distorsiona. No necesitas buscar muy lejos para encontrar ejemplos negativos de verdades personales que brincan y muerden a aquellos que tratan de esconderse de ellas; el atleta inseguro que falla en el momento crucial de la competencia; la reina de belleza que está tan solitaria y temerosa que decide quitarse la vida.

La tuya puede ser una verdad positiva, sin embargo, también puede ser una historia de miedo, dolor y confusión. Normalmente es una combinación de las dos. Mi trabajo, nuestro trabajo, es encontrar esas partes en las que crees y que no te están funcionando. No te puedes esconder de lo que tú crees saber acerca de ti. No puedes jugar con confianza un juego, que es tu vida, si tu verdad personal está llena de miedo y aprehensión. Lo mejor de ti nunca podrá ser mejor a lo que tu verdad personal te indica. Si es ficticio, puedes estar seguro que aparecerá en los momentos más inoportunos, porque esa voz crítica te estará susurrando al oído. Este asunto de la verdad personal tiene una gran importancia, una enorme trascendencia. Si no puedes encontrar la verdad pura, sin contaminar, entonces puedes arruinar todos los planes para revitalizar tu vida y todo lo que contiene. Mientras avancemos, no te atrevas a engañarte con pensamientos confusos, ya que no tienes las agallas para decirte en voz alta aquello en lo que crees desde tu interior. Hasta que confrontes a tu verdad personal, no vas a tener ninguna oportunidad de ser la persona que puedes ser. Tú, como cualquier otra persona, has recibido demasiada información parcial y confusa del mundo y de tus experiencias en él. De ahí viene la distorsión en tu verdad personal. Confrontar tu verdad personal, con la enfermiza idea que tienes de ella, es un reto para ti. Veamos ahora la razón por la que considero tan importante a la verdad personal.

Debo de confesar, que cuando escucho a los expertos decir palabras como "autorrealización", "yo interno", "yo actualizado", y demás palabras concebidas para parecer inteligentes, apenas entiendo la mitad de lo que dicen. Temo aceptar que toda esa terminología es muy lejana, y compleja, para un viejo campirano como yo. Pero para mi sencilla manera de pensar, quién eres, en quién te has convertido, confluyen en tu verdad personal, que es el conjunto de creencias que tienes acerca de ti mismo. Es crucial porque configura y define lo que yo llamo: el concepto de ti mismo. Si las creencias sobre ti mismo son reflexiones auténticas acerca de quién eres en realidad, entonces vivirás con un concepto de ti mismo que te potencia y te arma para que seas la persona más efectiva y genuina posible. Si no es así, entonces tendrás un limitado y ficticio concepto de ti mismo que traicionará todo lo que realmente eres, de ser así, siempre será un obstáculo para la consecución de tus metas.

Hablaremos más a fondo acerca del *yo* auténtico y del *yo* ficticio en el siguiente capítulo. Mientras tanto, debes de entender que sólo posees un *yo*, pero que se comporta como un camaleón, cambia de color dependiendo del estado emocional y el ambiente en el que se encuentre. El concepto de ti mismo se mueve de lado a lado, en un extremo está una imagen auténtica de ti mismo (para la que fuiste creado), y del otro lado está una imagen ficticia y distorsionada (es la que los demás esperan de ti). El extremo en que te encuentras depende de la experiencia externa de vida que hayas tenido y de la verdad personal que tú hayas creado al observarte e interpretarte a lo largo de los años.

La verdad personal y el concepto de ti mismo son el ADN de tu personalidad. Conocer este ADN, te permite establecer el punto de partida para comenzar la aventura de sintonizarte con tu vida.

He tratado de enseñarte cómo llegó el ADN (cualquiera que éste sea) a ser lo que es. Posteriormente te mostraré cómo destruir los elementos negativos y que no te han servido. También te guiaré a través de las etapas requeridas para reconstruir tu auténtico *yo*, de una manera que garantice tu éxito en el futuro.

El proceso funcionará de la siguiente manera. Yo he intentado desmitificar la forma en que piensas, sientes y percibes a tu *yo*. He tratado de mostrarte, de manera sencilla, cómo la verdad personal seguirá determinando la calidad de virtualmente cada aspecto de tu vida y cómo cambiarla quitándole toda distorsión que la afecte. Es un proceso de aprendizaje, el cuál podremos alcanzar mediante pasos sencillos que incluyen eventos externos al igual que sucesos que ocurren y seguirán ocurriendo en tu interior.

Mientras avancemos a lo largo de los siguientes capítulos, vamos a revisar tu historia más relevante y a identificar tus experiencias de vida más relevantes, aquellas que te han marcado y han definido tu verdad personal y el concepto de ti mismo. No tenemos que analizar cada evento de tu existencia, caeríamos en una cantidad de minucias y detalles irrelevantes. En cambio, vamos a lidiar con unos cuantos factores, externos e internos, que han determinado toda tu existencia. ¡Quedarás perplejo al notar qué pocos son los eventos que te han marcado! Así es, y gracias a eso, nuestro trabajo será más sencillo. Al contestar algunas preguntas puntuales, al reflexionar acerca de varios aspectos que han afectado el concepto de ti mismo, y al conducir una auditoría brutal y estricta sobre tu vida, sentirás un gran poder y una inmensa paz interior. Cualesquiera que sean tus circunstancias actuales, éste es un trabajo que puedes realizar. Sólo se requiere voluntad y deseo de superación. Y es un trabajo que debes hacer. ¿Si ahora no es el momento para encontrar a tu auténtico *yo*, cuándo lo será? Te lo digo de frente: el trabajo es duro. En este momento, puede que dudes de que valga la pena el esfuerzo o que existen pocas posibilidades de enderezarte y desencadenar tus pasiones, fortalezas, dones y talentos. Confía en mí: sí es posible y tú vales la pena. Quiero que estés consciente de que, a pesar de que nos tome sema-nas, meses o años, ese tiempo precioso pasará, independien-temente de que estés haciendo algo por tu vida o no. Te pro-meto que en esta fecha, pero del año entrante, tu vida será mejor o mucho peor, dependiendo de lo que decidas. La de-cisión de mejorarla o dejarla al garete es total y absoluta-mente tuya. Yo te voy a enseñar el camino. Cualquiera que sea tu situación, ya sea que sólo necesites una "pulidita" o que requieras de un ajuste total, yo te voy a ayudar. Necesito de tu ayuda y de un mínimo de apertura mental y espíritu de superación. Y ahora, manos a la obra.

Definición del *yo* auténtico

*Lo único que puedes cambiar del mundo es a ti mismo,
y eso hace toda la diferencia del mundo.*

CHER

Odio comenzar el capítulo pareciendo crítico, pero si quiero hacer la diferencia en tu vida, debo de confesarte la verdad como yo la veo. Lo que estás a punto de leer es mi visión acerca de cómo vive la mayoría de la gente. Cuando digo "vive", me refiero a su experiencia, personal y privada, de vida y no a la imagen que proyectan. Nadie podrá saber si he acertado respecto a ti, sólo tú lo sabrás. No te estoy pidiendo que sustituyas tus juicios por los míos, pero quiero que evalúes con cuidado lo que te voy a decir. Te ruego que seas brutalmente honesto contigo mismo, incluso si te aterra admitir ciertas cosas tuyas y de tu vida.

Esto es lo que veo. Si tu vida se parece a la de la mayoría de las personas en este mundo, tal y como fue mi vida, puede que tú, lo sepas o no, estés fuera de control. Puede que a los demás no les parezca así, pero las apariencias engañan. Por el momento no nos importa lo que los demás quieran de ti; nos debemos de concentrar en lo que tú quieres. Después tendremos tiempo suficiente para balancearlo todo.

Como un pato que, grácil y elegante, nada por la calma superficie del lago, tú lo estás haciendo muy bien —pero sólo superficialmente—. Piensa en el mismo pato que tan ágil se ve sobre la superficie, pero si lo vieras debajo del agua advertirías que patalea de manera caótica en contraste con la aparente tranquilidad de la superficie. Pues así es la vida.

Fantaseemos por un momento. Me pregunto que harías si tuvieras la oportunidad de volver a escribir la historia de tu vida, desde el día que elijas hasta la fecha de hoy. Si no te ha succionado el hoyo de la vida, con todos sus mensajes de responsabilidad y expectativas; si no has heredado el *status quo*; si no hubieras nacido en la misma familia y te sintieras tan comprometido que crees no tener opciones, ¿qué hubieras escogido? ¿Qué hubieras elegido si no tuvieras premuras financieras, viviendo de quincena en quincena o si no tuvieras tantos dependientes económicos? Si no tuvieras ese sobrepeso crónico, ¿cómo vivirías? ¿Cómo sería tu vida si la pudieras sacudir y tuvieras la oportunidad de ser y hacer lo que verdaderamente te importa? ¿Qué cambiarías, cómo lo cambiarías? ¿Qué tal si pones en tela de juicio el automóvil que manejas, la casa donde vives, cuánto dinero ganas o gustarle a la gente?

Si tuvieras una segunda oportunidad, ¿cambiarías las cosas o decidirías dejar todo como está, porque te es más seguro? ¿Tomarías esa segunda oportunidad o tendrías miedo de aventurarte en algo nuevo? ¿Dejarías todo como está, porque tienes miedo de que no exista nada mejor para ti? Estás a punto de darte cuenta que éstas no son preguntas hipotéticas. Vas a descubrir que tienes muchas más opciones para cambiar tu vida de lo que nunca te imaginaste. Aprenderás a desenredar tu pasado para que nunca más te controle a ti y a tu vida. Si no tienes lo que quieres y necesitas, necesitas expresarlo con absoluta convicción.

Cuando preguntas: "¿Quién eres?", muchos te responden: "Soy mamá." "Soy doctor." "Soy plomero." "Soy marido." "Soy contador." "Soy el alcalde." "Yo vivo en *Beverly Hills*." Incluso escuchas a tus hijos decir: "Soy porrista; futbolista; bombero; policía." Tanto los niños como los adultos no responden quienes son; lo que responden es lo que hacen, a lo que se dedican, su nivel social o lo que quisieran ser. Se definen por sus trabajos o sus papeles. Contestan lo que hacen, debido a que no pueden responder lo que son. No pueden decir quiénes son, porque lo desconocen. Tú vives en distintos planos y el del comportamiento es uno de ellos. Obviamente, a lo que te dedicas es parte de lo que eres. Existen tantos otros niveles de existencia, distintos de tu ocupación profesional, que la suma de todos es quien tú eres en realidad. Por carecer de una mejor palabra, a la identidad genuina me he referido como auténtico *yo*. Puedo predecir que para ti no ha sido fácil tratar de describir tu *yo* auténtico, esto se debe a que nunca lo has visto y no has estado en contacto con esa parte de ti desde hace mucho, mucho, tiempo.

Seamos sinceros. ¿Quién eres? ¿Por qué haces lo que haces? ¿A lo que te dedicas refleja y utiliza lo que eres en realidad? ¿Si tuvieras oportunidad, escogerías algo distinto? ¿Sabrías qué escoger si tuvieras esa oportunidad? ¿Estás en contacto con tu *yo* auténtico? ¿Entiendes lo que significa o crees que son idioteces de psicólogo? ¿No sería trágico que debajo de todas las obligaciones y expectativas sociales, existiera un *yo* distinto, brillante y vibrante? Dentro de ti existe un *yo* auténtico. Tal vez estés viviendo una vida que refleja a tu *yo* auténtico o probablemente no es así. Tal vez está enterrado. Pregunta interesante, ¿no lo crees? ¿Qué tal si...?

¿Cuál es este *yo* auténtico del que he venido hablando? Es el *tú* que puede ser encontrado en tu corazón. Es la parte de ti que no puede ser definida por tu trabajo, función o papel. Es el compendio de todos tus dones, habilidades, aptitudes, intereses, talentos, conocimientos y sabiduría. Son las fortalezas y valores que son únicos en ti y necesitan expresarse, al contrario de lo que te enseñaron, de lo que te hicieron creer que debías ser y hacer. Es aquello que floreció de manera inconsciente durante esos momentos de felicidad y plenitud. Es la parte de ti que existió antes de tus dolorosas experiencias de vida, y continuará después de que deseches las expectativas que los demás tienen sobre tu vida. Es ese *tú* que existía antes de que te destrozara el divorcio de tus padres o de que en la escuela se burlaran de tus frenos. Es ese *tú* que vivió antes de que tu pareja te abandonara después de interminables pleitos. Es ese *tú* que requiere que seas más de lo que eres el día de hoy, que no sabe conformarse ni venderse.

¿Sabes, con todo detalle, quién es tu yo *auténtico?*

Si la respuesta es no, estás desperdiciando tu energía vital y te encuentras viviendo una existencia comprometida que te engaña hasta el grado de que no podrás ser feliz ni vivir en paz.

¿Alguna vez escuchaste esa voz? ¿Sospechas que, de alguna forma en un momento dado, perdiste el contacto con ella?

De ser así, necesitas encontrar esa voz y recuperar su mensaje, es mejor que sólo tener oídos para el mundo y para todo aquello que busca controlarte.

¿Tu comportamiento en la vida, tu persona pública, está confrontado con tus valores, creencias, pasiones y visión que definen a tu yo *auténtico?*

Entonces has perdido el control, estás viviendo una vida que se define desde afuera en lugar de definirla desde tu interior.

No serle fiel a tu auténtico *yo* genera una continua sensación de vacío, como si estuvieras incompleto. Te preguntas si deberías de hacer con tu vida algo distinto. No hay descanso, la sensación de vacío no te abandona. Es como si tuvieras un hueco en el alma. Puedes tratar de llenar ese hueco de muchas maneras: fumando y bebiendo; trabajando en exceso; sobrexplotándote para tu pareja y tus hijos. Tal vez lo que haces es sentarte a comer un pastel de chocolate con mucho helado. Quizá tienes un amante. Tienes hijos. Te divorcias. Te casas. Tomas un nuevo trabajo. Buscas encontrar algo, lo que sea, con tal de llenar ese hueco que te carcome el corazón.

A veces te sientes completamente solo. Extrañamente, aun cuando estás acompañado, tienes un malestar como si algo te separara de ti. Hablas con los demás, pero no sientes haber sido escuchado. Sientes que te malinterpretan, incluso cuando has sido lo suficientemente valiente como para compartir tus sentimientos. Le tienes miedo al contacto con los demás, porque no sabes discernir sus intenciones, no importa qué tan cercanos sean a ti (incluidos los miembros de tu familia). Has aprendido, de forma dolorosa, que tu familia y amigos tienen la capacidad de abandonarte y de ignorar aquello que es importante para tu auténtico *yo*, en lugar de eso, prefieren que seas y hagas lo que a ellos les conviene. Has desarrollado un enorme pesimismo porque no has encontrado la forma de llenar el vacío. Te has vuelto pasivo frente al cambio, ya no buscas tu plenitud. Línea final: rara vez tienes momentos en los que tu vida se encuentre balanceada y en paz.

Debemos de ser francos para saber lo que está en juego. Vivir en este mundo con papeles asignados, y no con tu auténtico *yo*, drena la energía vital que requieres para alcanzar lo que sinceramente valoras. En contraste, una vez que comienzas a vivir de acuerdo contigo mismo, toda aquella energía que desperdiciabas se convierte en el estímulo que requerías para conducir a alta velocidad por la autopista de tu vida. Ganas velocidad, eficiencia y estabilidad. Tu vida se convierte en altamente exitosa al ser lo querías y necesitabas ser.

Para que comprendas toda la energía que requieres para suprimir a tu auténtico *yo*, tan sólo recuerda la felicidad que sentías de niño al ir a nadar durante el verano. Si tenías la fortuna de tener una pelota de playa, era increíblemente divertido jugar a mantener la pelota debajo del agua. (Yo podía pasar horas en el intento, era un auténtico estímulo intelectual.) ¿Recuerdas cómo la pelota se negaba a mantenerse debajo del agua y siempre te empujaba para salir a la superficie? ¿Recuerdas todo el esfuerzo, toda la energía que gastabas para mantener la pelota debajo de ti, y sin embargo, ella se movía de lado a lado, te empujaba y finalmente salía a la superficie? Recuerda cómo terminabas absolutamente agotado después de unos cuantos minutos de intentarlo. ¿Acaso no es exactamente igual que cuando le niegas la expresión a tu *yo* auténtico? Sólo imagina el enorme cansancio que has acumulado peleando la misma pelea cada minuto de cada hora de cada día de tu vida.

Ahora meditemos durante un minuto cuanta energía se desperdicia al vivir una vida ficticia. Me refiero a una vida que has llevado ignorando tus verdaderos talentos y dones, en cambio, has estado gastando tu energía en interpretar un papel que te fue asignado, que no te corresponde. Es como si tuvieras que empujar un tractor cuesta arriba. Siente el peso de esa mole que se niega a avanzar, mientras tú luchas y sudas para cumplir tu objetivo. Ahora imagínate en la parte alta de la cuesta, con un simple empujón el tractor rueda suavemente. ¿Ves la diferencia entre las dos actividades? Al final de una larga jornada, a lo mucho habrás logrado subir una sola vez el tractor a la parte alta de la cuesta, en cambio podrás haberlo hecho varias veces cuesta abajo sin siquiera sentirte cansado. Se debe a que empujar cuesta abajo va de acuerdo con la ley de la gravedad, un ejemplo del orden natural del universo.

El mismo principio rige tu vida. Tienes cualidades, dones, talentos, necesidades y deseos. Tienes un propósito de vida. Al suprimir quien eres y quien necesitas ser, estás actuando *contranatura*. Si vives para un *yo* ficticio, entonces tratas infructuosamente de mantener la pelota debajo del agua. Estás desperdiciando valiosísima energía vital en una batalla en contra de la naturaleza, que podrías invertir en ti.

Este libro se trata de dejar a a la pelota salir a la superficie. Se refiere a dejar de gastar inconscientemente tu energía. Es acerca de dejar de interpretar un papel que no nos corresponde, pero que nos fue asignado. Si hacemos menos que esto, nos estaremos engañando, intelectual, física, emocional y espiritualmente.

Como dije en el "obituario" del capítulo uno, las consecuencias para la salud son innegables. Es bien conocido en el ámbito médico, que una enfermedad está más determinada por bajas en el sistema inmunológico que por exposición a la enfermedad. Está muy bien documentado que el estrés, emocional y físico, deprime enormemente al sistema inmunológico. Estudio tras estudio, se ha demostrado que la gripa es ocasionada en muchas ocasiones por el estrés. Los estudiantes acuden más seguido a la enfermería cuando están en época de exámenes. Independientemente de la edad, la gran mayoría de los viudos y viudas mueren dos años después que su pareja falleció. Con el estrés y los desórdenes interiores, el sistema inmunológico simplemente se quiebra.

No hay mayor estrés que el generado por negar a tu auténtico *yo*. Porque tu energía vital se desperdicia te vuelves vulnerable física, mental, emocional y espiritualmente. ¿Qué hay de los efectos acumulados a largo plazo? No trataba de ser dramático cuando dije que negarte a ti mismo puede llegar a matarte. En su libro *Real Age*, el doctor Michael Roizen, indica que por cada año de vivir con estrés, disminuimos en tres nuestra expectativa de vida. De acuerdo con este estudio, si no has podido canalizar tus pasiones, tu expectativa se reduce seis años más. Si alguien está drenando tu energía con constantes pleitos y conflictos, tu vida se acorta otros ocho. Si sumamos los años que se reduce nuestra vida por vivir con estrés y un *yo* ficticio, serían 32. ¡Piensa esto, 32 años! 32 años es más de un tercio de tu expectativa de vida, y todo porque has decidido vivir encasillado en una existencia ficticia, en lugar de descubrir y vivir congruentemente con tu *yo* auténtico.

Como conozco la naturaleza humana, entiendo que las consecuencias remotas, como los problemas de salud, que no te afectarán hasta dentro de 30 años, no son motivaciones poderosas. La perspectiva de una vida corta suele ser irrelevante durante la juventud y la edad mediana. Te puedo asegurar lo siguiente: las consecuencias van a ser bastante funestas en algún momento de tu vida.

Supón, por ejemplo, que llego a tu lecho de muerte y te digo: "Aquí tienes catorce años adicionales de vida, catorce años para que goces viendo crecer a tus nietos, de experiencias con una vida que deseas, ¿quieres estos años adicionales?" ¿Qué contestarías?

Se requiere una gran cantidad de energía para ser quien no eres. Necesitas tan poca para ser auténtico. Si al final de tu vida, tu respuesta sería: "Sí quiero esos catorce años", entonces tienes que decir sí ahora.

Vas a descubrir rápido que cuando estás bien contigo mismo, tendrás una enorme cantidad de energía que llenará tu existencia. Te sentirás sano y curado. Para ponértelo fácil, sentirás lo que es estar potenciado. Potenciar es la habilidad de transformar la energía vital en concentración. Potenciar permite a los padres levantar un automóvil de dos toneladas para rescatar a su hijo. Es lo que le da al guerrero una tremenda ventaja sobre su oponente y permite a un grupo de soldados derrotar a un regimiento inmensamente mayor.

Cuando te comprometas a reconectarte con tu auténtico yo, vas a ver esas rutinas agotadoras (los eventos que antes te irritaban) con una luz distinta. Ya nunca más van a arruinar tu día esos cinco minutos que perdiste en la caja del supermercado discutiendo con un cajero maleducado. Descubrirás que no existe nada que pueda sacarte de balance, pues posees el balance dentro de ti. Tendrás las herramientas para enfrentar a tu *yo* ficticio, para decidir qué está bien y mal, qué es doloroso y qué te brinda placer, qué eres tú y qué no eres.

Es muy importante que establezcas un objetivo claro en tu mente, como lo es una vida guiada por la honestidad. Una manera de traer de vuelta a casa la experiencia que estoy buscando es, por ejemplo, por medio de las personas que viven e irradian una vida guiada por la honestidad. Yo me encontré una persona así durante mi infancia. Era una persona muy especial, con una ocupación poco usual, que generó una impresión imborrable en mi persona. Su nombre era Gene Knight. Gene se convirtió en mi referencia en cuanto a pasión y autenticidad.

Gene Knight fue una de esas personas para mí. Lo voy a decir claramente y de frente, no crecí en un ambiente sofisticado ni provengo de una familia de sangre azul. ¡Gene Knight, uno de mis iconos de honestidad, era un contrabandista de alcohol! Podría haberle asignado una profesión más honorable, pero eso era.

A mediados de la década de los cincuenta, vivíamos en un pequeño pueblo de Oklahoma, donde muchos de los condados estaban "secos". Gene formaba parte de una organización que proveía lo que la gente demandaba: cajas y cajas de Jim Beam y todas las marcas de whisky que te puedas imaginar. En retrospectiva, creo que lo que Gene soñaba era ser fumigador aéreo de cosechas, pero estaba 30 años retrasado para hacer eso. En lugar de fumigar cosechas desde el aire, la gente le pagaba por volar con cajas de whisky a lo largo y ancho de Oklahoma. Él podría haber sido piloto en África o distribuidor de medicamentos en la selva del Amazonas. El punto es que Gene era piloto de aeronaves. Cuando se trepaba a la cabina, no existía duda de que Gene estaba haciendo lo que absolutamente, sin equivocación, amaba con pasión.

Yo tenía ocho o nueve años cuando conocí a Gene. Recuerdo a mi papá animándome para ir a ver la aeronave. Teníamos que manejar hasta salir del pueblo, conducir por caminos polvosos y llegar a un plantío de algodón donde había un cobertizo, que supuestamente se utilizaba para almacenar equipo agrícola. La locación había sido escogida debido a que se podía divisar un automóvil a kilómetros de distancia. Me explicaron que lo hacían para evitar una redada policiaca, aunque no recuerdo una sola vez en que el sheriff Tucker no estuviera ayudando a descargar la mercancía. Recuerdo la primera vez que fui al cobertizo. Era una fría tarde, que enfriaba más a medida que se ponía el sol. Una vez dentro del cobertizo me dirigí a un grupo de hombres que se calentaban alrededor de una estufa de leña. Apenas y tuve tiempo de acercar mis manos al fuego cuando un hombre dijo: "Ése debe de ser Gene", y se escuchó un lejano sonido parecido al de un mosquito que fue creciendo y todos nosotros salimos del cobertizo.

Cuando el viejo aeroplano logró aterrizar, saltó Gene Knight. Sonará exagerado, pero este tipo hubiera podido pasar por Errol Flynn. Con el cabello negro azabache, usaba una chamarra negra de cuero y medía más de un metro con noventa centímetros. Al estrechar las manos, les daba palmadas en la espalda e intercambiaba historias con los demás hombres, había un aire en él, un aire de gozo infeccioso. Mientras los demás bajaban las cajas de whisky, Gene se echaba atrás con una expresión como diciendo: "¿No es maravilloso? ¿Hay algo mejor que esto?" Hablaba de su aeroplano como si fuera el Concorde, mostrándoles a todos sus nuevos trucos o un rasguño que se había hecho al volar cerca de las puntas de los árboles en un viaje reciente. Entró al cobertizo a calentarse las manos y platicó un momento con mi papá. Pronto regresaron los demás, no tanto para calentarse sino para conseguir un pedazo de la libertad que Gene llevaba con él. Al verlo calentándose las manos y golpeando el suelo con los pies, se me asemejó a un pura sangre listo para la carrera, incapaz de contener la emoción.

Sin sorpresas, la rutina de aquel sábado se convirtió en mi favorita. No podía esperar para ir con mi padre al plantío de algodón. Gene nos platicaba de sus vuelos y sus ojos destellaban. Él amaba su "trabajo", amaba su vida y amaba a la gente que se encontraba en el camino. Por fin llegó el día en que Gene me llevó a dar un paseo. ¡Déjame decirte que Buck Rogers no tenía nada que presumirme! En el momento en que despegamos, me prometí que sería un piloto y en cuanto alcanzara la edad requerida conseguiría mi licencia. He volado durante toda mi vida como resultado directo de la influencia que Gene ejerció sobre mí.

Ahora, más de 40 años después, me doy cuenta que Gene nunca ganó mucho dinero. Su aeroplano era viejo, lento y caro. Se que él, al igual que mi papá y el resto de los hombres del cobertizo, tenían deudas que pagar y promesas que cumplir. Pero la única verdad acerca de Gene era que vivía para lo que lo apasionaba. Él no vivía para pagar sus deudas. Había nacido para volar y lo sabía. Amaba lo que hacía y se quería a sí mismo, pero no necesitaba echar raíces. Era un hombre humilde, pero contagiosamente feliz. La vida que vivía era su moneda de intercambio; su sustento se transformaba en un avión que despegaba para aterrizar en un plantío de algodón, a muchos kilómetros del aeropuerto más cercano, para cumplir con su responsabilidad y convivir con sus amigos. Estoy convencido, que cada vez que se bajaba del aeroplano lo único que le interesaba era volverse a subir sin importar el destino. Conocí a Gene durante 35 años, por lo que te puedo decir que él voló hasta el día de su deceso. Murió siendo un hombre satisfecho y feliz.

Ahora es momento de que hablemos de ti. ¿No crees que sea hora de que te des una oportunidad?; de hecho, ¿no sabes que ya es tiempo pasado? Sospecho que te haces cargo de todos y de todo antes que ocuparte de ti y de tus necesidades. En algún grado, estás listo para hacer algo distinto con tu vida y quiero que aproveches esta oportunidad. Sabes que tengo razón. Lo que no sabes es lo condenadamente serio que estoy respecto a volverte honesto contigo mismo, y el dramático cambio que tu vida puede llegar a experimentar cuando recuperes el increíble poder que tú ni siquiera sabías que perdiste. Eres mejor de lo que ha sido tu vida. Tienes la capacidad de superar lo que has hecho hasta hoy. Puedes alegrar tu vida si logras poner en sintonía a tu auténtico *yo* con el mundo en que vives. Para lograrlo, debes lograr un contacto íntimo contigo mismo.

Por eso requieres de un autodiagnóstico guiado. Necesitas contestar preguntas sobre ti —las preguntas correctas—, porque eso te ayudará a dar un paso atrás de la circunstancia en la que vives, a ser honesto contigo y a comenzar a pensar en tus distintas posibilidades. Si dices que "estás bien", pero lo dices debido a que tienes compromisos, entonces necesitas saberlo. Tus avances a lo largo de este libro serán interactivos; cada vez que te introduzca a un concepto nuevo, te voy a pedir que tomes un "tiempo fuera" para que lo puedas aplicar a tus propias experiencias de vida.

Vamos a hacer un pacto antes de empezar. Cada vez que avancemos, vas a tener que enfrentar sólo asuntos objetivos, aunque sean duros. Mientras tú agendas las preguntas sobre ti, yo te voy a retar, empezando desde ahora, para que empieces a enfrentar las cosas.

Significa no asumir nada sin haberlo probado antes. Supongo que lo que digo es que no puedes confiar de manera automática en que tú hayas sido absolutamente honesto contigo mismo. Sólo porque hayas creído algo durante mucho tiempo o que tú eres de cierta manera, no significa que sea de verdad. Debes estar ansioso por cuestionarte virtualmente cada simple cosa en la que has creído acerca de ti mismo.

Por ejemplo, si durante mucho tiempo sentiste que eras inferior o un ciudadano de segunda clase, ¿dónde están las pruebas? Si tuvieras que demostrar ante un jurado tu pertenencia a ese segundo nivel, ¿podrías probarlo? ¿Es un hecho o es sólo una opinión que has acarreado durante mucho tiempo? Vamos a ponernos de acuerdo y sólo tomaremos en cuenta los hechos reales, la verdad.

Sé que suena fácil, pero necesitas reconocer que cuando se trata de enfrentarte contigo mismo, todos tus recuerdos pueden resultar contrarios: posiblemente han pasado muchos años desde que enfrentaste los hechos. Recuerda que una mentira que no es cuestionada se convierte en verdad. Puede que te hayan dicho, o que tú te hayas dicho, todas estas tonterías desde hace tanto tiempo que las crees de manera automática. Eso no pasaría si te obligas a enfrentar exclusivamente los hechos. Por ejemplo, nadie te puede convencer de que eres un ladrón porque en los hechos tú sabes que no es cierto. Tú sabes, por arriba de cualquier discusión, que no robas, punto, fin de la discusión. Tú puedes simplemente y sin objeción desechar esa acusación, porque posees la información y lo que sea que los demás piensen no cambia en un ápice la realidad. En consecuencia, es una información que jamás formará parte del concepto que tienes de ti mismo. Ser ladrón nunca formará parte de tu verdad personal.

Pero supón que alguien te confronta por algún aspecto tuyo que no has razonado de manera objetiva, algo como tu valía, tu sensibilidad, o tu capacidad de ser deseado. Esos aspectos no están tan trabajados. No puedo mostrarte una cuarta parte de tu valía o un tercio de tu sensibilidad. Pero si alguien opina que tú no eres valioso, entonces necesitas conocer los hechos en los que se basa, si no, eres hombre muerto. Si no tienes el conocimiento pleno y detallado de este asunto, entonces estarás caminando a ciegas.

Por medio de cierta lógica bizarra, que nunca me dejará de asombrar, veo a la gente engañarse una y otra vez. Algún imbécil (alias: novio, jefe, suegra, etcétera) nos puede criticar de forma vaga e infundada, y debido a que no hemos hecho nuestra tarea de amasar los hechos, se lo compramos e incrustamos en el centro de nuestro concepto de nosotros mismos. ¡Incluso nos lo hacemos nosotros mismos con nuestras opiniones! Cuando examines el concepto de ti mismo es muy importante que sepas distinguir entre los hechos y los que no lo son. Las opiniones son sólo eso y pueden llegar a cambiar. *Deseo que dejes de confrontarte con las opiniones sobre tu persona, en cambio, quiero que entres en contacto con los hechos.*

Una vez que conozcas los hechos, vas a enfrentar al mundo de manera muy distinta. Vas a dejas de decirte: "Necesito ganarme el derecho de estar aquí, tengo que ser rico, famoso, gracioso, guapo, lo que sea." En lugar de hacer eso, tienes que decirle al mundo que tienes el derecho de estar aquí, porque: "Sé desde mi interior que tengo las cualidades que merecen su aceptación." Es lo que conozco sobre mí mismo. Te puede tomar cierto tiempo reconocer esto: "Yo sé quién soy, y si me conoces, entonces podremos ser buena compañía."

Le doy tanta importancia a este tema, porque sé que en cualquier vida, muchas distorsiones (opiniones sin sustento) afectan el pensamiento y la percepción de uno mismo. Muchas veces sucede sin que te des cuenta. Es como si tu *yo* auténtico fuera una imagen proyectada sobre una pared. En un principio, la imagen era clara y bien enfocada. Los colores eran brillantes, la definición era perfecta, no existía duda a quien pertenecía la imagen. Si te hubieran preguntado: "¿Quién eres?", hubieras señalado la imagen y dicho con seguridad: "Ése soy yo."

Entonces el mundo empezó a golpear el proyector. Disgustos, retos y dificultades acabaron por distorsionar la imagen, haciéndola borrosa. Tus propias respuestas frente a las dificultades contribuyeron en la distorsión. Esta conmoción duró años. A lo largo del camino, dejaste de examinar los sucesos y los tomaste por ciertos, eso comenzó a afectarte. Ahora cuando volteas a ver la pared, sólo ves una plasta de colores indeterminados sin definición alguna. Tu *yo* auténtico está completamente desenfocado, los hechos fueron borrados por tus opiniones y las de otros que no necesariamente actuaban con el mejor interés de su corazón.

Esto significa que ahora debes de querer examinar cada pensamiento, sentimiento o reacción que tengas sobre ti mismo. Es normal que confíes en tu pensamiento, pero ¿qué tal si estás equivocado? ¿Y si estás omitiendo importantes aspectos sobre ti mismo? Si aceptas los pensamientos como hechos, entonces dejarás de buscar nueva información, porque estás asumiendo que posees todas las respuestas. Vas a negar factores clave sobre tu *yo* que no puedes permitirte perder. Vas a obtener tu información de una imagen distorsionada que se encuentra completamente fuera de foco y no es de fiar.

Te reto a que seas escéptico con los patrones familiares, con la información familiar. Mejor encuentra tus "distorsionantes", los eventos que dejaron fuera de foco a tu proyector. Juntos tenemos que encontrar los factores que te han distorsionado para poderlos confrontar. Busca más información sobre ti, porque existen factores de tu *yo* auténtico que van a surgir en medio de ese desastre de experiencias y decisiones personales. ¡Sería trágico que no pudieras reconocer a tu propio *yo* porque tienes la mente en las zonas más oscuras, te perderías las revelaciones de tu propio ser!

Hablando de hechos, si, por otro lado, estás comprometido a enfrentar sólo los hechos, ahora es el momento de poner algunos esenciales sobre la mesa. Aquí te doy algunos que son universales. Y éstos deben ser piezas angulares en la aventura de descubrir o redescubrir a tu *yo* auténtico.

HECHO: Cada uno de nosotros, incluido tú, poseemos todo lo que alguna vez vamos a necesitar ser o hacer, y tenemos todo lo que vamos a querer y necesitar.

Dios es sabio de tantas maneras que no nos lo podemos imaginar. Creo firmemente que Él creó a cada persona proveyéndola de todo aquello que llegaría a necesitar para interpretar exitosamente su papel. Tenemos las herramientas, tenemos los ingredientes, tenemos todo lo que necesitamos para salir al mundo y vivir como seres auténticos. Y cada uno de nosotros poseemos un "paquete" único de dones. Él te otorgó distintos dones de los que me dio a mí. Te concedió dones distintos a los de tu vecino. Cada uno de nosotros, con todas nuestras diferencias, poseemos todos los recursos que requerimos. Los recursos se encuentran dentro del *yo* auténtico. Si te sientes inepto o mal equipado para enfrentar la vida, es un hecho difícil de aceptar, entonces tendrás que seguirme con fe ciega si así lo requieres, porque te juro que debajo de toda la basura que has acumulado yacen los dones y habilidades que yo sé que posees. Si te sientes desconectado de tus metas, ya sean personales, profesionales, emocionales, físicas o espirituales, puede ser que nada esté mal contigo, sino que persigues objetivos equivocados.

En el campo de la psicología industrial, frecuentemente nos enfrentamos al reto de lograr obtener la exacta "interfase hombre-trabajo". El objetivo es conseguir a la persona adecuada para el trabajo adecuado. Dos personas de inteligencia similar, por ejemplo, pueden tener resultados dispares al efectuar el mismo trabajo. La diferencia estriba en que difieren en sus concepciones internas del corazón, que radican en el nivel del *yo* auténtico. Aunque poseen la misma inteligencia, uno encaja perfectamente en los requerimientos del trabajo y el otro simplemente no lo hace.

Si estás batallando en algún aspecto de tu vida —carrera, relaciones, finanzas, familia o sentimientos y expectativas acerca de ti mismo—, es altamente factible que el problema no seas tú, sino tu "interfase hombre-trabajo". Es probable que persigas gente, metas, objetivos o experiencias del *yo,* que son incongruentes con tu corazón auténtico. Como dije antes, no te dejes atrapar por una mentalidad rígida. Intenta retar virtualmente cada aspecto de tu vida, incluyendo la realidad de que has perseguido metas que sencillamente no son adecuadas para ti.

HECHO: Tu *yo* auténtico está ahí, siempre lo ha estado, y te es completamente accesible. No eres la excepción en este caso. No existen excepciones.

Tus características particulares y conocimientos, son los que te definen y diferencian de cualquier otro ser humano en el mundo. Es verdad que eres distinto, sin embargo, sólo si vives una vida única está permitido que surja tu *yo* auténtico. Debes de aferrarte a cada característica que genuinamente sea tuya y permitir que forme parte central de tu vida. Sí, puede lograrse. Redescubrir a tu *yo* auténtico no es trabajo esotérico o místico, que sólo lo puede realizar un filósofo en lo alto de una montaña, es un trabajo que puedes y debes realizar. No puedes ser tú si no te conoces. Puedes tener acceso, pero depende de ti utilizarlo. ¡Si fallas en el intento, te convertirías en la vigésimo octava oveja desde la izquierda dentro de la fila número 487000946!

Hecho: El *yo* que controla tu vida, no surgió por generación espontánea. Es el resultado de:

1- Algunos eventos clave que experimentaste en tu vida, los factores externos.

2- Un proceso de reacción e interpretación que sucede en tu interior, los factores internos.

Tu vida en este mundo está compuesta por una serie de interacciones, algunas externas, otras internas. Mediante las externas, el mundo afirma y construye sobre lo que tú comenzaste, o lo puede atacar y erosionar. Los factores y reacciones internos son tan poderosos, o incluso más, que los factores externos de acuerdo a como reacciones e interpretes lo que sucede en tu vida. El resultado final es que si eres producto de un viaje insensible y desagradable en tu vida, es un *yo* ficticio. Es ficticio porque las experiencias negativas en tu vida y, posiblemente más importante, tus reacciones a las interpretaciones de las experiencias, te alejaron de lo que alguna vez supiste que eras. En consecuencia, olvidaste quién eres y lo que deseas y necesitas. Este *yo* te llevó a ser conformista: "Acéptalo, no generes problemas, sólo tómalo." Esa definición conformista de tu persona pudo ser conveniente para el resto del mundo, pero te pudo frustrar y dejar carente de pasión, esperanza y energía. Para desconectarte de tu *yo* ficticio y conectarte con el auténtico, necesitas comprender cómo las dos influencias, externa e interna, han contribuido a crear la vida que vives hoy, y cómo esas influencias pueden ser controladas por ti, de esta manera lograrás lo que siempre has querido y necesitado.

Por ejemplo, si has sido rechazado (factor externo), y eres en extremo duro contigo mismo por no ser suficientemente bueno (factor interno), estás alterando tu conexión con tu yo auténtico y conectándote con el ficticio, que, honestamente, tiene muy poco que ver contigo y mucho que ver con los demás.

Hecho: Tu *yo* ficticio es la fuente de la información falsa y de tu identidad errónea.

El yo ficticio no sólo te provee de información incorrecta acerca de quién eres y de lo que deberías de hacer con tu vida, también bloquea la información que requieres para mantener la conexión con tu identidad auténtica. Confiar en la información de tu yo ficticio, significa que estás depositando tu confianza en una brújula descompuesta.

Piensa de esta manera: Cuando llegas a una encrucijada y debes tomar el camino de la derecha, tomas el de la izquierda. Es un mal trato en dos vías. La izquierda te llevará a donde no quieres ir, pero igual de importante es que te impide ir por el camino correcto. Si recorres quince kilómetros por el camino izquierdo cuando debiste recorrer quince kilómetros por el derecho, entonces cometiste un error de 45 kilómetros: quince que recorriste por la izquierda, quince que tienes que recorrer para regresar al punto de partida y los quince que necesitabas recorrer por la derecha. Es la clase de errores que caracteriza una vida dirigida por el *yo* ficticio. Explica por qué necesitas pedir "tiempo fuera", ahora, para que establezcas dónde te encuentras. ¿La dirección a la que has encausado tu vida es, de *hecho*, la que deseas seguir?

HECHO: Tu vida no es una prueba de vestuario.

Es verdad de que hay más para ti de lo que estás viviendo, deberías de preguntarte: "¿Por qué no lo vivo?", te lo deberías de preguntar hoy mismo. Averigua *cómo* recuperar el control en este momento. Quizá no te exiges demasiado debido a que te crees atrapado; que careces de opciones. Posiblemente estés amarrado por la carencia de dinero, oportunidades o gente que se sentiría amenazada por tu éxito. Igual y no sabes qué camino tomar, o qué es lo que buscas.

Cualesquiera que tus circunstancias sean, no debes de permitir que esas razones se conviertan en excusas. Fácil o difícil, te digo que tienes la responsabilidad de ser todo lo que puedes ser, por tu familia, por el mundo. Es tu vida y el reloj prosigue su marcha. Si te mantienes prisionero dentro de tu autonegación, entonces continuarás desperdiciando los días, semanas, meses y años: un tiempo que pudo y debió haber sido maravilloso.

¿Hoy es un buen ejemplo? Medítalo. Como tantos otros días, es hoy de una vez por todas. Cualquier cosa que hayas hecho o dejado de hacer, que hayas sentido o dejado de sentir, sufrido o no, compartido o dejado de compartir, ya estuvo hecho. La diferencia estriba en que al leer este libro, al abrir tu mente y corazón a la posibilidad del cambio, marcas la diferencia hoy. Has comenzado una aventura que te llevará a destapar el alboroto de tu vida y mundo, una aventura que te llevará de vuelta a ti.

Comencemos el viaje con un par de pruebas cortas, planeadas para darte un primer vistazo a la cantidad de energía vital que le concedes a tu *yo* auténtico, y cuánta energía al ficticio. Para hacer las pruebas, vas a necesitar dónde escribir y suficiente privacidad y silencio para que contestes de la manera más honesta.

LA ESCALA DE LA AUTENTICIDAD

Cada una de las preguntas te ofrece dos opciones. Piensa en cada alternativa como si fueran polos opuestos dentro de un espectro. Posiblemente la respuesta del lado izquierdo es más real para ti; en el polo opuesto, el lado derecho es la que te describe mejor. Tomemos como ejemplo la cuestión número uno. Lee la descripción del lado izquierdo. ¿Describe la manera en que estás motivado? Ahora cruza la hoja hasta la descripción alternativa del lado derecho, ¿es más precisa esta descripción acerca de estar motivado por los factores internos? Una vez que decidas cuál descripción es más certera contigo, entonces tendrás que decidir la frecuencia o consistencia con que esa cuestión afecta tu vida. Por ejemplo, digamos que te motiva complacer a la autoridad, para ti esta característica es cierta la mayor parte del tiempo. En el segundo paréntesis, de izquierda a derecha en el renglón de la pregunta número uno, vas a poner una X. Ahora pasemos a la pregunta número dos. Considera cada alternativa; decide cuál te describe con mayor precisión; decide la frecuencia; pon la X donde corresponda. Haz lo mismo para las siguientes 38 preguntas.

El *yo* ficticio	Siempre es verdad -izquierda- (1)	Casi siempre es verdad -izquierda- (2)	Casi siempre es verdad -derecha- (3)	Siempre es verdad -derecha- (4)	El *yo* auténtico
1. Me motiva complacer a la autoridad y ganar el reconocimiento de los demás.	( )	( )	( )	( )	Me motivan mis factores internos, como el sentido de cumplir una misión en la vida y pensar honestamente sobre mí mismo.
2. Obedezco las órdenes porque temo perder el reconocimiento ajeno.	( )	( )	( )	( )	Tomo decisiones con base en mis mejores intereses.
3. Carezco de confianza funcional cuando me faltan figuras de autoridad; carezco de iniciativa.	( )	( )	( )	( )	Estoy seguro de actuar eficientemente basándome en mis propias decisiones.
4. Mi autoestima está sustentada en lo que piensan los demás, necesito desesperadamente ser reconocido.	( )	( )	( )	( )	A mi autoestima la defino desde mi interior, sin importarme el reconocimiento externo.
5. Se me dificulta establecer una relación entre mi comportamiento y sus consecuencias, cuando carezco de las reacciones de los demás.	( )	( )	( )	( )	Soy capaz de establecer una relación entre mi comportamiento y sus consecuencias.
6. Se me dificulta tomar decisiones con base en mis prioridades personales.	( )	( )	( )	( )	Tengo la capacidad de tomar decisiones con base en mis propias prioridades.

El *yo* fícticio	Siempre es verdad -izquierda- (1)	Casi siempre es verdad -izquierda- (2)	Casi siempre es verdad -derecha- (3)	Siempre es verdad -derecha- (4)	El *yo* auténtico
7. Tengo sentimientos de dependencia y miedo.	( )	( )	( )	( )	Me siento fuerte y con confianza en mí mismo.
8. Evito los sentimientos internos.	( )	( )	( )	( )	Busco mayor conocimiento interior.
9. Soy sumiso con los demás.	( )	( )	( )	( )	Coopero con los demás.
10. Trato de evitar el castigo.	( )	( )	( )	( )	Estoy orientado a conseguir mis metas personales.
11. Generalmente no sé lo que la gente espera de mí.	( )	( )	( )	( )	Me siento confiado cuando estoy rodeado de personas.
12. Me siento temeroso la mayor parte del tiempo.	( )	( )	( )	( )	Estoy feliz conmigo mismo la mayoría del tiempo.
13. Me siento perdido en mi vida.	( )	( )	( )	( )	Tengo un propósito en la vida.
14. Siento que no pertenezco aquí.	( )	( )	( )	( )	Me relaciono bien con los demás.
15. Odio tomar decisiones.	( )	( )	( )	( )	Disfruto tomando decisiones.
16. Me odio a mí mismo la mayor parte del tiempo.	( )	( )	( )	( )	Estoy asombrado conmigo mismo.
17. Soy incapaz de perdonarme.	( )	( )	( )	( )	He cometido errores, pero he aprendido de ellos.
18. Me llamo a mí mismo estúpido y tonto.	( )	( )	( )	( )	Mi apreciación de mí mismo es honesta y objetiva.
19. Me siento como un perdedor.	( )	( )	( )	( )	Soy un ganador.

El *yo* ficticio	Siempre es verdad -izquierda- (1)	Casi siempre es verdad -izquierda- (2)	Casi siempre es verdad -derecha- (3)	Siempre es verdad -derecha- (4)	El *yo* auténtico
20. Todavía escucho a mis padres hablándome en la cabeza.	( )	( )	( )	( )	He dejado de lado las opiniones de mis padres.
21. Me pregunto, qué estoy haciendo para echarlo todo a perder.	( )	( )	( )	( )	No permito que el pesimismo se entrometa en mi vida.
22. Siempre creo que los demás me están evaluando.	( )	( )	( )	( )	Pongo atención en mis propios valores y no en los de los demás.
23. Me pregunto, por qué a pesar de mis mejores esfuerzos, me es tan difícil conseguir lo que quiero en la vida.	( )	( )	( )	( )	No me cuesta trabajo obtener lo que deseo en la vida, porque me puedo concentrar correctamente.
24. Cuando estoy solo, me quedo viendo al infinito y me siento desconectado.	( )	( )	( )	( )	Cuando estoy solo, reconozco que soy buena compañía y disfruto mi espacio.
25. Cuando no puedo dormir, me cuestiono cómo voy a enfrentar el día siguiente.	( )	( )	( )	( )	Cuando no puedo dormir, permito a mi mente ser creativa, y sé que el día siguiente será emocionante y gratificante.
26. Creo que la esperanza y la alegría se agotan al recorrer los impulsos de la vida.	( )	( )	( )	( )	Creo que la esperanza así como la alegría son fáciles de experimentar.
27. Me resulta difícil moverme y entrar al juego.	( )	( )	( )	( )	Me es fácil iniciar un proyecto nuevo.

El *yo* ficticio	Siempre es verdad -izquierda- (1)	Casi siempre es verdad -izquierda- (2)	Casi siempre es verdad -derecha- (3)	Siempre es verdad -derecha- (4)	El *yo* auténtico
28. Con frecuencia me preocupa por qué los demás tienen éxito y yo no.	( )	( )	( )	( )	Me resulta sencillo entender por qué los demás tienen éxito.
29. Normalmente estoy al borde de la depresión y la ansiedad.	( )	( )	( )	( )	Normalmente estoy esperanzado y alegre.
30. Frecuentemente me siento frustrado y tengo ganas de dejarlo todo y gritar.	( )	( )	( )	( )	Puedo manejar la frustración.
31. Me pregunto, por qué nunca soy el jefe o respetado como líder.	( )	( )	( )	( )	Normalmente soy el jefe y me respetan.
32. Me cuesta comprender por qué mi matrimonio es tan difícil y mis hijos no se adaptan bien.	( )	( )	( )	( )	Mi vida familiar es segura y confortante.
33. Quiero huir del mundo, especialmente cuando llegan las cuentas.	( )	( )	( )	( )	Encuentro a la vida divertida y las cuentas son sólo una pequeña parte de ella.
34. Siento que vivo una vida simulada y no la mía.	( )	( )	( )	( )	Estoy viviendo mi propia vida.
35. Estoy enfermo y cansado de mi vida.	( )	( )	( )	( )	Mi vida es maravillosa y emocionante.

El *yo* ficticio	Siempre es verdad -izquierda- (1)	Casi siempre es verdad -izquierda- (2)	Casi siempre es verdad -derecha- (3)	Siempre es verdad -derecha- (4)	El *yo* auténtico
36. Agito la cabeza cuando me comprometo a buscar un nuevo trabajo, a comenzar una dieta, etcétera, porque considero que no lo voy a lograr.	( )	( )	( )	( )	Busco nuevos retos, sé que el éxito es posible.
37. Llegué a la conclusión de que estoy viviendo una vida que no planeé y no deseo.	( )	( )	( )	( )	Estoy viviendo mi vida, mi propósito.
38. Estoy amargado por mi vida y por lo que se ha convertido.	( )	( )	( )	( )	No estoy amargado, estoy satisfecho por haber planeado mi vida y que me haya resultado bien.

Puntuación: por cada X en la columna de la extrema izquierda, apúntate un 1; por cada X en la segunda columna, apúntate un 2; por cada X en la tercera columna, apúntate un 3; y por cada X en la cuarta columna, apúntate un 4. Suma las cantidades obtenidas en las 38 preguntas, la suma total debe de estar entre 38 y 142.

Interpretación de resultados

38-70: Una puntuación en este rango indica que estás seriamente desconectado de tu *yo* auténtico. Debes de preguntarte qué tanta de tu experiencia vital es la que verdaderamente hubieras deseado.

71-110: Este rango manifiesta que estás actuando, la mayor parte del tiempo, con un concepto ficticio de ti mismo, que se ha tergiversado y por eso es una versión ficticia de quien eres tú en realidad. No sería sorprendente que normalmente te encuentres confundido acerca de lo que debes hacer o cuál sería el mejor uso para tu tiempo. Posiblemente estés descarriado, sin saber lo que el mundo espera de ti y puede que te sientas desconectado de tu vida. Un resultado en este rango es el más problemático: quien obtiene este resultado, está consciente de tener un *yo* ficticio y entiende que su vida no debe de continuar de esta manera, pero tiene temor de asumir la responsabilidad que implica el cambio.

111-129: Este resultado indica que el concepto de ti mismo está distorsionado, convirtiéndose en una versión ficticia, al menos en algunas ocasiones. Pude que tengas miedo de ser enteramente tú mismo, debido al poder que ejerce el mundo sobre ti, pero estás consciente de tu *yo* auténtico y, en consecuencia, estás desesperado por servir a tu autenticidad. El problema viene cuando los retos son muy grandes, una persona con esta puntuación normalmente se falla a sí misma.

139-142: Quien obtiene esta puntuación es muy afortunado y normalmente vive en sintonía con su *yo* auténtico. Es alguien que tiene una idea clara de sí mismo y de lo que desea en la vida. Cuando está en dificultades, busca dentro de sí mismo y así sus metas permanecen estables con su *yo* auténtico.

Prueba de congruencia

Este perfil te ayudará a tener una idea del grado al que tu vida actual —cómo estás pensando, sintiendo y viviendo— es compatible con tu vida ideal, cien por ciento auténtica y plena. Por ejemplo, ¿eres congruente con tu potencial auténtico o el concepto de ti mismo se ha transformado en una versión ficticia de quien fuiste alguna vez?

La prueba de congruencia funciona en tres etapas: Primero, vas a describir todo tu potencial calificándote a ti mismo dentro de una dimensión de *cómo serías en una situación ideal de vida.* Segundo, te vas a calificar en la misma dimensión, pero esta vez la dimensión reflejará *quién crees que eres.* Finalmente, vas a determinar el porcentaje de diferencia entre ambas dimensiones. Ésta es —la brecha entre tu auténtica forma de pensar, sentir y vivir y tu vida real— la que te va a proporcionar un área de oportunidad para sanar tu verdad personal y el concepto de ti mismo.

Enseguida encontrarás dos grupos de palabras idénticos que utilizarás para describirte, el primero para que describas cómo serías en una vida ideal, el segundo para que describas cómo eres hoy. Como la escala de la autenticidad, este ejercicio requiere absoluta atención y honestidad. Cuando completes las dos listas, estarás listo para hacer una comparación sumamente reveladora.

1. MARCA CON UN CÍRCULO LAS PALABRAS QUE CREES QUE DES-
CRIBEN LA PERSONA IDÍLICA QUE TE GUSTARÍA SER, LA QUE PO-
TENCIALMENTE CREES QUE PUEDES LLEGAR A SER.

*Bonita atractiva bella guapa de buen ver seduc-
tora buena onda dulce espiritual sabia amigable amistosa fiel líder fuerte que apoya
moral ética de principios buena honesta decente
cálida amorosa tierna de corazón cálido transparente cuidadosa amable afectuosa cordial
hospitalaria acogedora agradable jovial apasionada ardiente entusiasta celosa arrogante
egocéntrica altruista simpática humana egoísta
filantrópica perspicaz dependiente libre gentil
pensativa dominante sumisa autónoma creativa
compasiva autosuficiente solitaria liberada convencional objetiva elegante lista estilizada inteligente rápida encantadora aseada limpia
pensativa atenta prudente cautelosa alerta
confiable inspirada inventiva llena de recursos
ingeniosa productiva estimulante energética
vivificante vigorosa robusta activa gozosa
bienaventurada complacida absorta animosa
cuerda racional sensible razonable normal
completa capaz genuina inspirada orgullosa
accesible pacífica honesta dadivosa criadora
cabal consumada perfecta indivisible ejecutora
grandiosa confidente compasiva contenta humilde
modesta alegre satisfecha confortable quieta
relajada capaz que aprende instruida versada
experta profunda rica acaudalada opulenta
próspera plena primorosa valiosa abundante
poderosa profunda productiva prolífica entendida*

dinámica   provechosa   útil   constructiva   benéfica positiva   funcional   honorable.

Cuenta el número de palabras que marcaste. El resultado será tu puntuación potencial total.

Número total de palabras = puntuación potencial total

2. Marca con un círculo las palabras que describen cómo eres hoy en día.

Bonita   atractiva   bella   guapa   de buen ver   seductora   buena onda   dulce   espiritual   sabia   amigable   amistosa   fiel   líder   fuerte   que apoya   moral   ética   de principios   buena   honesta   decente   cálida   amorosa   tierna   de corazón cálido   transparente   cuidadosa   amable   afectuosa   cordial   hospitalaria   acogedora   agradable   jovial   apasionada   ardiente   entusiasta   celosa   arrogante   egocéntrica   altruista   simpática   humana   egoísta   filantrópica   perspicaz   dependiente   libre   gentil   pensativa   dominante   sumisa   autónoma   creativa   compasiva   autosuficiente   solitaria   liberada   convencional   objetiva   elegante   lista   estilizada   inteligente   rápida   encantadora   aseada   limpia   pensativa   atenta   prudente   cautelosa   alerta   confiable   inspirada   inventiva   llena de recursos   ingeniosa   productiva   estimulante   energética   vivificante   vigorosa   robusta   activa   gozosa   bienaventurada   complacida   absorta   animosa   cuerda   racional   sensible   razonable   normal   completa   capaz   genuina   inspirada   orgullosa   accesible   pacífica   honesta   dadivosa   criadora   cabal   consumada   perfecta   indivisible   ejecutora

> *grandiosa   confidente   compasiva   contenta   humilde*
> *modesta   alegre   satisfecha   confortable   quieta*
> *relajada   capaz   que aprende   instruida   versada*
> *experta   profunda   rica   acaudalada   opulenta*
> *próspera   plena   primorosa   valiosa   abundante*
> *poderosa   profunda   productiva   prolífica   entendida*
> *dinámica   provechosa   útil   constructiva   benéfica*
> *positiva   funcional   honorable.*

Cuenta el número de palabras que marcaste en esta segunda etapa. Al resultado lo llamaremos tu puntuación actual.

Número total de palabras = tu puntuación actual

3. El índice de congruencia es el porcentaje de palabras que marcaste en la segunda etapa (tu puntuación actual) respecto a las palabras que marcaste en la primera etapa (puntuación potencial total).

Índice de congruencia = tu puntuación actual / puntuación potencial total x 100

Por ejemplo, si marcaste 120 palabras en la puntuación potencial total y 90 en tu puntuación actual, entonces tu índice de congruencia sería:

$$90 / 120 = 0.75 \times 100 = 75\%$$

Si te cuestan trabajo las divisiones, consulta la "tabla de conversión de la puntuación potencial total y tu puntuación personal" que se muestra a continuación para que estimes tu índice de congruencia. Para usarla, debes de localizar el rango de la "puntuación potencial total" en la parte baja de la tabla y el rango de "tu puntuación actual" en el costado, el porcentaje que está en la misma línea que "tu puntuación actual" y en la misma columna que la "puntuación potencial total" es tu índice de congruencia.

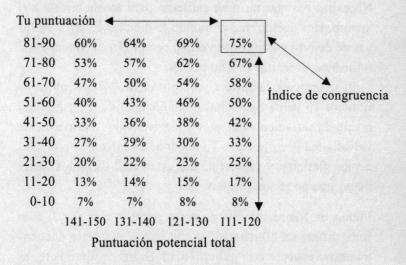

Tu puntuación				
81-90	60%	64%	69%	75%
71-80	53%	57%	62%	67%
61-70	47%	50%	54%	58%
51-60	40%	43%	46%	50%
41-50	33%	36%	38%	42%
31-40	27%	29%	30%	33%
21-30	20%	22%	23%	25%
11-20	13%	14%	15%	17%
0-10	7%	7%	8%	8%
	141-150	131-140	121-130	111-120

Índice de congruencia

Puntuación potencial total

Interpretación: si tu índice está entre 90 y 100 por ciento, trabajas a toda capacidad, utilizas todo tu potencial, lo que te lleva a encontrar la felicidad. Estás completando la misión que concebiste y tienes muy buena salud mental.

Si tu índice está entre 75 y 90 por ciento, te encuentras en un rango positivo, que muestra que vives en concordancia con tu *yo* auténtico. Le has evitado graves daños a tu verdad personal y no ha sido afectada por ninguna experiencia negativa que hayas tenido. Tienes una buena autoestima que te ayudará a tener éxito.

Si tu índice está entre 50 y 75 por ciento, estás en un rango positivo y te has realizado en algunos aspectos favorables de tu *yo* auténtico. Sin embargo, existen algunos aspectos con los que no has podido entrar en contacto. Hay fortalezas que no has desarrollado y hay metas que consideras que no valen la pena. Tienes dudas sobre ti mismo y cierta carencia de autoestima que frenan tu potencial de éxito.

Si tu índice está entre 35 y 50 por ciento, te estás limitando al usar sólo una pequeña parte de quién eres en realidad. Necesitas realizar un gran esfuerzo para reencontrarte a ti mismo. Has dejado que el mundo te diga quién eres, en lugar de dejarte guiar por tu verdad personal y el concepto de ti mismo. Necesitas mucho trabajo.

Si tu índice está entre 1 y 35 por ciento, vives con tu *yo* ficticio. Tu verdad personal y el concepto de ti mismo han resultado seriamente dañados y tergiversados. Desperdicias valiosísima energía vital. Tu poder se ha infectado con conceptos ficticios y tus esfuerzos están mal dirigidos hacia metas que no te son propias.

Piensa en los resultados de estas pruebas como si fueran fotografías, un "flashazo" que te indica dónde te encuentras hoy respecto a tu autenticidad. Si los resultados te indican que estás a kilómetros de distancia de tu *yo* auténtico, entonces necesitamos hablar y, a lo largo de estas páginas, créeme que lo haremos. Te voy a dar una noticia mala y después una buena. La mala noticia es que tú tomaste las decisiones que te llevaron a esta circunstancia de vida; la buena es que estás tomando las decisiones que te llevarán a vivir una mejor vida. Como ya he dicho: tú generas tus propias experiencias.

Existen personas, posiblemente las que quedaron a media tabla en las pruebas que acabamos de realizar, que estarían tentados a decir: "Sabes, soy bastante funcional. Me gustó mucho, así que mil gracias. Estas cosas son para gente lisiada." La verdad es que la mayoría de las veces la psicología funciona para las personas que menos la necesitan. Puede que tengas problemas y ni siquiera te has dado cuenta. Medita lo siguiente: si nada más hemos manejado un Volkswagen modelo 1958, entonces no tenemos la más remota idea de las

Tabla de conversión de la puntuación potencial total y tu puntuación personal en índice de congruencia.

Tu puntuación actual

Tu puntuación actual	141-150	131-140	121-130	111-120	101-110	91-100	81-90	71-80	61-70	51-60	41-50	31-40	21-30	11-20	1-10
141-150	100%														
131-140	93%	100%													
121-130	87%	93%	100%												
111-120	80%	86%	92%	100%											
101-110	73%	79%	85%	92%	100%										
91-100	67%	71%	77%	83%	91%	100%									
81-90	60%	64%	69%	75%	82%	90%	100%								
71-80	53%	57%	62%	67%	73%	80%	90%	100%							
61-70	47%	50%	54%	58%	64%	70%	78%	88%	100%						
51-60	40%	43%	46%	50%	55%	60%	67%	75%	86%	100%					
41-50	33%	36%	38%	42%	46%	50%	56%	63%	71%	83%	100%				
31-40	27%	29%	30%	33%	37%	40%	45%	50%	57%	67%	80%	100%			
21-30	20%	22%	23%	25%	28%	30%	34%	38%	43%	50%	60%	75%	100%		
11-20	13%	14%	15%	17%	19%	20%	23%	25%	29%	33%	40%	50%	67%	100%	
1-10	7%	7%	8%	8%	9%	10%	12%	13%	14%	17%	20%	25%	33%	50%	100%
	141-150	131-140	121-130	111-120	101-110	91-100	81-90	71-80	61-70	51-60	41-50	31-40	21-30	11-20	1-10

Rangos de puntuación potencial total

bondades de conducir un Mercedes-Benz o un Rolls-Royce. De lo que estamos hablando aquí es de cómo manejamos nuestra vida. Puedes pensar que tu vida es suficientemente buena. La verdad es que puede ser mucho mejor, ¿no querrías saber ahora mismo cómo o preferirías esperar a descubrirlo después? Si en este momento te sientes bien contigo mismo, es maravilloso: significa que comienzas este proceso bastante adelantado. En una escala de cero a cien, si estás empezando en diez, todavía te queda un buen trecho por andar y este libro te llevará al cien. Si, en cambio, estás empezando en 70, entonces estamos construyendo sobre cimientos sólidos. Estaremos valorando quién y qué eres.

No te sientas apesadumbrado si en las pruebas resultó que no reconocerías a tu *yo* auténtico aunque llegara y te tocara el hombro. No importa qué tan alejado de la autenticidad te sientas —no importa que te haya ido fatal en cualquiera de las dos pruebas—, tú no eres raro, enfermizo, estúpido o loco. Pero: *te quemarías si permites que la vida se te escurra entre los dedos a sabiendas de que las cosas no andan bien contigo.*

Pronto sabrás que en lo que te has convertido no ha sido por accidente. No es un accidente, porque éstos no existen. Aunque te sientas atrapado en tu vida y circunstancias, no lo estás. No eres prisionero de tu pasado, no estás cautivo en una vida tallada en piedra. Vas a aprender que tu calidad de vida no es casual, es producto de una gran cantidad de decisiones que has tomado interna y externamente. Eso significa que aunque no lo sepas, tú has tenido, y seguirás teniendo, un enorme poder para determinar tu vida.

El problema ha sido que no sabías que tomabas decisiones definitorias, incluso no sabías cómo era que las tomabas. Créeme cuando te digo que siempre hay decisiones que tomar y tú siempre las has tomado. La verdad es que no puedes "no decidir", incluso si así lo quisieras. No puedes dejar de decidir porque "no decidir" es en sí una decisión. Cuando empecemos a desarmar tu vida en los siguientes capítulos, algunos asuntos que te parecían incomprensibles comenzarán a tornarse claros. Rápidamente vas a reconocer que puedes construir sólidamente sobre las buenas decisiones que has tomado y sobreponerte a las debilidades si cambias algunas de las malas decisiones que has tomado. De particular interés son las decisiones que tomaste respecto a cómo tratarte y enfrentarte contigo mismo.

Colofón: por medio de las decisiones que has tomado, activas o reactivas, te has programado desde tu interior. Lo has hecho con un poder tan dominante y absoluto, que marcaste tus resultados inmediatos y el porvenir de largo plazo en tu vida. El mundo puede ejercer presión sobre ti, pero tú debes decidir si lo aceptas o no. Vamos a confrontar lo que has aceptado con fe ciega. (Cuando te des cuenta de toda la porquería que has "comprado" y aceptado caerás en estado de *shock*; lo sé porque a mí me sucedió.) Todo el proceso de actuar, reactuar, decidir y tratar de no decidir, sucede de manera imperceptible, sin embargo ocurre invariablemente. Tu mente está ocupada a tal grado, que si fuera un proceso consciente, quedaríamos abrumados.

De cualquier forma, misteriosa o no, estás a punto de descifrar el código secreto. ¡Vamos a aminorar la marcha y tú vas a dejar de aceptar billetes falsos! Hay una verdad disponible para ti, pero sólo puede provenir de tu honestidad y de lograr la sintonía con tu *yo* auténtico, y así podrás ser la estrella de tu propia vida.

No te vayas a bloquear ahora, pensando: "Ya te escuché, pero estoy atrapado." No tienes la mínima idea de lo larga y azarosa que ha sido mi lucha para llegar a ser lo que soy ahora. Sí, lo sé. Todo este asunto requiere valor. Te apuesto que, tal y como me sucedió a mí, has vivido momentos en los que finalmente te has despertado para darte cuenta de que llevas demasiado tiempo cometiendo errores. Precisamente es lo que te va a suceder en este momento. Requiero que seas honesto cuando respondas a lo que te voy a pedir que pienses y enfrentes, me refiero a que seas realmente honesto. Sigue pasando las páginas, haciendo el trabajo; es todo lo que te pido.

El cambio que debe suceder con tu verdad personal —el concepto de ti mismo— para maximizar tu vida proviene enteramente de tu interior. Eso es verdaderamente bueno. Piénsalo: no puedes cambiar el mundo, no puedes cambiar su agenda y rara vez puedes cambiar a los de tu círculo inmediato. Lo que puedes cambiar es la manera en que te comprometes con tu mundo y todos los que forman parte de él. Cuando cambias tu posición a tu favor, cuando reevalúas el concepto de ti mismo y descubres nuevas opciones, nuevas capacidades y tomas el control, entonces puedes concentrarte en tu yo auténtico, que es real, en lugar de concentrarte en el ficticio, que no lo es. La buena noticia es que la única persona que necesitas para encontrar la parte auténtica de tu persona, eres tú.

Intento enfrentarte, cara a cara, con la persona que eres en realidad. Intento que te conozcas —posiblemente por primera vez— y descubras cada don y habilidad que posees, no importa lo aburrido que resulte. Quiero desenterrar la verdad acerca de ti. Creo que este proceso te dará poder y energía de una manera que no puedes ni siquiera imaginar.

Permite que este libro sea tu mapa, tu guía para limpiar tu verdad personal y el concepto de ti mismo. Deja que te ayude a aprender tu historia, para que, al conocerte a ti mismo, puedas vivir una "vida de planeamiento".

Quiero que reconstruyas tu *yo* auténtico, el alma que es verdaderamente tuya. Vas a requerir conocimientos de la arquitectura del *yo*. Desafortunadamente, en años recientes, esta arquitectura ha sido simplificada de manera grotesca. A todos nos es familiar la imagen del diablillo rojo susurrando en un oído mientras el angelito blanco susurra en el otro. Hay referencias recientes de "despertar al gigante durmiente" o de "dejar jugar al niño que todos llevamos dentro". Pero las cosas no son tan sencillas. Creo firmemente que tú, o no has sabido descubrirte y ser tú mismo, o te has alimentado de gran cantidad de eufemismos, palabras huecas y basura psicológica. La retórica puede ser inteligente, pero tiene muy poco que ver con la arquitectura de tu vida y de tu ser. Ése es un defecto que este libro va a corregir.

Mi primera labor

Quiero que entiendas que ésta no es una proposición de todo o nada. Pueden existir partes de tu vida que ames con pasión y otras que odies por completo. Es factible que desees conservar algunas de éstas en tu nueva y maravillosa vida. Cuando vives con un *yo* ficticio, aunque no sea una fuerza dominante, estás en peligro ya que tu energía vital se desperdicia. Se convierte en una vida marcada por pensar, sentir y actuar de manera obligada. Es una forma de vida que al final se convierte en altamente tóxica.

El problema es que el mundo necesita que te comportes de cierta manera. Necesita que no hagas olas. Necesita que te adaptes a un plan maestro, un plan que ni siquiera te considera como individuo. Si eres como la mayoría de nosotros, entonces fuiste criado para ser un "buen chico", y te premiaron cuando complaciste a la autoridad. Aunque no lo reconozcas, no incomodar al *status quo* se ha convertido en una de tus prioridades. Te has acostumbrado ha cumplir con las expectativas de los demás. Has consentido la seducción y, en consecuencia, te has vendido. Te has acostumbrado a interpretar un papel que te fue asignado, en lugar de vivir en concordancia con tu *yo* auténtico. Has participado en una conspiración devastadora, siendo tú el objetivo a vencer.

A lo que me refiero es que, mientras formes parte de una sociedad insensible para la que no eres más que una estadística sin rostro, no serás completamente la víctima. Tú contribuyes de manera importante al aceptar el papel que te fue asignado, a veces de manera fortuita, por aquellos que forman parte de tu mundo: tus padres, maestros, amigos, pareja, patrones, los medios, vecinos y el resto de la sociedad. Puede que hayas resistido al principio, pero finalmente te vendiste, dándoles lo que querían sin ninguna consideración acerca de lo que tú verdaderamente deseabas.

Puede que te estés preguntando, de ser éste el caso, ¿por qué no hice antes este replanteamiento existencial? Siempre digo que existen dos diferencias básicas entre los humanos y los animales: el dedo pulgar y el raciocinio. Ahora ya sabemos lo que has hecho con tu dedo pulgar durante todo este tiempo. ¿Qué has hecho con tu raciocinio?

Te apuesto a que la mayor parte del tiempo estás ocupado tratando de mantener el paso de tu vida y dedicas muy poco tiempo, si no es que nada, para trabajar en ti y en lo que te es importante, en lugar de andar "bailando para el mundo". Las expectativas y demandas que compiten por tu tiempo y energía crecen a una tasa preocupante. ¿El resultado? Te has perdido —literalmente—, en una neblina de hiperactividad y distracción.

Y tienes miedo: al cambio, de salir y enfrentarte a lo desconocido. El miedo es un factor crucial y lo vamos a tener que manejar juntos: afecta tu trabajo, matrimonio (si tienes), salud, el reto de enfrentar a tus hijos, observar la edad de tu cuerpo y un millón de cosas más que te mantienen paralizado, pesimista, apagado e inseguro. Encontrar tus factores positivos puede ser difícil, incluso si conscientemente te concentras en esa labor.

No cometa errores: en el corazón de todo ser humano existe una individualidad, única y distintiva, que quiere ser expresada. No eres la excepción. No importa que tan profunda esté enterrada tu individualidad —sin importar que tan perdido te sientas— tú estás ahí. A lo largo de estas páginas te estoy buscando y te voy a encontrar. Tu trabajo es "treparte" a este proyecto con la voluntad de dar tu tiempo, tu inocencia no adulterada y tu pasión. Debes de comprometerte a reconectarte contigo mismo, aunque no tengas el apoyo de los que te rodean. Necesitas preguntarte la difícil pregunta que yo te voy a formular y debes responderla con absoluta honestidad, sin importarte qué tan incómoda pueda ser la respuesta. A partir de ahora debes adaptarte a una nueva forma de autoevaluación.

A cambio, tienes mi promesa de mostrarte todas las falacias de una vida ficticia, las conspiraciones en que has sido víctima y participante y la forma de recuperar tu autenticidad. Las conspiraciones ocurren en la oscuridad; cuando te alejas de ti mismo. Los monstruos y los fantasmas trabajan en la oscuridad, tal y como nuestros miedos actúan alejados de la luz. Y la vida ficticia, mítica, es un monstruo. Vamos a encender la luz. Vamos a ver a los mitos huir como cobardes. Vas a recuperar tu poder para que te sirva a ti, y en consecuencia, a todos los que amas.

Tu primera tarea

A partir de este momento, aunque sólo llevemos dos capítulos, te voy a solicitar que tomes un larguísimo "tiempo fuera" del revoltijo que llamas vida y que concentres tus esfuerzos en la persona que ha hecho todo el revoltijo: *tú*. Te estoy pidiendo, demandando, que te concentres completamente y sin pretextos en ti mismo. No va a ser un viaje de egoísmo y "autoabsorción". No eres el ombligo del universo y no todo gira a tu alrededor.

Me aferro a la antigua creencia de que Dios nos bendijo con ciertos dones y que es nuestra obligación identificarlos, valorarlos y explotarlos en beneficio nuestro y de los que nos rodean. Creo firmemente que mientras más responsables seamos con nosotros mismos, más responsables podremos ser con los demás. Creo que uno de los grandes regalos que les puedes dar a los que amas es ser tú mismo, es darles tu *yo* auténtico en lugar del *yo* ficticio. Del *yo* auténtico emana una paz y claridad que solamente puede beneficiar y enriquecer la vida de quienes amas.

El proceso para reconectarte con tu *yo* auténtico va a resultar una experiencia inolvidable. Vivir congruentemente cada día te proporcionará una alegría y libertad de proporciones indescriptibles. El proceso te será detallado en los capítulos por venir. Vas a quedar inmerso en una serie de retos y requerirás que tu alma y corazón se comprometan plenamente. Necesitas:

- Examinar y desmitificar tus experiencias pasadas, hasta que logres tener el control y no ser controlado.

- Identificar con absoluta claridad el motivo por el que estás en este mundo.

- Identificar, con el mismo grado de claridad, la composición de tu *yo* auténtico y las fortalezas y habilidades que te definen desde lo más profundo de tu corazón.

- Crear un nueva "pista de carreras" en la que puedas, gracias a tus decisiones y acciones, permitir a tu *yo* auténtico expresarse con claridad.

- Dejar de lado el miedo a lo desconocido y salirte de tu zona de confort.

Debes tener mucho cuidado de no dejar que nadie te disuada de tu labor. La gente realmente teme al cambio, particularmente cuando involucra su vida personal y sus relaciones. Pueden llegar a atemorizarse si lo que tú estás haciendo requiere de su apoyo. Si tu gente cercana siente que la apuesta puede llegar a subir, que súbitamente vas a dejar de ser el borrego dócil y silencioso, que vas a exigirte más a ti mismo y los que te rodean, entonces pueden sentirse gravemente amenazados. Tú debes ser sensible y ayudarlos en cierta medida, pero debes dejarlos hacerse responsables por sus propios sentimientos. Esto es acerca de ti; no es acerca de ellos.

Vamos a comenzar por desmitificar tu pasado y el concepto del *yo*. Una vez que alumbremos el concepto de ti mismo y pongamos tu pasado bajo el microscopio, te va a sorprender diciendo: "Ya entiendo, ahora puedo ver lo que ha guiado mi vida. ¡Lo más importante es que ahora puedo dejar a mi *yo* auténtico tomar el control!" Si estás listo para comenzar este proceso de descubrimientos, sigue leyendo.

3

EL CONCEPTO DE TI MISMO

Lo que descansa a nuestro lado y lo que descansa frente a nosotros es insignificante al compararlo con lo que descansa dentro de nosotros.

RALPH WALDO EMERSON

Para que este libro signifique algo —un cambio de vida—, debo definir al *yo* de una manera formal. No me puedo permitir ser poco preciso al respecto, ya que de esa forma no podrías usar la información de manera adecuada. "Definición formal" es un término artístico utilizado en la literatura científica cuando se requiere eliminar cualquier confusión. Si conoces cada paso y cada elemento de aquello que definamos, entonces sabrás con absoluta claridad su significado. Te he de confesar que, al igual que muchos de mis conocimientos, leí acerca de este concepto en la universidad, pero lo aprendí en la vida real (eso significa que hice algo estúpido, pero que aprendí la lección).

Durante un verano, cuando terminé la preparatoria, me ofrecieron un trabajo que consistía en derribar una casa cerca de las de mis padres, en Texas. Sabía que el propietario, un anciano, quería construir una casa nueva. La casa vieja se encontraba en pésimas condiciones: no tenía ventanas ni puertas, el cielo raso se había derruido y estaba repleta de muebles antiguos, autopartes y barriles de 200 litros. Al ofrecerme el trabajo, me dijo: "Oye, sé que eres bueno destruyendo porquerías. Te voy a pagar 250 dólares por desparecer esa casa. Sólo amarra la losa y jala fuerte." La verdad es que sí era bastante bueno destruyendo cosas y me sentía muy orgulloso de ello. Mi papá solía decir que si me regalara un yunque en la mañana, para la tarde ya lo habría hecho trizas. Existe un arte y una habilidad para ser un destructor irresponsable y mantenerte completamente inútil durante todo el verano. ¡Yo pensaba que era el modelo al que cualquier inútil aspiraba cuando crecía!

El trabajo parecía confeccionado para mí: 250 dólares eran más que todo el dinero que jamás había visto junto. ¡Así que trato hecho! Yo iba a destruir esa casa. Recluté a un tipo que poseía el mismo afán destructivo que yo y nos presentamos al día siguiente deseosos de cumplir con nuestra misión. Para nuestra desgracia, pronto descubrimos que las paredes tenían más de 30 centímetros de ancho y estaban hechas de yeso sólido. Te juro que esas paredes eran más sólidas que cualquier material conocido por el hombre antes de que llegara a la luna. ¡De hecho, creo que en esas paredes descubrimos el titanio! Y dentro de esas paredes había cimbras de madera, marcos de puertas y ventanas, y vigas increíblemente pesadas. Viendo la clase de fortaleza que era, nos dimos cuenta que ese viejo nos había puesto grilletes por 250 dólares. Sin duda, se estaba carcajeando de nosotros. Estuve a punto de irle a quitar esa sonrisa de la cara, pero me abstuve.

Durante dos días "atacamos" la casa con mazos, barras, cadenas y sogas. A los dos días estábamos más dañados y golpeados que la casa. No estábamos llegando a ningún sitio. Entonces decidí que debíamos trabajar con mayor inteligencia y menos fuerza bruta. Así que hice pequeños agujeros en las paredes, até cadenas en las esquinas de la casa y las amarré a mi camioneta, con la teoría de que con un simple acelerón iba a derribar toda la construcción. No sólo no funcionó, sino que eché a perder un par de llantas nuevas en el intento. La pobre camioneta vieja "lloraba" con el esfuerzo, mientras nosotros nos "fumábamos" las dos llantas traseras. Entonces la cadena se reventó, y salimos disparados como un cohete a través del jardín del vecino y derribamos una columna de su terraza. Parecía que estábamos derribando la casa equivocada. Yo ya estaba bastante molesto con los daños que habíamos perpetrado, pero una hora después, cuando estábamos cargando unas piezas de concreto en la parte trasera de la camioneta, las deposité muy cerca de la orilla y se zafó la llanta trasera izquierda. Déjame decirte que todo el infierno estalló en un santiamén: el concreto se cargó de un lado de la camioneta, la volteó y dio seis giros calle abajo. Me di cuenta que no estaba ni la mitad de enojado que cuando derribamos la columna del vecino. Todo por trabajar inteligentemente.

Para no darme por vencido, y queriendo ser innovador, se me ocurrió una gran idea: "¿Qué tal si quemamos la casa hasta sus cimientos?" Me imaginé que si quemábamos todo después solamente tendríamos que remover los escombros y que lo que quedara en pie lo podríamos derruir con la maltrecha camioneta. (Ya sé, ya sé, pero solamente tenía diecisiete años; ¿qué te puedo decir?)

El domingo por la mañana nos presentamos con doce litros de gasolina y la regamos por dentro de toda la casa. Con un cerillo, esa casa vieja ardió como no te lo puedes imaginar. Cuando estaba ahí parado, viendo cómo se incendiaba la casa, recuerdo haberme puesto a pensar: "Vaya que esto sí funciona." Un instante después, el fuego se subió a la azotea y encendió todos los árboles de alrededor. Preocupados porque el fuego se elevaba a más de 30 metros, los vecinos dieron aviso a los bomberos, justo antes de que se cortara el suministro eléctrico y todas las líneas telefónicas de las seis manzanas circundantes. Y llegaron los bomberos. Estaban combatiendo el fuego cuando, debido al calor, explotaron los tanques de gas. La explosión hizo volar los muebles de baño por todo el vecindario. Las alcantarillas se elevaron más de nueve metros. Nada bueno, nada bueno de ninguna manera.

Éste es mi punto. Cuando ese viejo nos puso los grilletes por 250 dólares para que derrumbáramos la casa, él no definió formalmente lo que quería. Si hubiera sido lo suficientemente específico para hacerlo, no hubiera habido un incendio. Nunca intuyó la creatividad con la que podía ser tan estúpido a los diecisiete años. Si hubiera sospechado mi capacidad total y hubiera definido formalmente lo que significaba "desaparecer la casa", entonces debió haber dicho:

1. Quiten el techo usando unas barras, bájenlo al piso usando alicates; entonces lo pueden retirar con la camioneta.

2. Saquen todos las cosas sueltas de la casa, súbanlas a la camioneta y retírenlas.

3. Arranquen pisos, vigas y trabes y retírenlos con la camioneta.

Podría continuar y continuar. En lugar de eso, con mi raciocinio de diecisiete años, debido a que no había sido preciso, yo simplemente incendié el vecindario e hice volar las alcantarillas por más de seis cuadras.

Lo que me enseñó ese incidente, es que si no eres claro al definir de lo que estás hablando hay mucho espacio para las malinterpretaciones y el error. No es que tú seas tan estúpido como yo alguna vez lo fui, pero no quiero tener ese problema cuando estemos hablando del concepto de ti mismo. No quiero que intentes comprender el concepto con tus propios medios. Quiero explicarte específicamente qué elementos definen el concepto de ti mismo para que no existan dudas de lo que está sucediendo.

A lo que me refiero es que no sólo debo identificar lo que es el *yo*, sino cómo llega a ser lo que es. Debo escribir "verbos en mis frases" para que te quede claro lo que debes hacer para lograr cambios importantes. También tengo que responder preguntas muy importantes:

- ¿Cuáles son las acciones, internas y externas, que recientemente has realizado y que te han convertido en un ser dentro de este mundo?

- ¿Cuáles son los patrones de pensamiento y sensibilidad que te influyen, y que han dado como resultado la forma en que te ves y te sientes a ti mismo?

- ¿Cuáles son los comportamientos, acciones y reacciones que han generado los resultados que has obtenido en tu vida, resultados que han moldeado tu forma de ser?

- ¿Cuáles son las decisiones que has tomado y que te han llevado a esos resultados con los que tienes que vivir ahora?

- ¿Cómo le haces para tomar nuevas decisiones y tener nuevas actitudes, con la finalidad de obtener resultados más productivos?

Una vez que aprecies el significado y la importancia de estas preguntas, y comiences a aplicarlas a tu propia vida, comenzará la labor crucial de entender el concepto de ti mismo.

Suena a "plática psicológica", así que detengámonos aquí hasta sentirnos cómodos con el término.

Todos, incluyéndote a ti, tienen un concepto de sí mismos definido. El concepto de ti mismo es el cúmulo de creencias, hechos, opiniones y percepciones que has generado sobre ti mismo a lo largo del tiempo. Por favor entiende que tú ya posees un concepto de ti mismo. No vas a adquirir uno solamente porque estés leyendo este libro. El problema es que no eres consciente ni de la mitad de la basura que has acumulado ahí. Lo que quiero decir es que si te diera una pluma y un papel ahora mismo, y te pidiera que anotaras todo lo que crees acerca de ti mismo, no podrías expresar ni la mitad de lo que tú crees acerca de ti mismo.

Ése es un problema. Significa que tienes poderosas creencias sobre ti mismo que no puedes enfrentar o cambiar, *porque ni siquiera sabes que existen*. Significa que ahí tienes latentes una serie de entes horrorosos que influyen en ti y en la forma en que te presentas al mundo. El concepto de ti mismo puede sufrir cambios constantes o puede permanecer estático, pero sí posees un concepto de ti mismo. Ahí está y determina tu vida. Todo lo que haces y sientes y, muy importante, *cómo* lo haces y sientes, determina la percepción del *yo*.

Debería ser obvio por qué el concepto de ti mismo es tan importante. Una persona con un buen concepto de sí misma va a comprometerse de una manera distinta a lo que lo hará una con el mismo concepto repleto de dudas. Lo que crees de ti mismo y cómo te tratas es dramáticamente importante para tu compromiso de vida. Su importancia es tan crucial que no resulta redundante afirmar que existe una relación directa entre tu concepto de ti mismo y los resultados que has obtenido en tu vida. La relación funciona así:

Acumulas todas las experiencias de vida a las que has reaccionado e interpretado.

El resultado es una serie de creencias sobre ti mismo: juicios acerca de competencia, valía, amabilidad, aceptación, fuerza y poder.

Con base en esta autoevaluación y la asignación de atributos que le das a tu *yo*, adoptas una personalidad que es la que presentas al mundo.

Con base en el cúmulo de características autogeneradas que son relevantes para ti, decides la forma de presentarte al mundo y sus circunstancias: cada éxito o fracaso, cada resultado en el terreno amoroso, dinero, logros, reconocimientos, paz y armonía, provienen de esta entidad autodeterminada.

Cuando digo que "decides la forma de presentarte al mundo", me refiero a que envías mensajes verbales, de comportamiento, emocionales, físicos, espirituales e interactivos. Solamente el siete por ciento de la comunicación es verbal y por cada pensamiento que tienes existe una correlación psicológica. Pregúntate lo que tu otro 93 por ciento está gritando si el concepto de ti mismo (que crees esconder tan bien) ya está comprometido. Piensa en tu comportamiento y en tu actitud de acercamiento al mundo. ¿Qué te está diciendo?

Como he dicho en innumerables ocasiones, cuando escoges un comportamiento escoges sus consecuencias, y con respecto a la actitud no existe diferencia alguna. Tú creas las respuestas que recibes del mundo. Si prefieres un término psiquiátrico, tú eres el estímulo de esas respuestas. Significa que la forma y el estilo con que te relacionas con la demás gente determina la manera en que te responden. Si te acercas con miedo, vas a recibir miedo a cambio. Si tu forma de relacionarte dice "perdedor", el mundo te tratará de esa manera. Si tu conversación, postura y porte indican que eres "víctima", en un principio consigues simpatía, pero a la larga se vuelven impacientes contigo. Sin embargo, ésa no es la única manera de alejarlos. La forma inversa (victimario) es igualmente odiosa. Si tu mensaje al mundo es: "Yo mando aquí, éste es mi lugar y no me importas tú ni lo que quieras", entonces la gente que te rodea no va a querer estar cerca de ti. Cada quien tiene su manera muy particular de relacionarse. Es un tema de la mayor relevancia. ¿Por qué? *Porque cuando comienzas a relacionarte con el mundo de manera distinta, todas las respuestas y reacciones que recibes también cambian.* La forma que utilizas para relacionarte estimula una calidad distinta de intercambio con el mundo. Sin duda alguna, la forma que tienes de relacionarte con el mundo es un asunto que tenemos que atender. Tienes que aceptar una verdad fundamental acerca de la relación con los demás: cada minuto, cada hora y cada día acrecientas o contaminas todas tus relaciones. No existe neutralidad. Antes de continuar, tienes que estar consciente del hecho de que todo el tiempo estás afectando tus relaciones en cualquiera de los dos sentidos.

Es sorprendente que este elemento fundamental de nuestra experiencia vital se desarrolle de manera pasiva e inconsciente. La formación del concepto de ti mismo, y muchas otras decisiones que has tomado y que han contribuido en la creación de este concepto, han sucedido con muy poca (o ninguna) conciencia de la gravedad de lo que estaba pasando. Puede que hayas mandado mensajes en los que decías que ibas a aceptar, pasivamente, todos los papeles que el mundo te quisiera asignar; así lo hizo. Con suficiente tiempo y repetición, esos papeles te fueron asignados debido al comportamiento que manifestaste y que invitaba a la imposición de los mismos; finalmente, se enquistaron en las fibras de tu ser y tu personalidad hasta casi consumirte por completo.

Todos reconocemos, por ejemplo, lo doloroso que un rechazo puede llegar a ser. Que no te escojan en el equipo; que no te inviten a bailar; que te dejen plantado en un compromiso; que no te acepten en un trabajo; que un matrimonio culmine con desprecio y engaño. Esos rechazos son de naturaleza dolorosa. ¿Qué sucede si esos rechazos se convierten, para las demás personas, en "información"? Es una información que queda incorporada en la zona más profunda del concepto que tienes de tu persona. No importa cuáles hayan sido las circunstancias del rechazo o cuál sea tu realidad actual: el dolor abruma y deforma los hechos. Si esto es cierto para ti, significa que has desarrollado un concepto de ti mismo que se sustenta en lo que los demás piensan y sienten acerca de tu persona. Es cierto que la belleza radica en el ojo del espectador. ¿Por qué carajos cediste tu poder a unos "espectadores"? Algún niño (o niña) decidió que no eras lo suficientemente guapa, simpática o valiosa como para salir contigo, ¡*qué te importa*! Como dice un viejo dicho: "Nadie se murió y los dejó a cargo." Puede que hayas tenido experiencias similares que has cargado durante años y años, sin siquiera darte cuenta de lo mucho que te han afectado.

Te voy a dar una pista de cómo pienso: creo que hay muchísimas posibilidades de que, para definir quién eres, hubo muy poca autodeterminación y sí mucha determinación externa, la cual tú adoptaste automáticamente. Es como si tu *yo* fuera una vasija a la que cualquier persona le arroja algo. Imagina que te pidiera que evaluaras cada elemento y que decidieras si vale la pena conservarlo o deshacerte de él. Recogerías cada uno, lo analizarías y dirías algo parecido a:

"Muy bien. Esta parte de mí es en la que trabajé muy duro y me fue muy bien. Estoy orgulloso de ella. Se queda. Veamos esta otra: ésta es la que mi papá, quien nunca tuvo un día apacible y feliz en su vida, siempre criticaba y me decía que era un pedazo de imbécil; bueno, ésta se va. No pienso conservarla." Pero la gente no hace eso. La gente no se pregunta: "¿Cómo diablos llegué aquí?" Esos asuntos sólo se encuentran dentro del *yo*. La gente no se pregunta cómo llegó, simplemente acepta estar ahí.

Ese acercamiento pasivo es a lo que llamo la teoría "Popeye" de administración de la vida: "Yo soy lo que soy." Es un acercamiento que no contesta preguntas, no busca respuestas y te deja anclado justo donde estás. Es una actitud que rechazo por completo y tú también deberías hacerlo. Por eso quiero que desmitifiques cada elemento del concepto que tienes de ti mismo. Mi meta es hacerte ver dentro de la vasija. Quiero que examines su contenido, elemento por elemento. Vamos a encontrar juntos cuál es tu concepto de ti mismo y cómo llegó a ser lo que es. Si te preocupa tu vida y si te comprometes a trabajar correctamente, este viaje al centro de ti va a resultar en una revelación fascinante de vida. Es una manera elegante de decir: "No vas a poder creer lo poco que te conoces y lo mucho que te estás preparando para aprender quién eres."

En esencia, lo que quiero es potenciarte para que puedas alejarte de tu historia. Escuchas a las personas decir: "No puedes ser prisionero de tu pasado." Pero esas expresiones son demasiado generales y abstractas para ser útiles. Demuestran por qué digo que el *yo* es muy debatido y poco entendido. Ayudaría más si lo parafraseáramos así: "El pasado alcanza al presente y determina el futuro mediante tus recuerdos y tu retórica interior acerca de la percepción que tienes de lo que ocurrió con tu vida." Reconozco su complejidad. Pero no quiero que dejes pasar de largo una "verdad" que es fundamental para la comprensión del concepto de ti mismo. Para que puedas aprovechar los capítulos subsecuentes, tendrás que familiarizarte con la fórmula. Acomodar los elementos individuales puede ayudarte a verlos mejor y a que puedas enfocar correctamente a cada uno:

El pasado alcanza al presente

Y determina el futuro

Mediante tus recuerdos

Y tu retórica interior

Acerca de la percepción que tienes de lo que ocurrió con tu vida.

Viendo esta fórmula, tendrás una buena idea del camino que vamos a seguir. Te darás cuenta de que si piensas construir sobre tus cimientos, entonces tendrás que ser muy honesto a la hora de definir lo que son tus cimientos. Tendrás que ser cabal y sincero acerca de tu pasado. Deberás contar los eventos trascendentales (y las memorias que tienes de ellos) que han formado el concepto de ti mismo. Mientras avancemos con el libro, vas a entender que una manera para que el pasado penetre en el presente es en función de la retórica interior: los diálogos en los que te platicas a ti mismo lo que te han enseñado, de manera persistente y destructiva, los demás durante tu vida. Significa que antes de que puedas tener esperanzas de salir de la prisión de tu pasado, deberás identificar con gran precisión lo que te dices a ti mismo, cuándo y cómo.

Es de vital importancia que conozcas tu historia; es en lo que estamos trabajando ahora. Mantén la vista en esta meta: conoce tu historia, para que la puedas dejar de lado. Lo único que requieres para analizar lo que has hecho es tener todos los elementos para decidir adecuadamente quién eres y a dónde vas. No te voy a decir: "De niño abusaron de ti, así que no eres responsable de ser tan tímido y reprimido. Sigue adelante y no cambies. Por lo menos sabes por qué eres como eres; ahora ya estás aconsejado." Para nada. Lo que te diré será: "De niño abusaron de ti; eso explica por qué escogiste ser tímido y reprimido, pero ahora que lo sabes, tienes que hacer algo para cambiar." No es una excusa, es un diagnóstico. Esto presupone que reconoces que existen grandes posibilidades para ti y que las deseas.

Cuando le platico a la gente acerca del *yo* auténtico, percibo un extraño fenómeno. En el momento que comienzo a relatar la forma en que el *yo* auténtico te provee de poder, visión y pasión, algunas personas se ponen muy nerviosas; mantienen la mirada en el suelo; voltean a ver a su alrededor para buscar a quién le estoy platicando todo eso. Es como si dijeran: "¿Poder? ¿Visión? ¿Pasión? ¿Acaso entró alguien famoso en la habitación?" No se pueden imaginar que esté hablando de ellos. Se están diciendo a sí mismos: "Oye, yo no soy una estrella de cine. No soy un líder mundial, no soy un héroe. Yo solamente vivo mi vida día a día, voy al trabajo y crío a mis hijos, trato de pagar mis deudas, de controlar mi peso, ver un poco de televisión, y me preocupo acerca del mañana."

Puede ser que tú, al igual que ellos, no te sientas la gran cosa. Quizá suene melodramático el describir tu vida con palabras como poder, visión y pasión, porque, después de todo, solamente estamos hablando de ti, ¿o no? Tal vez tengas una vocecita interior que te susurra: "Esas cosas no son para mí. No puede estar hablando de mí."

Pero si eres verdaderamente honesto contigo, ¿no puedes admitir que, al menos de vez en cuando, piensas en la posibilidad de que esta vida te puede deparar cosas mejores? ¿Más prestancia, más alegría y mayor paz? De acuerdo, es posible que no te conviertas en una estrella de cine o en un líder mundial y que tengas un prestigio global, pero tú te puedes convertir en una estrella, la estrella de ti mismo. Tú puedes, tú debes y tú lo vas lograr.

¿No crees que es una idea emocionante? Por más grandioso que suene, creo que este mundo fue planeado contigo en mente. Creo que tienes un lugar especial en el orden de la vida, un papel único que representar. Y sí, es uno que tienes que llenar con visión, pasión y poder. Así que aguanta y prepárate a ser más consciente de tu vida. No te sientas egoísta o egocentrista porque deseas tener más. Si estuvieras en completo contacto con tu yo auténtico, no pensarías así: "Oye, soy sólo yo, no es tan importante." Pensarías lo siguiente: "Estamos hablando de mi vida y quiero mi oportunidad. Quiero ser mi propia estrella." Si todavía no estás listo para decir eso, entonces tenme confianza para que yo lo diga en tu lugar.

En cambio, necesitas conocer la responsabilidad que tienes aquí. Todos los cielos pueden poseer nubes negras, y éste no es la excepción. Es un buen negocio el tener la oportunidad de encauzar tu vida, pero no solamente estoy diciendo que tengas el derecho de hacerlo; lo que te digo es que tienes la *obligación* de hacerlo. Tienes la obligación de maximizar tus oportunidades. Al decidir vivir de manera pasiva o activa, en lugar de tomar la iniciativa para descubrir y vivir activamente en función de tu *yo* auténtico, te engañas a ti y a todos los que forman parte de tu vida. Fallar en el intento de conectarte y vivir con tus mejores cualidades significa que tus hijos, tu pareja, tu familia y tus amigos se conformen con una mala versión de tu persona: tu *yo* ficticio.

En esencia, tienes una obligación, porque quien más recibe más debe dar. Aunque, por el momento, no te sientas así, te juro que has recibido mucho. ¿Adivina qué? De ti se espera mucho. Para vivir acertadamente con tu único y auténtico *yo*, se requiere que maximices todos tus atributos.

Como colofón: los máximos resultados requieren de tu máximo *yo*. Tu trabajo es encontrarlo, aceptarlo y vivir congruentemente con tu *yo* auténtico. El primer paso del proceso es instruirnos de manera detallada acerca del concepto de ti mismo.

Para hacerte cabalgar a través del concepto de ti mismo de una manera más suave, necesitas familiarizarte con el lenguaje de trabajo: ciertos términos que vamos a utilizar a lo largo del camino sin que tengamos que volver a explicarlos. Para principiantes, revisemos dos conceptos de los que ya hemos hablado brevemente: factores externos y factores internos. El desarrollo y la interacción de estos dos factores generan el concepto de ti mismo.

Como has visto, los factores externos son sucesos, experiencias y consecuencias que moldean el concepto de ti mismo desde el exterior. Hay miles de eventos que han influido en la percepción que tienes de ti y la manera en que te relacionas con el mundo. Pueden influirte de manera directa, al experimentar las consecuencias directas de tus acciones, o las aprendes observando el comportamiento de otras personas y las consecuencias que obtienen. Por ejemplo: cuando ves lo que les sucede a los miembros de tu familia y a tus amigos, sus triunfos y fracasos, sus experiencias también se te quedan grabadas.

El padre de una paciente que traté hace años intentó toda su vida hacer el "gran negocio"; en otras palabras: conseguir el gran pago. Desafortunadamente, todos sus intentos culminaron en un desastre financiero. Su esposa, la madre de mi paciente, combatió durante años la frustración del marido y lo único que experimentó en la vida fue el fracaso. Después de observar esto, mi paciente aprendió a nunca generarse ninguna clase de expectativas respecto a los hombres y a no confiar en ellos. Las experiencias de su madre marcaron su comportamiento cuando fue adulta. En otras palabras, el dolor de su madre —pena que soportó estoicamente—, se convirtió en un factor externo en su vida.

Algunos de los factores externos más poderosos son a los que llamo *momentos determinantes*. Tus momentos determinantes pueden incluir episodios traumáticos o tragedias; posiblemente sean instancias de victoria y perseverancia. Lo importante es que, no importa quién seas o qué tan rutinaria sea tu vida, vas a encontrar que detrás de esta existencia rutinaria existen sucesos pasados que quedaron grabados en piedra y recuerdas con absoluta nitidez. Son esos pocos momentos, sorprendentemente pocos, los que han moldeado el resto de tu vida.

También has tomado algunas *decisiones críticas*. Otra vez, la mayoría de tus decisiones comparten un lugar común y no son destacables. Decides qué ropa ponerte, dónde comer, qué programas ver, etcétera. Éstas son las decisiones rutinarias. Reflexionando acerca de tu historia personal, deberías de ser capaz de identificar un puñado de decisiones críticas, decisiones que marcaron el resto de tu vida. Como en los momentos determinantes, esas decisiones te pueden enseñar mucho acerca de quién eres y cómo llegaste a serlo.

En conjunto con tus momentos determinantes y tus decisiones críticas, también te has encontrado con un pequeño número de personas "clave" que te han formado tanto positiva como negativamente. Identificar quiénes son esas personas y qué papel han tenido en formar tu verdad personal y el concepto de ti mismo será fundamental para tener el control de la calidad de tu vida futura.

Recordarás que el concepto de ti mismo está influido por otro grupo de factores: los factores internos, que son las reacciones que generas dentro de ti mismo como respuesta al mundo. Estos son procesos realmente específicos que suceden dentro de ti y determinan la manera en que percibes tu lugar en el mundo. Los factores internos contienen todo lo que te dices a ti mismo, lo que crees de ti; son todos los diálogos internos que moldean el concepto de ti mismo. Estos factores internos sustentan el contenido de tu verdad personal.

Es mejor que consideres los factores internos como *comportamientos*, comportamientos que ejerces internamente. Por definición, los comportamientos deben ser visibles. Los comportamientos de los que estamos hablando solamente son visibles para una persona: tú. Son comportamientos aunque no muevas un músculo, ya que estás tomando decisiones. Por estas decisiones puedes contribuir, de manera negativa o positiva, a moldear el concepto de ti mismo. Es a la vez una buena y una mala noticia. Podrás estar tomando decisiones realmente tontas que no son buenas para ti, pero también puedes decidir de manera distinta. Está bajo tu control. Esta categoría de factores internos reconoce que no hay una realidad, solamente la percepción. Vivirás lo que consideres en tu mente como verdadero. Si crees que eres inferior, inadecuado, inútil e incompetente, vivirás bajo esa verdad. Si crees que eres todo lo opuesto a lo anterior, vivirás conforme a esa verdad. Como dice el viejo refrán: "Si piensas que puedes o que no puedes, ¡probablemente estés en lo correcto!" Como he dicho, todos tenemos nuestra verdad personal y vivimos esa realidad.

Al prepararnos para extraer cosas del cántaro de tu ser, debes examinar cada una; permíteme presentarte estos factores con mayor detalle. Para suavizar tu recorrido por los siguientes capítulos debes familiarizarte con los nombres de estos factores poderosos.

Pregunta por el "centro de control": ¿dónde está la fuente de mi poder? ¿Dónde está la fuente de la responsabilidad para los sucesos que acontecen en mi vida? La manera en que las personas eligen su centro de control determina, en gran medida, la forma en que interpretan y responden a los acontecimientos. El centro de control puede ser externo o interno. Si tu centro de control es externo, piensas:

No te adjudiques todo lo malo que pueda suceder.

No te adjudiques todo lo bueno que pueda suceder.

Mientras que una persona cuyo centro de control opera desde el concepto de sí misma, comenta:

Todo lo malo que sucede es mi culpa.

De todo lo bueno que suceda merezco el crédito.

EL DIÁLOGO INTERNO

Ésta es la conversación que sostienes contigo mismo acerca de todo lo que está sucediendo en tu vida. Acabas de escuchar una oración de este libro; aquello en lo que estás pensando es tu diálogo interno. Si dejaras de leer este libro, tu diálogo interno podría continuar siendo acerca de este libro o podría cambiarse a otra cosa completamente distinta, pero *no pararía*. De hecho, ésta es una de las tres características fundamentales del diálogo interno que debes entender ahora:

1. Tu diálogo interno es *constante*;

2. Tu diálogo interno acontece en *tiempo real*. Se desenvuelve a la misma velocidad que el lenguaje hablado; y

3. Tu diálogo interno provoca un cambio psicológico. Las reacciones físicas son el resultado de cada pensamiento que tienes.

Atenderemos cada una de estas características y sus consecuencias en tu vida en las siguientes páginas. Pero debes estar consciente de que las tres han estado, están y estarán funcionando en determinar y entender quién eres tú.

ETIQUETAS

Los humanos tienen la necesidad de "organizar" todo, incluyendo a los demás humanos en grupos, subgrupos, clases, equipos, funciones y similares. Tendemos a categorizarnos y categorizar a los demás bajo distintas etiquetas. Repito: colocamos etiquetas no sólo a las demás personas, sino a nosotros mismos. Estas etiquetas tienen una influencia poderosa sobre la percepción de nosotros mismos, sean correctas o incorrectas, justas o injustas. Como verás, vives para las etiquetas que te colocas a ti mismo.

GRABACIONES

Son las cosas que llegas a creer en un nivel tan profundo que se vuelven automáticas. Las grabaciones son valores, creencias y expectativas que constantemente "suenan" en tu cabeza y que te programan para comportarte de cierta manera. Frecuentemente influyen en tu comportamiento sin que te des cuenta, porque pueden estar tan automatizadas que ocurren a la velocidad de la luz. Cada etiqueta tiene un contexto, como constatamos ("Soy un perdedor"). Al presentarte a una entrevista de trabajo, te dices a ti mismo que nunca obtienes el más conveniente. Al intentar que la niña bonita (o el chico guapo) salga contigo, te estás repitiendo que nunca ganas porque no eres interesante. Entonces, debes tener en claro que el peligro específico —y la promesa—, de una grabación es *que tiene el poder de predisponerte a un cierto resultado*. Con frecuencia, estos resultados pueden estar definidos por las creencias, pensamientos y reglas mentales que te atan a estas etiquetas. Les llamo: creencias fijas y limitantes.

CREENCIAS FIJAS Y LIMITANTES

Las creencias fijas son pensamientos que tienes sobre ti, sobre otras personas y las circunstancias, que se han repetido por mucho tiempo hasta enquistarse; son altamente resistentes al cambio. Las creencias limitantes son ideas que tienes específicamente sobre tu persona y que te limitan para alcanzar lo que deseas y, por lo tanto, lo que logras. El problema de estas creencias es que provocan que cerremos la ventana de la información. Por ejemplo, el haber crecido en un hogar hostil y violento puede haberte hecho concluir: "Soy una basura." ¿El resultado? ¡Pum! La ventana de la información se cierra ante cualquier información conflictiva. El mecanismo mediante el cual recibes la nueva información entra en un "modo confirmado" con ese radar, del cual hablamos anteriormente, que toma pedazos de información muy pequeños y selectivos; solamente aquellas cosas que confirman lo que creías previamente: "Soy una basura." No prestas atención a lo contrario, a la información positiva, *porque es simplemente imposible que creas en ello.*

Para resumir estos conceptos en términos del "mundo real", me permitiré compartir un capítulo de mi vida familiar. Después de que mi padre murió, hace algunos años, mi esposa Robin y yo invitamos a mi madre a vivir con nosotros. Inmediatamente después de la muerte prematura de mi padre, "Abue", como todos la llamábamos, estaba sufriendo enormemente. Ella estaba confundida, espantada, y vivía en una casa vacía después de 53 años de matrimonio. Coincidentemente, mi esposa y yo estábamos construyendo una casa en la cercanía. Con unos cuantos cambios menores, pudimos crearle un espacio privado e integrado a nuestro hogar. Lo hicimos de manera voluntaria y gustosa. Nuestros dos hijos estaban realmente felices de tener a su "Abue" en casa. ¡Ahora los podría consentir todo el tiempo! Le ayudamos a vender muchas de las cosas que mi papá y ella habían acumulado a lo largo de los años, empaquetamos el resto y la mudamos a una bella porción de nuestro hogar.

Todo estaba perfectamente planeado para ella. Robin y yo estábamos convencidos de que después de toda una vida dedicada al trabajo de limpiar una casa, atender niños, arreglar el patio y estar entregada de manera devota a su familia, ahora "Abue" iba a recibir trato de reina.

Todos los días, un criado iba a tenderle la cama. Todo estaba organizado: el desayuno, la comida y la cena; todo listo cuando ella lo deseara, sin que ella tuviera que levantar un dedo. Desde sus aposentos, podía ver la puesta del sol sobre el bello paisaje, los setos de flores y el césped que el jardinero mantenía impecable. Poseía un lugar de primera fila para ver a sus nietos crecer. Solamente debía pasarla bien y hacernos saber si necesitaba cualquier cosa. Estaba muy emocionada y receptiva, y se mudó inmediatamente.

Después de un año, me fue evidente que no la estaba pasando bien. El destello había desaparecido de sus ojos. Parecía ir de habitación en habitación, ausente, marchita. Estaba visiblemente "vieja".

Un día le pregunté: "Abue, no te ves bien. ¿Te está molestando algo?"

Se le llenaron los ojos de lágrimas. Hubo un momento incómodo; pareció esforzarse para encontrar las palabras. Finalmente, me miró y me dijo: "¿Cómo puedo decirle a mi nuera y a mi hijo, quienes han sido tan amables, que no quiero vivir en su cálido y maravilloso hogar?"

La alenté a decir lo que pensaba y me dijo: "Extraño mi casa. Extraño mi vida. No tengo una alfombra que aspirar, ni una cama que tender. No tengo césped que cortar o un jardín que cuidar. No sirvo para nada. No tengo motivos para estar aquí."

Cuando dijo "no tengo motivos para estar aquí", me quedó claro lo que quería decir: "No tengo motivos para estar *en este mundo.*" Bueno, pues remediamos esta situación rápidamente. Una vez más, la familia se reunió para ayudar a "Abue" a reubicarse en su propia "casa de muñecas" en un agitado vecindario que se encontraba cerca. Podemos ir a visitarla, pero es posible que no tenga tiempo: "Abue" seguramente estará ocupada empujando la podadora en su pequeño jardín a toda velocidad, con humo exhalando de la máquina, si no, la podrás encontrar aporreando alguna hierba que osó introducirse en sus hileras e hileras de flores. Ese jardín es ahora tan bello y exuberante como cualquiera en el Club Nacional de Golf en Augusta; la casa es una pequeña joya, perfectamente acomodada, un auténtica casa de muñecas. Tiene tantos proyectos para la casa que nadie puede mantenerse actualizado sobre lo que está haciendo. Los vecinos constantemente pasan a verla para conversar y tomar café; a los niños les gusta jugar en su jardín y en la banqueta, porque saben que "Abue" siempre tiene una sonrisa y una palabra amable.

La actividad en torno a su casa solamente es un indicio de los cambios que han acontecido en mi mamá. Es una persona completamente distinta. Por favor, comprende, ella es la primera en decirte que extraña a papá y que está agradecida de que mi esposa y yo le dimos un lugar donde estar mientras lograba manejar la pérdida que alteró su vida. Al mismo tiempo, ha esculpido una vida que ama. Parece haber dejado atrás veinte años; tiene un destello en los ojos y un brinquillo al caminar. Parecería que su IQ se incrementó en un 50 por ciento desde que tiene la mente activa y, definitivamente, recuperó su sentido del humor.

La experiencia de mi madre ilustra algunos de los términos de los cuales hemos hablado, términos con los que debes familiarizarte antes de que comencemos a examinar y reconocer el concepto de ti mismo.

Lo primero que debemos destacar es que en la vida de mi madre hubo un *momento determinante*: su esposo murió. Fue un suceso que, evidentemente, iba a afectar la vida de mi mamá de manera profunda. Pocas cosas en la vida trastornan y cambian tanto como la muerte de un cónyuge.

Segundo, una vez que el momento determinante sucedió, sus *factores internos* empezaron a funcionar cuando trató de interpretar lo que había acontecido en su vida. Su conversación consigo misma, su diálogo interno, probablemente se escuchaba así: "Joe se fue. Era mi compañero, mi apoyo. No puedo estar sola. Dependí de él por tanto tiempo que me temo que no tendré la suficiente fuerza. Tengo 72 años. No he tenido un trabajo en 30 años. No hay manera en la que pueda cuidar de mí."

Después, tomó una *decisión crítica*. Al haber experimentado el momento determinante y haber comenzado su diálogo interno, resolvió lo siguiente: "Dejaré que me cuiden. Las personas quieren cuidarme, esperan hacerlo y tienen las mejores intenciones. Probablemente saben lo que es mejor para mí a mi edad. No tengo opción, pero realmente no quiero perder mi independencia, mi hogar y las cosas que acumulé durante mi vida. Extraño mis muebles, mis fotografías, mi privacidad, pero no tengo otra posibilidad. Lo haré." Esa decisión es la que repercutiría enormemente en el concepto de sí misma. Una vez que se echaron los dados y se mudó a nuestra casa, podría apostar que su diálogo interno comenzó a actuar con fuerza todo el tiempo. Cada ocasión en la que se sentía nerviosa o ansiosa, su diálogo interno se activaba para decirle que no tenía la fuerza necesaria. No hay manera en la que pueda cuidar de mí. Mi familia sabe lo que es mejor para mí. Más me vale actuar como si estuviera feliz; si no, voy a lastimar a muchas personas. Necesito seguirles la corriente para convivir.

¿Y cuál fue el resultado? El resultado de esta situación —*el momento determinante, el diálogo interno y la decisión crítica*—, una tristeza prolongada: una confusión que continuaba mes tras mes, infelicidad y duda. Sin que nosotros —o ella—, estuviéramos concientes de lo que sucedía en su interior, mi mamá era más desdichada. Nadie la tenía en cautiverio; sin embargo, se sentía como prisionera en una jaula de oro. Estaba viviendo conforme a un *yo* ficticio e impuesto, aunque con las mejores intenciones, por sus familiares amorosos y por su diálogo interno.

Toma en cuenta lo siguiente. Si le hubieras preguntado, en cualquier momento de esos primeros meses en nuestra casa, "Abue, ¿cómo estás?", con certeza puedo decirte que hubiera sonreído obligada y contestado: "Bien, gracias. Estoy bien." No hubiera mentido. El mentir implicaría que podía distinguir, con claridad, su *yo* auténtico; significaría que podía reconocer que no estaba bien aunque dijera otra cosa. Al contrario, simplemente asumió que podía confiar en la información que estaba recibiendo de su *yo* ficticio. Estoy vieja, soy una viuda, necesito que cuiden de mí, las personas que me quieren me están cuidando, por lo tanto debo estar bien.

Tal es el poder del *yo* ficticio. La vida puede ser cruel y perturbadora, causando que una persona equilibrada, concentrada y bien intencionada pierda su camino. Pudiste en algún momento haber vivido con pasión y entusiasmo, reconociendo con claridad tus fortalezas, virtudes y otras características únicas; tan sólo provocaste que tus experiencias nublaran tu visión.

Un sinfín de cosas pudieron haber afectado tu percepción del *yo*. No tuvo que ser, necesariamente, la muerte de alguien querido. Quizá tu esperanza, optimismo e inocencia murieron como resultado de una experiencia dolorosa durante tu niñez. Posiblemente sucedió posteriormente, cuando alguien a quien querías y considerabas tu compañero te rechazó. O a lo mejor sucedió después, cuando, a pesar de tu esfuerzo, tu negocio o matrimonio fracasó. Pudiste incluso sentirte lejos de Dios cuando alguna tragedia inexplicable inundó tu vida.

Desafortunadamente, la vida no es un recorrido de puros éxitos y, algunas veces, estos sucesos no deseados pueden poner a prueba nuestra fe y hacernos dudar de quiénes somos, incluso *por qué lo somos*. En tu vida, los sucesos que acumulaste lentamente erosionaron inconscientemente tu confianza e identidad o, por el contrario, las consecuencias negativas pudieron darle justo al blanco. Puede ser que el dudar de ti mismo durante años te haya llevado a una crisis del *yo*, una dolorosa trasgresión de tus sueños y expectativas. Tal vez en tu caso esté menos definido. Quizá existe una ligera conciencia de que puedes y quieres más, que deseas añadir algo más a tu vida aunque todo esté funcionando bien. Posiblemente alguna parte de ti te diga que todo está bien, mientras que otra parte, sutil pero insistentemente, te pregunta: bien, ¿pero *comparado con qué*?

Aun cuando la aspiración sea dramática o sutil, el rendirse a una vida sin plenitud y pasión es *vivir una vida distorsionada*. Es negar tu *yo* auténtico. La vida puede nublar tu visión o enterrar cualquier cosa que te defina; pero permanece ahí.

Lo aceptes o no, espero que al menos entiendas lo que dije anteriormente: que eres un contribuyente activo al concepto de ti mismo que ahora estás viviendo. Como acabamos de discutir, ha habido acontecimientos determinantes en tu vida. Esos factores externos explican en gran medida quién eres tú. Pero es igualmente importante, o aún más, que hayas reaccionado e interpretado aquellas experiencias. Has respondido mediante una variedad de factores internos que ahora debes estar dispuesto a colocar bajo el microscopio.

La cosa es así: el conocimiento es poder. Quiero que por medio de la experiencia de este libro puedas dar un salto hacia el conocimiento. Ahora te voy a presentar una serie de preguntas que espero que sean provocadoras en extremo, diseñadas para volver a ponerte en contacto con tu *yo* auténtico. Al contestar estas preguntas de manera honesta y concienzuda empezarás a ejercer el verdadero poder que llega con la valentía de la honestidad. Debes aprender que no puedes ser quien debes de ser si no llevas un modo de vida que, tanto interna como externamente, esté planeado para apoyar la definición del *yo*. Una vez que cobres control sobre asuntos como tu diálogo interno (no creerías la cantidad de porquerías que te has dicho) y otros comportamientos interpretativos, vas a amar el poder de crear la experiencia que deseas.

Lo más probable es que represente un cambio enorme, ya que significa que tendrás que dejar ir algunos de los recuerdos más arraigados y poderosos en tu vida. Recuerda, debes estar dispuesto a desafiar casi cualquier pensamiento, actitud, patrón de conducta y circunstancia en la que te encuentres.

En resumen, tienes un concepto de ti mismo y quiero que sepas cómo lo obtuviste. No apareció de pronto. Llegaste al mundo con una serie de cualidades y características cardinales, pero casi inmediatamente el mundo empezó a escribir en la página de tu ser. Has sido tanto un participante activo como pasivo en esta creación. En cierta medida, el concepto de ti mismo fue impuesto por otras personas y, en cierta medida, lo has aceptado automáticamente e incluso elegido. De alguna manera, te convertiste en lo que eres y vives hoy; yo tengo la intención de enseñarte cómo tener el control total de tu persona, y en este proceso modelar tu *yo* en el aquí y en el ahora. Cuando terminemos, serás capaz de abatir total y completamente tu historia y tus recuerdos.

Juntos descubriremos lo que realmente contiene el concepto de ti mismo. Vamos a retar cada mensaje que se te ha dado sobre ti mismo y a descartar los mensajes que sean tóxicos. Deja que el camino que estamos recorriendo sea el siguiente: de aquí en adelante, tus factores internos y externos se verán afectados por ti, y no al revés.

Introducción a los factores externos

Enfrentado a una crisis, el hombre de carácter se derrumba sobre sí mismo.

Charles de Gaulle

Tú sabes que el concepto de ti mismo depende en gran medida de tus experiencias de vida. Apatía, dolor, miedo, frustración, enojo y la sensación de vacío, son el precio que pagas por alejarte de tu *yo* auténtico. Obviamente, no crearías una existencia así a propósito. Si tu vida no funciona como tú quieres, no es porque lo hayas planeado de esa manera. No eres un imbécil que no sabe diferenciar entre dolor y placer. Si nos dieran la opción de decidir, escogeríamos una vida que fuera congruente con nuestro *yo* auténtico. Tendríamos una vida divertida, plena, emocionante y con sentido. Nunca nos levantaríamos y tomaríamos la decisión de cumplirle los caprichos a los demás, con el único sentido de volvernos miserables y terminar exhaustos por vivir una vida falsa y vacía, en la que vives para los demás e ignores lo que te es importante.

¿Cómo sucede esto? ¿Cómo nos dejamos arrastrar a una vida que ignora lo que queremos? Para que maximices tu calidad de vida, debes entender exacta y detalladamente el proceso que modifica, entierra e ignora a tu *yo* auténtico. El proceso comienza con los factores externos, de los que hablamos brevemente en el capítulo 1. Los humanos somos entes sociales. Supongo que tiene su lado bueno y su lado malo, porque los demás pueden ayudarnos cuando nos sentimos desolados, pero también se convierten en un gran obstáculo. Cuando dejan de ser un apoyo y comienzan a ser una carga, pueden cambiar nuestra forma de ser, dependiendo de la influencia y poder que sobre nosotros tengan. Escucha lo que digo: "Ellos *cambian* lo que somos." Las cosas que suceden en el exterior nos afectan en el interior. Los eventos externos dejan cicatrices que pueden perdurar toda la vida. La vida puede ser cruel y cuando es así, tu *yo* auténtico —que en otras circunstancias estaría bien— se altera, y eso no es bueno.

Tu *yo* auténtico al principio fue sólido y prístino, como un automóvil nuevo en exhibición. Estaba reluciente, brillante y bien hecho —sin un solo rayón—. Si ese automóvil perfecto pudiera permanecer en el ambiente controlado de la sala de exhibición, se mantendría en excelentes condiciones durante cinco, diez, incluso hasta quince años después. Pero una vez que lo sacas y comienza a interactuar con el mundo, se ve sujeto a las fuerzas y demandas de una vida que cobra cuota. Empieza a mostrar "cicatrices de batalla", los costos de estar ahí afuera.

Después de muchos años de estar expuesto a portazos, rayos de sol, empujones, rayones y posiblemente hasta choques catastróficos, es difícil ver el automóvil e imaginar que alguna vez estuvo impecable y reluciente en la sala de exhibición. Pero estuvo. Incluso una carcacha inservible y desvencijada puede ser restaurada a su forma original. No digo que sea fácil, pero te aseguro que valdrá la pena cuando lo logres.

Puede que ahora te sientes más como un taxi desvencija-
do, chocado, rayado, abollado y mal pintado, que como un
fórmula uno, pero puedes encontrar la manera de lograrlo.
Puedes haber dejado pasar miles de oportunidades; puedes
haber tenido una colisión catastrófica. Pero el conocimiento
es poder, así que vamos a diseccionar tu vida para que sepas
cuándo y cómo tu *yo* auténtico recibió los golpes.

No te sientas apesadumbrado por pensar en que vas a analizar toda tu vida, no es necesario. Con la ayuda de unos
ejercicios sencillos, pero profundos, vamos a concentrarnos
en un grupo seleccionado de experiencias que nos propor-
cionarán una extraordinaria imagen de tu *yo* actual.

Como ya dije, no vamos a analizar toda tu vida, sino eventos de tres categorías. Los científicos sociales dicen que el
origen del concepto de ti mismo y en consecuencia la definición de quién eres, pude ser rastreado en los sucesos de
unos pocos días y las acciones de unas cuantas personas que
estuvieron inmiscuidas en esos sucesos. Más allá de los cientos y cientos de días que has vivido, las miles de decisiones
que has tomado y las miles de personas que has conocido, tu
vida y en lo que te has convertido, se puede resumir en lo
siguiente:

Diez momentos determinantes

Siete decisiones críticas

Cinco personas "clave"

Si piensas en ello por un minuto, no es tan sorprendente como
parece. Un piloto aviador describió su trabajo como horas y
horas de total monotonía y aburrimiento, pero marcado por
instantes de absoluto terror. ¿No es así la vida? Días y días
de rutina y monotonía, todo lo cual incide muy poco en tu

vida, que está marcada por acontecimientos cruciales, críticos y clave, muchos de los cuales sucedieron en un parpadeo. Tenebroso, lo sé, pero bueno o malo, ése es el hecho, y tenemos que aceptarlo para poder entenderlo y tomar el control sobre el concepto de ti mismo.

Algunos de tus diez momentos determinantes, siete decisiones críticas y cinco personas clave han contribuido de manera positiva con el concepto que tienes de ti mismo levantando y reafirmando a tu *yo* auténtico. Otros momentos determinantes, decisiones críticas y personas clave han envenenado tu autenticidad y deformado la forma en que te ves a ti mismo. Te sorprenderá la claridad que vas a adquirir cuando identifiques esos factores clave, cuando mental y emocionalmente des un paso atrás y tengas una visión de tu vida en la cual, la rutina y las trivialidades mundanas son echadas a un lado, y en cambio podrás identificar los sucesos y personas más determinantes en tu vida.

Va a ser como si vieras esos cuadros de ilusión óptica (*magic eye*) que consisten en miles de puntos de colores que cubren una imagen que se encuentra difusa en el cuadro. (Debo de admitir que jamás he podido descubrir la imagen hasta que alguien me la señala.) Una vez que consigues hacer a un lado las minucias, el tapiz que sirve de camuflaje a la imagen desaparece, dejando una imagen transparente como el cristal. Los diez momentos determinantes, las siete decisiones críticas y las cinco personas clave son la imagen. Cuando enfocas solamente hacia esas experiencias externas, el origen del concepto de ti mismo será revelado con absoluta nitidez.

Al pensar en tus experiencias externas más importantes, quiero que seas especialmente sensible en éstas y en las consecuencias asociadas, que hayan influido poderosamente en el concepto de ti mismo y en tu vida. A esto lo llamo "desfiguramiento psíquico". El desfiguramiento psíquico explica, por poner un ejemplo, cómo algo que te sucedió en la escuela de instrucción primaria te sigue afectando a los 42 años de edad. Si existe la oportunidad de que forme parte del concepto de ti mismo, ahora es el momento de descubrirlo.

El desfiguramiento psíquico puede ser explicado con la analogía de una quemadura de piel. Cuando sufrimos una quemadura traumática, es común que el incidente haya durado solamente unos instantes. En cuestión de microsegundos, desde que la piel entra en contacto con el fuego o algún otro agente, las dos capas de piel y el tejido subcutáneo quedan completamente destruidos. Desde un punto de vista, el accidente ya concluyó. La quemazón se terminó. Pero bien sabemos que el daño aún no ha concluido. Por ejemplo, una persona que sufrió una quemadura lo suficientemente grave como para dejarle marcada la cara, te dirá que le ha afectado permanentemente la forma de interrelación con la gente. Se ha vuelto mucho más insegura. En otras palabras: la afectación física se ha convertido en una afectación psíquica. Si tienen una herida visible en la cara, entonces dirán: "No voy a salir y dejar que me vean así."

Ahora imagina que una persona ha sufrido un accidente traumático que no le dejó heridas visibles. Posiblemente un pariente cercano abusó de ella. Tal vez sufrió de agresiones verbales de parte de sus padres o fue traicionada por una persona que gozaba de su entera confianza. Igual, cuando era niña, observó, sin poder hacer nada, una espantosa tragedia. De igual forma, puede que todo el incidente se haya desarrollado en un santiamén. El incidente, desde que comenzó hasta que finalizó, puede haber durado un abrir y cerrar de ojos. Sin embargo, ¿qué afectaciones psíquicas recibió esa persona? Quedó dañada, marcada, desfigurada.

Si en tu vida te aconteció un evento traumático como los descritos, puede que estés viviendo con "la piel quemada". A diferencia de las marcas físicas, el desfiguramiento psíquico sólo es visible para una persona, ésa eres tú. Puedes estar respondiendo a tu herida invisible como lo harías con una visible: evitando el mundo, temiendo a la competición y la participación, escondiéndote en las sombras de la reticencia y la timidez. Puedes vivir una vida descorazonada y pasiva.

El punto es que el desfiguramiento psíquico puede afectar y desfigurar el concepto de ti mismo de igual manera que el físico lo haría. Si no has "reparado" el concepto de ti mismo, es momento que consideres que tienes un desfiguramiento psíquico. Los capítulos subsecuentes sobre factores externos te ayudarán a tomar esa decisión. Hacer los ejercicios te servirá para agendar esa parte de tu historia, y te ayudará a dar los pasos que te alejan de la sombra y que te acerquen a tu *yo* auténtico.

Existen otros factores que influyen en el concepto de ti mismo, particularmente los internos, que abordaremos en otra sección del libro. Debes de saber que toda cadena tiene un primer eslabón. Y en la cadena del concepto de ti mismo, ese primer eslabón es exterior. Prepárate para iluminar los primeros eslabones en tu cadena de vida.

LA CADENA DE VIDA

Como estoy a punto de pedirte que escribas los momentos determinantes en tu vida, te voy a proporcionar una clave de salida. Uno de los momentos determinantes más trascendentales de tu vida ya sucedió, te fue heredado. No fuiste consultado y no tenías opción al respecto, sin embargo era un asunto importante, te lo garantizo. Antes de que te rompas la cabeza tratando de descifrar qué pudo haber sido tan importante, te pediré que pienses en todas las posibilidades que existían para que nacieras donde naciste, que tuvieras la familia que te tocó tener y que crecieras rodeado de la gente que vivió junto a ti. En otras palabras: tu nacimiento fue un momento de una importancia abrumadora para ti. No pudiste votar; simplemente naciste. ¡De repente ya existías! Todas las decisiones fueron tomadas en tu ausencia. Incluso durante tu niñez, es posible que no tuvieras la menor idea de que la vida podría ser distinta. Simplemente formabas parte de una gran cadena cuyos eslabones eran tus padres, tus abuelos y tus hermanos. Todo lo que tenías, todo lo que sabías, todo lo que estaba a tu disposición era lo que tus padres, hermanos y el resto de la familia te podían ofrecer.

Considera el impulso que esta cadena generaba; los mensajes y expectativas que se transmitían de eslabón en eslabón, a lo largo de generaciones. Esa cadena selló gran parte de tu destino. Por ejemplo, si hubieras crecido con unos padres que creían que ellos, y el resto de su familia, eran ciudadanos de segunda categoría que debían mantener la cabeza agachada, la boca cerrada y bajo ninguna circunstancia hacer olas, probablemente habrías aprendido a sentirte agradecido por el hecho de ser parte de este mundo. Colofón: puede que hayas adoptado inicialmente un concepto de ti mismo que reflejaba las condiciones de tu entorno. No tenías el más mínimo poder de decisión sobre los eslabones en tu cadena de vida, al menos hasta que abriste este libro. Pero ahora sí tienes el poder de decidir sobre ellos. Estas decisiones ven al futuro, no al pasado.

Ya tuvimos suficiente con la historia de la víctima. También es de vital importancia que entiendas que ya eres un participante activo en la apertura de esta cadena de vida. Eres un jugador activo de este drama porque, al igual que los demás, tú interiorizas tus experiencias. Interiorizas la información, datos y experiencias de tal manera que reafirmas o alteras el concepto de ti mismo. Al principio recibes los impactos externos, inmediatamente los analizas y finalmente interpretas lo que acontece en el exterior. Una vez que les asignas una interpretación, que los integras a tu pensamiento, generas el impacto más poderoso. Tu "sistema de navegación de percepciones", que guía a tu brújula y a tu radar, comienza a jalarte exclusivamente en la dirección que es congruente con tu pensamiento.

Obviamente, tu cadena de vida actual es un enorme programador de lo que tu radar recoge. Procesas la información, sobre tu persona y tus posibilidades, que te ha enseñado tu cadena de vida. Por ejemplo, si te despiden de tu trabajo y lo interpretas como un fracaso, vas a interiorizar esa percepción y vas a estar propenso a "recoger" mensajes de fracaso; vas a estar menos propenso a aceptar mensajes de éxito. Tu radar cambia al modo de "sólo confirmar" cuando analiza el entorno de tu vida, buscando información que confirme lo que crees, aunque te haga infeliz. Adquieres una gran resistencia al cambio y lo que en realidad deseas no tiene trascendencia, es un suceso trágico.

Los investigadores han descubierto esta tendencia a autolimitarse en todos los organismos que te puedas imaginar. ¡Lo documentaron en un grupo de pulgas! Si has tenido un perro con pulgas, sabes como las condenadas pueden invadir toda la casa y lo hacen cuando te ablandas y dejas entrar al perro. Aparentemente estos investigadores (a los que evidentemente les sobra el tiempo) metieron a las pulgas en un frasco con tapa. Las pulgas brincaron tan fuerte que golpearon la tapa una y otra vez. Pero hasta las pulgas se cansan de golpearse la cabeza. (Estas pulgas eran inteligentes, posiblemente pertenecían a un Poodle aristócrata.) Las pulgas "aprendieron" que si brincaban a cierta altura se hacían daño con la tapa. El medio ambiente moldea hasta a las pulgas. El punto es éste: si le quitas la tapa al frasco las pulgas no se salen. Van a seguir brincando, pero solamente hasta un centímetro menos del lugar donde la tapa debería estar. Con base en esta historia, en concordancia con su medio ambiente, las pulgas autolimitaron su capacidad de brincar.

¿Te es difícil entender por qué todos los golpes que te has propinado en la cabeza te limitaron? Has aprendido tu papel, cualquiera que éste sea. Te ha sido impuesto a martillazos por la vida, delineando tu verdad personal y tu concepto de ti mismo. Hasta ahora, es posible que todos los martillazos hayan sucedido sin que los notaras. Como las pulgas con el frasco abierto, puede que no hayas notado que tienes otras oportunidades. Bueno, si no te diste cuenta, ahora te digo que tienes una oportunidad, que tienes el poder; ahora lo sabes.

No debes continuar inconscientemente con esta cadena de vida que te fue heredada y a la que has contribuido con tu pasividad. Puedes comenzar a moldear sus eslabones de manera activa y consciente. Necesitas las herramientas, necesitas asesoría para saber dónde y cómo empezar, pero con un poco de ayuda, lo puedes lograr. ¡Tú vales la pena y puedes lograrlo!

Podemos comenzar observando cómo el mundo se mete en tu cabeza y cambia el concepto de ti mismo, de una concepción sólida y auténtica a una imagen tímida y desconfiada de tu persona. Veamos cómo has conspirado con el mundo para cambiar la imagen que tienes de ti en el nivel más íntimo. Demos una dura mirada a los eslabones que forman tu cadena de vida. Una vez que lo hayas hecho, una vez que hayas encontrado el camino de regreso al *yo* que estaba enterrado debajo de todas las experiencias mundanas y autolimitaciones, entonces, aguanta. Aguanta, porque no serás capaz de creer lo que va a suceder con tu vida cuando reclames el poder de refinar tu verdad personal, tus conocimientos y tu poder personal.

No te voy a dar una verdad personal "nueva" ni un nuevo y "auténtico" concepto de ti mismo, porque no los necesitas. ¡Lo que necesitas está ahí! Siempre ha estado ahí; solamente que ha estado enterrado tan profundo que no sabías cómo alcanzarlo. Tu verdad personal, tu concepto de ti mismo, sólo necesita limpiarse y liberarse de toda la chatarra y desinformación que has interiorizado durante tantos años. Pronto sabrás cómo hacerlo. Yo siempre digo: "O lo tienes, o no lo tienes". Es el momento que lo tengas. Una parte de "tenerlo" es darte cuenta de que si decides quién y qué eres con base en lo que has sido y en los mensajes y resultados acumulados, estarás viviendo con un enfoque trasero.

Nuestro enfoque con este libro incluye una mirada retrospectiva a tu historia, pero con el único propósito de obtener por eliminación las experiencias deformadoras del pasado. Éstos son los contaminantes que debes eliminar del concepto de ti mismo de "aquí y ahora" si deseas una existencia auténtica, una que te ofrezca las riendas de tu vida. Debemos adoptar un enfoque delantero, que avance, que vea hacia delante, que busque lo que vas a ser y no lo que has sido.

Tu futuro es un tiempo y un lugar de más interés para mí porque trato de incidir en tu concepto de ti mismo y tus experiencias vitales.

La mirada delantera te provee de gran poder, porque es ahí donde puedes crear tanto, tanto así que eres auténticamente tú. En este momento te puedo garantizar que desperdicias demasiada energía vital preocupándote sobre todo y siendo controlado por lo que ya aconteció en tu vida. ¿Por qué? Porque los eslabones en tu cadena de vida son eventos pasados, ya concluidos. Esos eventos ya se fueron; son de poca importancia el día de hoy. Como un cohete que despega de Cabo Cañaveral, todo lo que ves quemándose debajo del cohete es energía usada; que no tiene valor. Te llevó a donde estás, pero no tiene ningún valor en el aquí y el ahora. Se acabó, ya terminó. Te llevó a donde estás, para bien o para mal, pero a donde vayas ahora depende de ti. No importa qué eslabones haya tenido tu cadena de vida. No importa cuál era el combustible del cohete. El único tiempo es ahora y la decisión es tuya.

No sólo te voy a pedir que te liberes de tu pasado. Te voy a ayudar a identificar, exacta y precisamente, cuál experiencia ha tenido tal efecto.

Te voy a mostrar cómo enfrentar esas experiencias en el aquí y el ahora, de tal manera que recuperes tu poder. Entonces, y sólo entonces, serás capaz de dejar de ser un pasajero y tomarás con pasión las riendas de tu vida.

4

TUS DIEZ MOMENTOS DETERMINANTES

Si no hay viento, rema.

PROVERBIO LATINO

LOS DIEZ MOMENTOS DETERMINANTES

Cuando estudiaba el quinto año de primaria, mi familia y yo nos mudamos a un pequeño vecindario de los suburbios de Denver, Colorado. Nadie en nuestra cuadra era de la alta sociedad, las casas eran pequeñas y parecían construidas en serie, pero era muy tranquilo, era un medio cómodo; nueva escuela, en las terrazas la gente compartía sus historias después de la merienda y todas las casas eran idénticas: tres dormitorios, un baño y un garaje para un automóvil. Ese año me fue muy bien en la escuela. Tenía un grupo de amigos íntimos, sacaba buenas calificaciones y había descubierto mi pasión por el atletismo. De hecho, los deportes se estaban volviendo fundamentales para mí; descubrí que me sentía bien compitiendo. Cuando estaba a punto de concluir el año escolar, me premiaron como el atleta del año con un diploma al deportivismo. Fueron eventos verdaderamente trascendentes para mí, ya que nunca había ganado nada, a excepción hecha del sombrero mexicano que obtuve en el concurso de baile de cuarto año. (Lo gané por ser más audaz que Linda Snider, mi compañera de baile, quién posteriormente me empujó y golpeó por haberla dejado en ridículo.)

Casi al final, me sentía muy bien por la escuela en general, y el quinto año en particular. En retrospectiva, puedo afirmar que fueron tiempos de auténtica inocencia. No tenía problema alguno, con excepción de que no podía darle la espalda a la endemoniada Linda Snider. Me agradaba ser yo, me agradaba vivir donde vivía y hacer lo que hacía. Eran tiempos sencillos y supongo que la lente que proyectaba mi imagen en la pared estaba limpia y enfocada. Todo estaba a punto de cambiar, no por un hecho dramático, sino por un evento que fue importante ya que estuve involucrado en él.

He terminado por aprender, que para la mayoría de nosotros, los eventos que moldean nuestras vidas, son hechos comunes que no representan nada para los demás, poco interesantes y nada dramáticos. Pero cuando le agregas los ingredientes de involucramiento y efecto personal, los eventos que pueden ser imperceptibles para el resto del mundo, se vuelven de una importancia considerable para ti. Recuerda: si es importante para ti, entonces es importante, punto. Lo que estaba a punto de ocurrirme no sería perceptible para alguien que no estuviera involucrado de manera personal, pero iba a moldear el concepto de mí mismo hasta hoy.

De acuerdo con mi mamá, nunca he comenzado una pelea en mi vida. Pero ese año, asistía a nuestra escuela un grupo de muchachos que vivía en un barrio bravo que quedaba a algunas manzanas de mi casa. Iban en sexto año, justo un año mayores que yo, pero eran diez centímetros más altos. Un día, durante el recreo, esos "diablos de sexto" (así los apodábamos, sin que nos oyeran), empezaron a molestar a los niños más pequeños, mis amigos y yo incluidos. El abuso verbal creció y entonces dos de ellos tomaron del cuello a mi amigo Michael, lo levantaron a la altura de sus cabezas y lo lanzaron al piso. Al resto de nosotros, nos empujaron y aventaron. Después de esto, ya no recuerdo mucho más. Recuerdo que con todas mis fuerzas golpeé a uno de ellos con una pelota de basketball. También recuerdo haber golpeado a otro con un columpio. (Mi papá me decía: "Hijo, si tu oponente es más grande, utiliza algo que equilibre las cosas.") Aquello se convirtió en una trifulca campal. Nadie era lo suficientemente grande como para hacer gran daño, pero para nosotros fue una batalla épica de proporciones indescriptibles. Yo no la comencé, pero no realicé el menor esfuerzo por terminarla.

Finalmente, terminamos detenidos en la oficina del director y mi maestra de grupo fue convocada. Cuando me senté en la "silla de los acusados", con la nariz sangrante, la camisa desgarrada y con golpes en la cara, recuerdo haber sentido un gran alivio. El mismo sentimiento que tiene un soldado al enterarse de que los refuerzos están por llegar. Me aliviaba saber que la señorita Johnson, quien, entre todos los adultos de la escuela, era la que mejor me conocía, fuera en mi auxilio. Sería mi abogado protector. Sabiendo lo que sabía sobre mi carácter, mi diploma por el deportivismo, mi lealtad con los amigos y mi naturaleza pacífica, no cabía la menor duda de que intercedería en mi favor con el director. No pensé estas cosas, simplemente las sentí y me provocaron gran alivio. La señorita Johnson venía a enderezar el entuerto.

Lo que sucedió entonces se convirtió en un momento crucial en mi vida. Entró la señorita Johnson. Le dirigió una mirada al director, otra a mí y estalló furiosa. Al principio de su alocución no pude entender lo que decía. Quedé apabullado. Parecía que estaba humillando al alumno de su grupo que se había peleado. El abuso verbal que recibí no fue nada comparado con el dolor que me estaba causando. Jamás preguntó lo que pasó; dejó muy en claro que no le interesaba lo que había sucedido. Solamente se dedicó a lanzarme un torrente de palabras de enojo.

Algunas de las palabras jamás las voy a olvidar. "Así que tú eres el chico rudo, ¿o no es así?", me dijo. "No aceptas las bromas de los demás, ¿o acaso sí?" ¿Qué no se dio cuenta de lo grandes que estaban los otros chicos? ¿No se enteró de lo que habían hecho? ¿No me merecía al menos que preguntara qué había sucedido?

Al principio quedé pasmado y herido. Después, fue como si alguien me alumbrara. Vi con absoluta nitidez que la señorita Johnson no era mi amiga. Me di cuenta de que más allá de tomar la responsabilidad de protegerme y de averiguar la verdad, ella quería protegerse primero. Los planes que tenía para mí no consideraban mi seguridad y bienestar. Ignoraba mi necesidad de ser yo mismo para mí y para mis amigos. El mensaje era claro: "No hagas olas en mi mundo, jovencito. ¡Haz todo lo que yo necesito y espero de ti y no compliques mi vida; al diablo la tuya!"

En un santiamén, el golpe que recibí en la oficina del director fue tal, que ya nunca pude asumir a la vida como justa. No era justa. Yo no era objetivo. Me quedó claro que la persona a la que debía de cuidar era a mí. La única persona que me tendría sería yo. Por dentro decía: "¿Qué está pensando señorita, se ha vuelto loca?" Pero lo que dije fue lo siguiente: "Tiene razón, no acepto las bromas de los demás, incluyéndola a usted." El director me suspendió por tres días, ganándose, también, un lugar destacado en mi lista negra.

Ese evento particular, ese momento crucial que etiqueté como "traición", me cambió interiormente. Llámalo la muerte de la inocencia, madurez más allá de la ingenuidad, o simplemente una llamada de alerta de que el mundo no era mi concha protectora, pero cambió mi *yo* interior. En ese evento de cinco minutos, el mundo escribió sobre la pizarra de Phil McGraw. ¿Era la gran cosa? No para la señorita Johnson y el director, o para esos "diablos de sexto" que pasaron la mitad del año escolar en la sala de castigo, pero sí para mí. Para mí fue un momento crucial.

Un año después, en la misma escuela, tuve un maestro llamado Welbourne. El señor Welbourne era bastante grande, enorme. Daba clases de arte, que para mi sensibilidad de sexto año era una materia para niñas. Me parecía fuera de lugar que un tipo como él, con las manos más grandes que una pata de jamón, diera esa materia. Una mañana, después de una gran nevada, muchas personas, incluidos algunos profesores, llegaron tarde a la escuela. Los niños que habíamos llegado a tiempo, nos sentamos en el salón de arte, esperando que "pie grande" llegara. Pasaron los minutos. Había arcilla para modelar y estábamos aburridos. Una cosa llevó a la otra. Parecía lo más normal que hiciéramos bolitas de arcilla y nos las arrojáramos. Toma un pedacito, dale vueltas en la mano y lánzalo. Éramos bastante buenos. El espacio aéreo se llenó de proyectiles de arcilla. Yo estaba particularmente orgulloso por haber "aterrizado" dos proyectiles en el cabello de Vicky sin que ella se diera cuenta.

En ese momento entró el señor Welbourne. No nos sorprendió que se pusiera furioso. No podíamos negar que habíamos jugado con una arcilla que no debíamos utilizar. Yo esperaba un castigo como limpiar el salón y no salir al recreo. Pero el señor Welbourne perdió el control, cuando digo que perdió el control me refiero a que se volvió completamente loco. Tuve la mala fortuna de haber estado sentado justo donde decidió escenificar su melodrama psicótico, y antes de que terminara, me tomó de un brazo con una mano, con la otra me agarró el tobillo, me sacó de la silla, me levantó por arriba de su cabeza y me dijo: "¿Cómo prefieres que te aviente contra el piso? ¡Soy capaz de aplastarte la cabeza y romperte el cuello, pequeño sabelotodo!"

Vi cómo todo el salón daba vueltas debajo de mi cabeza y verdaderamente creí que lo iba a hacer. Welbourne parecía poseído. Mi brazo sangraba en donde me había clavado las uñas. Pensé que me iba a quebrar la espalda al siguiente instante. Sus ojos eran salvajes. De su boca salían saliva y espuma. Fue la primera ocasión, en mi corta vida, que pensé que iba a morir.

En medio del terror que me envolvía, recuerdo haber volteado a ver la puerta de entrada al salón. Que alguien me ayude, por favor. Finalmente conseguí articular las siguientes palabras: "¡Que alguien me quite de encima a este loco, hagan algo!" La clase entera estaba congelada en sus asientos, paralizada e incrédula.

Después de lo que a mí me pareció una eternidad, un compañero, llamado Karl, salió disparado del salón con la intención de salvar su vida y no la mía. Afortunadamente se tropezó con un maestro que llegaba tarde y éste descifró su pánico y su llanto. La conmoción atrajo a muchos maestros que corrieron a toda velocidad. Después de muchos gritos y un par de intentos de lucha, el señor Welbourne fue derribado y yo fui liberado, agitado pero sin heridas graves, un par de moretones y piel levantada. Recuerdo al señor Welbourne sentado en el piso, con la vista perdida en la distancia, mientras a mí me llevaban a la enfermería.

Nunca volvimos a ver al señor Welbourne. Sus clases las terminaron de impartir unos maestros sustitutos. Me imagino que fue despedido y enviado al lugar al que mandan a los maestros maniaco-psicóticos que atacan a sus alumnos e intentan romperles el cuello; nunca nadie me lo dijo, y honestamente me valía un sorbete saberlo, siempre y cuando no se acercara a mí.

Déjame decirte que, de nueva cuenta, el mundo sacó su marcador y escribió en la pizarra de Phil McGraw. Tengo 50 años de edad, esas dos experiencias me parecen tan reales y cercanas como si hubieran sucedido ayer. Son dos momentos determinantes. Ninguno de estos sucesos alcanzó los titulares de la prensa. No son dramáticamente salvajes, aunque creo que podría integrar un muy buen expediente con el segundo caso. Podría citar cientos de eventos más dramáticos que les ha ocurrido a otras personas. Incluyo estos dos debido a que fueron importantes para mí. No encabezan mi lista de los diez momentos determinantes, pero forman parte de ella. Los incluyo para remarcar el siguiente punto: si ciertos eventos te son importantes y te han moldeado, entonces son momentos determinantes, y en consecuencia, son valiosos y debes tomarlos en cuenta. Esos dos momentos, por más triviales que parezcan, me cambiaron. Esos dos momentos, por más triviales que parezcan, alteraron el concepto de mí mismo y la forma en que me enfrento al mundo hasta hoy. No tengo que justificar ni defender el porqué; simplemente lo hicieron. Acudí a esa escuela por tres años más y asistí a otras escuelas por muchos años más. Asistí a clases por cientos de miles de minutos, pero esos dos instantes, que no han de haber durado más de cinco minutos en conjunto, se destacan por sobre los demás con absoluta claridad.

Como dije anteriormente, no todos los momentos pueden ser recordados e identificados. De igual manera, tal y como yo, tú has tenido eventos, sucesos, momentos que han definido y redefinido lo que eres. El hecho penetra con tal fuerza, que confronta lo más profundo de tu concepto de ti mismo. No exagero al decir que antes de ese momento el concepto de ti mismo era "A"; después de que ocurre el concepto cambió a "B". Una parte de ti es modificada o reemplazada por ese pedazo de historia, algo nuevo que siempre permanecerá en ti. Siempre serás, en alguna medida, producto de ese incidente. Son esos momentos los que tenemos que identificar y evaluar.

Suponiendo que tienes 40 años de edad, has vivido un total de 14 610 días. No puedes separar 14 600 días, pero diez de ellos si los puedes identificar. Esos momentos, que ocurrieron en esos días, se destacan en tu vida, de la misma manera que se destaca una casa en una pintura.

Un afamado psicólogo, llamado Alfred Adler, observó la tendencia que tenemos de representarnos como fotografías mentales, basándonos en nuestra historia. Descubrió que nuestras mentes condensan toda la información referente a las experiencias más trascendentes. Una de las técnicas favoritas del doctor Adler era pedirle al paciente que dijera su primer recuerdo. Cualquiera que fuera la respuesta, Adler completaba la descripción diciendo: "Y así es la vida." Su punto consistía en que ese pequeño fragmento de la vida del paciente es crítico para su actual percepción del *yo*. Él creía que esos recuerdos formaban parte de la más profunda verdad personal. Tenía razón.

Por ejemplo, una mujer recordó haber sido perseguida por dos perros cuando era niña. Cuando logró huir, aunque estaba a salvo, seguía sintiendo miedo. Como la experiencia de ser perseguida formaba parte de su pasado, años después, en su vida adulta, consideraba al mundo como un lugar hostil. Aunque manifestó tener la capacidad de controlarlo, permaneció con miedo. Lo que Adler comprobó fue que la historia que la mujer platicó resumía su vida entera. Sin lugar a dudas, esa historia era para ella un momento crucial. En sus palabras: "Y así es la vida."

Mientras recuerdo mis momentos determinantes de la escuela primaria, puedo ver claramente cómo esos dos episodios alteraron el concepto de mí mismo: reconozco las consecuencias que han tenido en mi vida. En primer lugar, no me sorprende reconocer que siempre he sido receloso con todas las personas que han ejercido autoridad sobre mí. Se ha convertido en parte de lo que soy. Aunque mi percepción e interpretación pueda no ser exacta, lo es para mí. Un argumento sería que merezco más de lo que tengo. Por favor comprende: he sido bendecido por maestros maravillosos a lo largo de mi vida, y siempre me he mantenido a la defensiva tratando de que los demás maestros paguen lo que la señorita Johnson y el señor Welbourne hicieron. Siempre que me preguntan: "¿Quiénes son tus héroes?", invariablemente contesto: "Los maestros que hacen bien su tarea." Nunca más, desde los dos episodios de Denver, me volví a sentir a gusto en un entorno académico o en cualquier otro en el que alguien ejerza autoridad sobre de mí. Esto forma parte de mi concepto de mí mismo.

Colofón: en un camino que comienza con la paranoia y termina en la ingenuidad, estoy bastante lejos de la paranoia, pero estoy a miles de kilómetros de la ingenuidad. Habiendo sido emocional y físicamente violado, estoy comprometido a creer en mí mismo y a cuidar de mi persona, para que nunca me vuelva a suceder. Me rehúso a ser indefenso. No le doy a nadie "el beneficio de la duda". Y estoy consciente que existe una relación directa entre mi proceder y las dos experiencias escolares. Esos dos sucesos forman parte de mis diez momentos determinantes. ¿Son el ejemplo de momentos determinantes positivos y negativos? No lo sé; simplemente son. En su momento, fueron experiencias claramente negativas, pero no estoy completamente seguro de que no fueran excelentes llamadas de atención. No deseo que ningún niño pase por estas experiencias, pero para mí fueron provechosas. Supongo que las opiniones pueden diferir sobre estos dos sucesos, sin embargo, ocurrieron y me cambiaron, de esto estoy seguro.

Algunos de nuestros momentos determinantes son claramente negativos, al igual que otros son positivos. Los positivos afirman poderosamente nuestro *yo* auténtico, e inspiran nuestras capacidades. Nos elevan a una posición desde la que podemos captar toda clase de posibilidades para nosotros. De esas experiencias obtenemos la cantidad necesaria de energía emocional y espiritual que requerimos para el resto de la vida.

Recuerdo otra historia escolar, una que me platicó una querida amiga cuando le platiqué acerca de este capítulo del libro. Cuando le relaté mis escalofriantes experiencias de quinto y sexto año de primaria, me dijo que también había sufrido una experiencia memorable en tercer año de primaria, pero el efecto fue en sentido contrario al de mis experiencias. Me conmovió tanto la historia, que le pedí que me permitiera compartirla con mis lectores. Éstas son sus palabras:

"Me gustaba la escuela porque con la iglesia eran los dos lugares donde me sentía valorada. Amaba los libros. Eran una válvula de escape, una forma para sentir que podía convertirme en lo que quisiera y hacer cualquier cosa. Los libros representaban una oportunidad para mí.

"Cuando la señorita Driver, mi maestra de tercer año, nos dejó para leer *Honestly Katie John* (un libro catalogado para quinto año), me sentí muy emocionada por el reto. Teníamos dos semanas para leerlo y hacer el reporte, ¡yo lo terminé en menos de una semana! La señorita Driver se sintió muy orgullosa de mí y me halagó enfrente de todo el salón. Por supuesto que mis compañeros de clase no compartieron el orgullo de la señorita Driver, al contrario, se pusieron en contra mía por haberlos hecho quedar mal. Pero la cosa no quedó ahí, la señorita Driver no se conformó con halagarme frente a mis compañeros de clase; se lo platicó a todo el mundo, incluidos el resto de los profesores de la escuela. Cuando pasé al cuarto año, mi maestra en turno, la señorita Duncan, me dijo: 'Te conozco, eres la niña que lee los libros en una semana'. En ese momento, cambié. Me di cuenta de que cuando trabajas duro, cuando haces las cosas de manera correcta, la gente se percata de ello, la gente te recuerda y te valora. En mi mente infantil, también llegué a la conclusión de que lo había hecho porque amaba a los libros y por eso me había resultado más hacer el trabajo antes de tiempo. Quedé tan apasionada por el libro y quise parecerme tanto a Katie John, que actualmente, cuando estoy con mi hija, trato de darle las mismas lecciones. Así que es otra lección de vida, otro momento crucial: Si haces lo que amas, si haces lo que te apasiona, la vida se vuelve muy fácil."

La amiga que me platicó la historia de tercer año de primaria fue Oprah Winfrey. Oprah dice actualmente que fue uno de los momentos de máximo orgullo en su vida. El gusto por el conocimiento le ha dejado una definición de sí misma que está sustentada, de manera poderosa, en una verdad personal que tiene sus raíces en un salón de clases. Desde ese momento, ella creyó que podría hacer cualquier cosa si se esforzaba lo suficiente. Supo que el trabajo duro y crear valor siendo quien eres auténticamente, generan respeto y buenos resultados. A lo largo de los años, el recuerdo de ese día de clases, le ha proporcionado confianza y energía. Cuando le decían que ella, una mujer negra del sur de Estados Unidos, no debería de emprender una carrera como reportera de televisión, recordaba aquel día. Cuando tuvo la posibilidad de conducir un programa de televisión y la gente dijo: "¿Una mujer negra con sobrepeso?, no lo creo", volvió a recordar ese día. Recordó la voz de la pequeña niña de primaria que dijo: "Puedo hacerlo porque lo amo." Nunca olvidó la lección: Si utilizaba sus dones con determinación y con la voluntad de hacerlo con todas sus fuerzas, podía conseguir cualquier cosa que se propusiera.

Piensa en tu capacidad de recordar, ¿no consideras que es al mismo tiempo una bendición y una maldición? Como humanos, somos malos historiadores de hechos, pero muy buenos de emociones. La memoria nos provee de la oportunidad de viajar en el tiempo, pero nuestra capacidad de recordar hechos está muy lejos de ser certera. En contraste, sí recordamos perfectamente los sentimientos que tuvimos en ciertas circunstancias. Por ejemplo, recuerda cualquier Navidad de tu vida, y te apuesto a que no sólo recuerdas lo que sentiste ese día, sino que lo volviste a sentir ahora. Si sentiste una gran emoción por una bicicleta nueva, vas a sentir la misma emoción ahora. Si esa Navidad no encontraste la bicicleta que añorabas, vas a sentir la misma desilusión que sentiste en aquella amarga Navidad. Aunque no te guste, ésa es la manera en que funcionamos y así va a ser cuando recuerdes tus momentos determinantes.

Hace tiempo, tuve un paciente de 52 años que identificó un momento crucial muy poderoso cuando tuvo seis años de edad. Richard estaba viajando en ferrocarril con su madre. Al principio, tuvo que ir al baño y convenció a su madre de que ya era lo suficientemente grande para hacerlo solo. Así que se dirigió al baño que se encontraba al fondo del vagón. Al entrar, puso la cerradura a la puerta y al salir ya no la pudo quitar. Por más que lo intentó no pudo abrir la puerta. Sus llamados de auxilio fueron infructuosos debido al ruido que hacía el tren. El pánico se apoderó de él y su llanto se convirtió en gritos desesperados. Nadie lo podía oír.

Después de lo que le parecieron horas, por fin encontró la manera de destrabar la cerradura y quedó libre. Todavía tembloroso, regresó con su madre. Años después, al relatar la experiencia, Richard todavía siente el mismo temor y desesperación. Recuerda el enojo que sintió contra su madre por no haberlo rescatado. Así comenzó una vida autosuficiente: Richard jamás volvió a confiar en nadie y nunca ha aceptado la ayuda externa. Y hasta hoy, es claustrofóbico, siempre suda frío cuando se encuentra en espacios pequeños como un elevador o un clóset.

El punto es que todo el terror que Richard sintió de niño, que a lo mucho habrá durado diez minutos, todavía permanece dentro de él; dice que al recordarlo siente cómo se le sala la saliva.

¿Qué hace tan trascendente y crítico a este incidente en la vida de Richard? Es imposible saber qué otras experiencias previas —de traición y pérdida de control— fueron archivadas con el episodio del tren. Pueden haber existido un gran número de episodios menores de ansiedad y abandono que merodeaban el interior de Richard antes de entrar a ese baño. Pero por alguna razón, fue ese el momento cuando se definió todo el pánico que recuerda. Con extraordinario poder, ese momento en el tiempo concentra toda su energía emocional, toda su atención, todos sus límites nerviosos, en un solo evento. Ese momento puede ser una representación de todas sus ansiedades. De cualquier manera, es un momento crucial que lo ha moldeado por 44 años. Cualesquiera que hallan sido las experiencias anteriores, el incidente del baño es el cúmulo de todo lo acontecido con anterioridad. *Y ha sido un factor determinante de todo lo que sucedió en la vida de Richard posteriormente.*

Los momentos determinantes son las líneas que se destacan en nuestras vidas. Si no tenemos noción de ellos, entonces estamos ciegos respecto a nosotros mismos. Cuando no conocemos nuestros momentos determinantes, la vida se vuelve impredecible, irracional y confusa. Nos sorprende lo que hacemos y siempre esperamos que mañana sea un mejor día. Pero también sabemos que tenemos una serie de recuerdos interesantes que emergen de vez en vez, estos recuerdos parecen aleatorios, desconectados de lo que somos y hacemos en el presente. Nuestra actitud se vuelve desinteresada.

Para condicionar quiénes somos

Tal y como puede ser verdad que los premios y los castigos nos enseñan qué hacer y cómo hacerlo, los momentos determinantes moldean nuestro comportamiento interior. Los momentos determinantes anclan nuestras reacciones emocionales. Determinan los sentimientos y reacciones frente al estrés que la vida nos depara.

Los momentos determinantes son tan importantes que, en muchas culturas, han sido considerados como una especie de ritual. Por ejemplo, los antiguos egipcios ponían a las personas bajo el piso, dentro una tinaja de agua que apenas si les permitía respirar, después de un día, las sacaban. Tenían la teoría de que todos los incidentes que se generarían serían sus momentos determinantes. Muchas de las tribus nativas de Norteamérica, enviaban a sus adolescentes a las zonas salvajes para que tuvieran experiencias entre la vida y la muerte, tales como matar un oso o pasar la noche sin alimento ni cobijo en la cumbre de una montaña. Los bailes recreaban momentos de peligro, para que los participantes recordaran la dificultad de la situación y pudieran tomar decisiones trascendentales por sí mismos.

En contraste, nuestra cultura se "lava las manos" frente a cualquier acercamiento a un momento crucial. Para bien o para mal, dejamos al destino cuándo y cómo enfrentar estos momentos. En consecuencia, tenemos una sociedad cuyas vidas están dominadas y controladas por ciertas experiencias de vida que no entendemos.

Colofón: Sin planeación y sin rituales, tú has tenido momentos determinantes en tu vida y tienes que identificarlos si deseas reconectarte con tu *yo* auténtico, si quieres tomar el control de cómo te sientes acerca de ti mismo y cómo generas tu propia vida. Tus momentos determinantes pueden ser la puerta que abra a tu *yo* auténtico. Me refiero a que tus momentos determinantes han propiciado una respuesta en ti, pero tu respuesta puede no haber sido auténtica y congruente con tu *yo*. De hecho, estos momentos pudieron alejarte de tu poder y fortalezas al provocar reacciones equívocas y negativas, así como miedo a tu desenvolvimiento en el mundo. Es momento de sacarlos a la luz del día. Es momento de que ilumines y entiendas las mayores influencias que te hicieron ser y pensar lo que eres.

El reto

En términos psicológicos, estás a punto de hacer algunas "reminiscencias". Vas a tener reminiscencias cuando recuerdes una situación en los siguientes dos términos: primero, el incidente, y segundo, el resultado. Recuerdas una caída (esto es el incidente), y enseguida recuerdas a tu madre abrazándote (esto es el resultado); el perro te mordió, y lloraste; tomaste una fotografía, y el maestro te felicitó.

Las memorias pasan rápido. Posiblemente —sólo posiblemente—, recuerdas la primera mariposa que viste, tu primera probada de helado, tu primera bicicleta. Pero cuando ese recuerdo tiene consecuencias, se convierte en una historia vital. Las consecuencias, la conexión entre el incidente y su resultado, hacen útiles a los recuerdos. Se convierten en pequeñas historias a las que consultarás posteriormente a lo largo de tu vida. Cuando te sientes inseguro, recuerdas la historia de la caída. Cuando tienes miedo de estar solo, recuerdas la historia, y el miedo, del perro mordiéndote.

El siguiente ejercicio está diseñado para descubrir cuáles son esas historias importantes. Deja que estas preguntas te ayuden a tener reminiscencias. Clasifiqué las preguntas por etapas de edad, para que sea más fácil recordar las respuestas, pero debes comprender que los momentos determinantes no son específicos de una edad: son tus interacciones con el mundo, independientemente de la edad que tenías cuando sucedieron.

Para que el ejercicio sea de utilidad, necesitas recordar con el mayor detalle posible que puedas. Hechos, circunstancias y emociones deben de ser descritos con la mayor claridad posible para obtener la información más profunda que se necesita. Por ejemplo, te voy a preguntar acerca de aspectos físicos, tales como dónde estabas en un momento determinado; qué estabas oliendo o saboreando; cómo acomodaste las manos; cómo respirabas; etcétera.

También te voy a retar para que recuerdes los estados emocionales y mentales que experimentaste. Así que prepárate para contestar preguntas como: "¿Qué emociones o cambios emotivos sufriste en este tiempo? ¿Estuviste confundido o vehemente cuando esta situación aconteció? ¿Tuviste confusión o claridad mental? ¿Sentiste amor u odio?"

No te sientas incómodo si no tienes reminiscencias de momentos determinantes a todas las edades. Estos eventos suceden en diferentes momentos, comúnmente en un mismo periodo, dependiendo de las circunstancias de nuestras vidas y nuestros retos personales durante ese tiempo. Y no te desilusiones por la breve descripción que realicé para cada etapa de edad. Simplemente es para estimular tus pensamientos con observaciones genéricas de cada momento. Esas observaciones pueden no aplicarse para tus experiencias particulares.

Ahora busca alguna clase de diario que contenga muchas hojas para trabajar. La intención es que sea *totalmente confidencial y sólo para tus ojos.*

Al igual que con los otros ejercicios, no necesitas destinar demasiado tiempo para contestar todas las preguntas de una sola vez. Las puedes contestar con calma, etapa por etapa, de acuerdo al tiempo que dispongas. Pero sí requieren el cien por ciento de tu concentración y enfoque mientras las estás haciendo. Búscate un lugar tranquilo que te ofrezca privacidad, un lugar cómodo para sentarte y tiempo sin interrupciones. En otras palabras: ¡apaga la maldita televisión y manda a los niños a dormir o a jugar!

1 a 5 años de edad

Las reminiscencias típicas de esta edad se enfocan en interacciones con miembros de la familia o en los primeros esfuerzos de crecimiento, como jugar, ir a la enfermería de la escuela por primera vez o aprender a dormir a oscuras. Experiencias como aprender acerca de los procesos de crecimiento —notar que algunas personas son viejas y otras jóvenes—, pueden haber sido importantes. Ahora comienza a escribir cualquier reminiscencia que tengas sobre estos años en tu mente y en tu corazón. Estamos buscando los momentos determinantes, así que si ya tienes algún evento que sea candidato, ve directo a él y comienza a contestar las preguntas que vienen a continuación. Si no tienes claro algún momento destacado, no supongas que no existen; solamente comienza a escribir y a tener reminiscencias. Te puedes sorprender al descubrir un momento que habías suprimido o que simplemente negabas. Asegúrate de anotar todos los detalles que puedas sobre cada incidente. Utiliza las siguiente preguntas para guiarte a los detalles. Si observas cada evento como una tercera persona, un reportero que escribe acerca de ti, el proceso será más sencillo.

Toma el primer momento que seleccionaste, relájate y permite que tu mente recorra libremente los detalles. Mientras reexperimentas el incidente, permite que tus cinco sentidos formen parte de la búsqueda de información.

Considera estas preguntas:

1. ¿Dónde estás en ese momento?

2. ¿Qué edad tienes y qué apariencia tienes?

3. ¿Quién está contigo o quién debería de estar contigo?

4. ¿Qué está sucediendo que hace a este momento tan importante?

5. ¿Qué emociones o cambios emocionales estás experimentando en este momento? ¿Soledad? ¿Enojo? ¿Miedo? ¿Confusión? ¿Alegría? ¿Poder? ¿Indefensión?

6. ¿Cómo cambiarías esta situación si pudieras?

7. ¿Cuál es tu experiencia física y mental? ¿Tienes confusión o claridad mental? ¿Qué hueles? ¿Saboreas? ¿Sientes? ¿Estás contento o triste? ¿Sientes dolor? ¿Estás enfermo? ¿Paralizado?

8. Si pudieras hablar, ¿a quién le hablarías? ¿Qué le dirías?

9. ¿Qué te dices a ti mismo?

10. ¿Qué es lo que más necesitas en este momento?

Una vez que contestes las preguntas para un incidente importante de esta etapa, hazlo para otro incidente de la misma etapa. Toma todo el tiempo que necesites para rememorar y escribir todos los incidentes que puedas. Después, para cada uno, contesta por escrito las siguiente preguntas:

1. ¿Cómo te sientes *ahora*?

2. ¿Qué emociones tienes *ahora*?

3. ¿Qué te dices *hoy* a ti mismo acerca de este incidente?

4. En caso de que haya sido un evento negativo, ¿qué poder y autodeterminación perdiste? (Si fue un evento positivo, ¿qué aprendiste o ganaste?)

6 a 12 años de edad

Ésta es normalmente la edad en la que acudimos a la escuela primaria, los maestros sustituyen a nuestros padres por primera vez y existen muchos esquemas familiares que son reemplazados. Hasta ahora has ocupado un lugar primordial en tu familia, pero debes de adaptarte a este nuevo grupo. ¿Tuviste momentos determinantes en esta etapa? Utiliza las preguntas que planteamos para las edades de uno a cinco, para aplicarlas en esta etapa de edad.

Recuerda escribir tus respuestas con la mayor precisión posible. Posteriormente, contesta, por escrito, las siguientes preguntas:

1. ¿Cómo te sientes *ahora*?

2. ¿Qué emociones tienes *ahora*?

3. ¿Qué te dices *hoy* a ti mismo acerca de este incidente?

4. En caso de que haya sido un evento negativo, ¿qué poder y autodeterminación perdiste? (Si fue un evento positivo, ¿qué aprendiste o ganaste?)

13 a 20 años de edad

La frustración y la inquietud caracterizan a esta etapa. Aquí es cuando aprendes a ser adulto, tienes los primeros rompimientos familiares y descubres lo importante que es el sexo. Tiene nuevas motivaciones en tu vida. Las relaciones sociales cobran un papel preponderante. Sientes una gran necesidad de ser aceptado por los grupos "líderes", cualesquiera que éstos sean. El amor es una gran fuente de confusión. Los "ritos de iniciación" marcan el camino a la edad adulta. Con diferentes enfoques y niveles de atención, tus pensamientos se concentran en el futuro.

¿Cuáles fueron tus momentos determinantes durante esta etapa? Rememóralos y escríbelos utilizando las diez preguntas de las etapas anteriores. Incluye todos los detalles que puedas. Trata de recordar a las personas que participaron.

Mientras reflexionas acerca de estos tiempos, vuelve a contestar:

1. ¿Cómo te sientes *ahora*?

2. ¿Qué emociones tienes *ahora*?

3. ¿Qué te dices *hoy* a ti mismo acerca de este incidente?

4. En caso de que haya sido un evento negativo, ¿qué poder y autodeterminación perdiste? (Si fue un evento positivo, ¿qué aprendiste o ganaste?)

21 a 38 años de edad

En esta etapa los individuos comienzan a ser miembros activos de la comunidad, toman responsabilidades en el trabajo y la familia. Aprendemos a ser padres y parejas. Nos enfrentamos a la falta de conocimientos en muchas materias, como la autodisciplina y el poder. Los retos que enfrentamos provocan una nueva admiración hacia nuestros padres o los otros modelos de autoridad que tuvimos durante la infancia.

Permite que las mismas diez preguntas te ayuden a escribir una detallada descripción de tus remembranzas de esta época. Escribe tus respuestas de todos los momentos determinantes que recuerdes. Responde de nuevo:

1. ¿Cómo te sientes *ahora*?

2. ¿Qué emociones tienes *ahora*?

3. ¿Qué te dices *hoy* a ti mismo acerca de este incidente?

4. En caso de que haya sido un evento negativo, ¿qué poder y autodeterminación perdiste? (Si fue un evento positivo, ¿qué aprendiste o ganaste?)

39 A 55 AÑOS DE EDAD

Normalmente, durante esta época, comienzas una nueva forma de vida. Te has establecido alrededor de una vocación o profesión, y tienes una muy buena idea de lo que te depara el futuro. Exitoso o no, estás viviendo en una condición que sabes que permanecerá por mucho tiempo. Has hecho la mayoría de las cosas que debías de hacer para pertenecer a la comunidad. Ahora comienza tu tiempo, el tiempo para ti mismo.

Deja que tu mente recorra esta época, Para cada reminiscencia, considera las diez preguntas y respóndelas por escrito.

Al terminar, responde por escrito:

1. ¿Cómo te sientes *ahora*?

2. ¿Qué emociones tienes *ahora*?

3. ¿Qué te dices *hoy* a ti mismo acerca de este incidente?

4. En caso de que haya sido un evento negativo, ¿qué poder y autodeterminación perdiste? (Si fue un evento positivo, ¿qué aprendiste o ganaste?)

56 años en adelante

A partir de los 56 años empieza el final de la vida, comienzas a pensar en el retiro y a desprenderte de las responsabilidades con la comunidad y la familia. Perdemos vitalidad física y nos enfrentamos a mayores limitaciones. La mayoría de los momentos determinantes están en el contexto de las relaciones, ceder responsabilidades y conocer de manera más íntima, menos competitiva, a las personas.

¿Qué reminiscencias tienes de esta etapa? Te recuerdo que estas remembranzas no necesariamente deben de tratar acerca de los temas que planteo, sino sobre los que resaltan en tu vida, independientemente del lugar y la fecha. Al recordarlos, escribe tus respuestas a las diez preguntas.

Finalmente, vuelve a responder por escrito las siguiente preguntas:

1. ¿Cómo te sientes *ahora*?

2. ¿Qué emociones tienes *ahora*?

3. ¿Qué te dices *hoy* a ti mismo acerca de este incidente?

4. En caso de que haya sido un evento negativo, ¿qué poder y autodeterminación perdiste? (Si fue un evento positivo, ¿qué aprendiste o ganaste?)

Para atar los cabos sueltos

Antes de continuar, repasa lo que escribiste. Analiza las etapas y trata de encontrar algún momento crucial que hayas omitido. En el mismo sentido, ¿existe algún momento crucial del que conscientemente evitaste hablar?

Recuerda que los monstruos y los fantasmas se mueven en la oscuridad. El trabajo que estás haciendo fue diseñado para que puedas prender el *switch* e iluminar esas zonas. Ten las agallas para encontrar tus diez momentos determinantes y plasmarlos en el papel. Si te rehúsas a hacerlos, si escondes la cabeza como el avestruz, significa que te engañas a ti mismo y a las personas que amas.

Si realizaste un trabajo exhaustivo y honesto, entonces definiste épocas muy importantes que debemos enfocar. Identificaste momentos que han sido extremadamente importantes para tu experiencia vital y para el desarrollo del concepto de ti mismo. Éstos son los pilares sobre los que descansan tus percepciones de la vida. Es tiempo de unir tus momentos determinantes y sentir cómo emergen los cimientos de lo que eres.

Si tratas de ver y evaluar tu vida, puedes tener una experiencia cautivadora: tanto tiempo que considerar, tantas cosas que recordar. En lugar de pedirte que lo hagas, te voy a solicitar que evalúes tu vida y el efecto que ha tenido en ti, gracias a la revisión de esos momentos clave, cruciales, que acabas de describir. Los siguientes pasos te proveerán de una estructura adecuada para lidiar con esta historia de tu vida que es tan importante:

1. *Haz una lista de tus momentos determinantes; posteriormente describe cada momento en un párrafo pequeño.*

Así es como funciona. Ve lo que has escrito acerca de tus primeros momentos determinantes. Ponles un título que conste de una sola frase. El mío sería: "El día que la señorita Johnson me masticó y me arrojó."

Después, debajo de cada título, escribe un párrafo corto que capture la esencia de lo que aconteció. Puedes utilizar como guía mi descripción de lo que me pasó con la señorita

Johnson , aunque es bastante más larga de la que tu requieres. El sentido, es lograr condensar en un solo párrafo el evento. Hiérvelo hasta que extraigas su esencia.

Puede que termines con diez párrafos (uno para cada momento crucial), también es posible que tengas más o menos. Lo importante es que captures los eventos más importantes de tu vida y las personas que participaron en ellos.

2. Para cada momento crucial, identifica el concepto de ti mismo que tenías "antes" y "después".

¿Qué aspecto o dimensión de tu concepto de ti mismo fue afectado por ese momento crucial? Posiblemente fue tu confianza. Es factible que el momento crucial haya afectado tu sentido de paz, esperanza, ambición, gozo o amor. Cualquier dimensión que haya sido afectada menciónala por escrito.

Para cada dimensión, escribe cómo crees que te sentías respecto a ella:

- justo *antes* de que aconteciera el evento,

- y *después* de concluido.

En otras palabras, si el momento crucial afectó la confianza en ti mismo, ¿qué era diferente, en la confianza que sentías, antes y después del suceso? Piensa en esos factores de cambio "antes" y "después" para cada elemento que forme parte de tu concepto de ti mismo.

Volvamos a utilizar la historia de la señorita Johnson como ejemplo. Antes de ese incidente, no tenía noción de mi capacidad de autoprotección. Mi protección la delegaba a las demás personas que me rodeaban, en específico a los adultos. Se podría decir que era el típico niño alegre de quinto de primaria. Era como los patos: si no hubiera llovido, no hubiera volado. Cuando tuve la necesidad de defenderme a mí mismo, no sabía cómo hacerlo. Creía que por ser un niño, los adultos se ocupaban de cuidarme y protegerme.

En contraste, después del momento crucial, me di cuenta que mi "almuerzo gratuito" había concluido. Tenía la necesidad y la habilidad para protegerme yo mismo. Ya no podía esperar a que los demás lo hicieran por mí, y lo que es más importante, aprendí a defenderme y que lo que yo creía correcto no siempre iba a ser popular para aquellos que no me incluían a mí y a mis intereses dentro de sus prioridades. Después de que fui corrido a patadas y mientras era escoltada escaleras abajo a la salida del colegio, cuando se suponía que estaba apenado, iba pensando que acababa de hacer lo correcto. Me levanté y me defendí a mí y a mis amigos de un grupo de niños y adultos que no tenían la razón. Me acaban de correr de la escuela, pero no me siento apenado. Lo volvería a hacer. También tomé nota de lo siguiente: que ninguno de los niños, que me señalaron a la hora de la expulsión, tenían la capacidad de juzgarme. Ellos sabían, y yo sabía que lo sabían: Uno de nosotros podía defenderse.

3. Escribe un párrafo que describa los efectos a largo plazo que el momento crucial generó.

¿Cómo te afectó ese momento crucial a largo plazo? Aquí vas a buscar aspectos acerca de ti mismo —cualidades o su carencia— que has desarrollado como consecuencia de ese evento. Tu párrafo puede comenzar así: "Como consecuencia del momento crucial, creo haber llevado mi vida con la tendencia de ser X, o con una forma de vida que está gobernada por el concepto de mí mismo que incluye Y." Por ejemplo, mi párrafo diría lo siguiente: "Como resultado de mi experiencia de quinto de primaria, me volví un poco cínico, pero también autosuficiente. No tengo fe ciega en las autoridades. Creo firmemente, en que si no me defiendo a mí mismo, es muy posible que nadie lo haga. Reconozco que no debo esperar que alguien más haga las cosas por mí." Utiliza un lenguaje preciso para describir las consecuencias a largo plazo que obtuviste del incidente. ¿Cómo te marcaron?

4. Escribe el cómo y el porqué piensas que el momento crucial ha clarificado o distorsionado a tu yo auténtico.

Como ejemplo del acercamiento que debes tener aquí, te diré que mi propia experiencia de quinto grado me clarificó que yo era una persona buena y decente con valor para defender mis convicciones. Me enseñó que en el momento apropiado, yo haría lo correcto. No me estoy autoalabando. Simplemente adquirí la convicción de que yo estoy bien. Ese momento crucial me permitió confrontar a la persona que era entonces. Aprendí acerca de mí en ese momento crucial. Me di cuenta de que en un pleito entre "ellos" y yo, yo iba a sobrevivir. Adquirí una tremenda sensación de paz. Fue un evento negativo con un efecto positivo.

5. Revisa tus interpretaciones del momento crucial. Decide si crees que tu interpretación fue la adecuada.

Revisa tus respuestas a las preguntas 2, 3 y 4. Examínalas con la objetividad, madurez y experiencia que tenías al momento de ocurrir el momento crucial.

Pregúntate si tu interpretación fue la adecuada o la exageraste y distorsionaste en alguna manera.

Por ejemplo, respecto a mi castigo de quinto de primaria, he reconocido que sí merecí una parte del castigo. En consecuencia, he "regresado" algo del enorme coraje que sentí a los once años de edad. Mi perspectiva de adulto no ha cambiado ese momento como crucial. Pero con madurez y tiempo me he percatado que no fui completamente una víctima.

Tómate algo de tiempo para verificar la veracidad de tus momentos determinantes. ¿Realmente fuiste la víctima? ¿Caracterizaste adecuadamente el triunfo o la derrota? Si te has engañado al respecto, ahora es el momento de corregirlo por escrito.

6. *Escribe, en un párrafo, si crees que debes mantener o desechar las consecuencias que sobre tu concepto de ti mismo obtuviste del momento crucial.*

Debes de evaluar lo que obtuviste del momento crucial. Si lo que obtuviste fue negativo, tienes que ser lo suficientemente honesto y admitirlo. Si por el otro lado, lo que obtuviste de un evento doloroso resultó ser positivo, debes reconocerlo. Sin importar la naturaleza del resultado, negativo o positivo, escribe una explicación al respecto.

Por ejemplo, por más difícil que para un niño de once años haya sido responder y desafiar a un adulto, en mi caso me proporcionó una gran autosuficiencia. Despertó en mí la obligación de protegerme. Y borró para siempre la fe ciega en las personas con autoridad impuesta. Ésas serían mis respuestas a esta pregunta.

Supongamos que ese momento hubiera tenido un efecto distinto en mí, por ejemplo, que como resultado yo me hubiera convertido en un rebelde paranoico, incapaz de funcionar en cualquier ámbito social porque me siento un "cruzado" de mis derechos y creo que todos tienen fines ocultos que me afectan. Si descubro que como consecuencia de un momento crucial tuve una reacción de este tipo, entonces debo escribirlo así. Y dejaré en claro qué aspectos no vale la pena conservar. Concluiría estableciendo que este evento no forma parte de mi *yo* auténtico, sino del ficticio.

7. Al revisar estos momentos determinantes como un todo, ¿cuál sería el efecto final sobre el concepto de ti mismo a lo largo del tiempo?

(Recuerda que tienes que haber contestado las primeras seis preguntas para ser capaz de contestar esta última.) La meta es identificar el patrón global de tus diez momentos determinantes. Viéndolos como un todo, ¿te han afectado de manera positiva o negativa?

Cuando Benjamín Franklin era joven, acostumbraba cuestionar sus decisiones y revisar los sucesos de su vida de la siguiente manera: primero, dibujaba una gran T en un papel; después, en el lado izquierdo, escribía todos los aspectos positivos de la decisión, y del lado derecho los negativos. Esta lista le ayudaba a reducir los problemas a su esencia. Te sugiero que uses la misma técnica. Busca las características que le atribuiste a tus momentos determinantes. Del lado izquierdo de la T, escribe las que consideres positivas; y en el derecho las negativas. No dejes de llenar la T hasta que revises todas tus respuestas a las primeras seis preguntas.

Me gustaría estar ahí, en el momento que llenes tu T, vas a ver cosas acerca del concepto de ti mismo con gran claridad. Para muchos es un momento de iluminación. "No me sorprende estar tan enojado con el mundo." "No me sorprende tener tantos problemas en mis relaciones de pareja." Comprometerte de manera honesta con este "inventario" te va a permitir enfocar con perfecta definición el concepto de ti mismo. Tu *yo* ficticio será aparente. Y darás un paso adelante en el conocimiento de tu *yo* auténtico.

Todavía queda trabajo que hacer en este proceso de redescubrimiento. Mientras tanto, debes de tener confianza en que vas en el camino correcto. Considera las palabras, "y la vida es así", por lo que significan en tu vida. Sí, has tenido momentos determinantes. Sí, las consecuencias han afectado gran cantidad de eventos. Pero recuerda que tienes el control. Eres el director de tu propia vida. Lo que "y la vida es así" significa para ti, es asunto tuyo.

Tus siete decisiones críticas

Fui capaz de ver una oportunidad hasta que lo dejó de ser.

Mark Twain

Tu vida exige decisiones. Día tras día, alguien o algo está esperando a que tomes una decisión. Decidir es un acto del que no puedes escapar: ¿qué quieres; a dónde quieres ir; si deseas este automóvil o aquél; si deberían de vivir juntos o comprometerse y casarse; si debes de platicarle a tu madre lo que tu tío te hizo en la última Navidad; si puedes probar las drogas o simplemente decir no; si deberías de creer la historia de los niños; si aceptas el trabajo o te quedas a cuidar a los niños; si debes de creer en Dios? Decisiones, decisiones, decisiones y no hay manera de evitarlas. Si eres honesto, sabes que han existido ocasiones en las que te has parado a tomar decisiones con convicción y transparencia. En otras ocasiones has sido un "gallina" y deseaste que alguien tomara las decisiones por ti, simplemente porque te faltaron las agallas y la energía para enfrentar la presión. De lo que no te has dado cuenta es que aunque no decidas, estás de hecho tomando una decisión. No importa que tan rápido corras ni que tan bien te escondas, no puedes dejar de decidir.

Al igual que el resto de la población, algunas de tus decisiones han sido muy afortunadas y otras un absoluto fiasco. Desgraciadamente, la totalidad de tus decisiones, buenas o malas, han tenido la cualidad de ser trascendentes en tu vida. El derecho a escoger es al mismo tiempo una carga y un privilegio que comienza desde temprana edad.

Al principio no es más que esto: "¿Debo de comerme las zanahorias y los chícharos?" ¡Al volverte más grande, fuerte e "inteligente", se incrementa la trascendencia e importancia de tus decisiones, de la misma manera que crece tu capacidad de echarlo todo a perder! Por más obvio que parezca, siempre me sorprende escuchar a los padres tratando de justificar cómo su "retoño" se encuentra en la dirección correcta para ser un asesino en serie, ignorando que desde pequeño ha sido un completo truhán: "Billy ha sido un niño difícil, ni duda cabe. Ha tenido problemas de temperamento desde la primaria, pero nada que espante. No fue problemático sino hasta que cumplió quince años. No sabemos cómo sucedió esto. ¡Nunca tuvo problemas con las autoridades! ¡Simplemente parecía ir cuesta abajo!"

¿Pues qué creen, "papis sobreprotectores"? La mayoría de los niños de cinco años no tienen enfrentamientos con la policía, no golpean a sus maestros, no fuman marihuana, no roban automóviles ni son arrestados. Esto no se debe a que no lo harían si pudiesen, sino a que tienen cinco años y no lo pueden hacer. A los cinco años, su única habilidad para demostrar rebelión es tirar los platos y quemarle la cola al gato. ¿Qué sucedería, si al igual que tú, su capacidad de tomar malas decisiones trascendentales y mantenerse firme en las mismas, se mantuviese creciente cuando fuese lo suficientemente grande y fuerte para que su comportamiento tuviera consecuencias? No fue que no estuviese lo suficientemente desequilibrado para hacer fechorías; simplemente no te robó el dinero y el automóvil porque no se le ocurrió. No tenía la capacidad para llegar a esos extremos. Contigo sucede lo mismo. Al crecer, acarreas una mayor carga para ti y los que te rodean. Tus decisiones cuentan desde el primer día y ese impacto —legal, moral, física, financiera y social— crece con la edad. Las decisiones son de una gran trascendencia en tu vida. Esto incluye las que has tomado y las que no.

En corto, a diferencia de tus momentos determinantes, sobre los que no siempre has tenido el control, las decisiones que has tomado y que tomarás son cien por ciento tu responsabilidad. Algunas decisiones han cambiado de forma radical y definitiva tu vida. Son estas decisiones las que tenemos que reconocer.

El reto en este capítulo es sencillo: identificar las siete decisiones críticas de tu vida y la manera como han moldeado el concepto de ti mismo.

Si has seguido mi forma de pensar a lo largo del libro, entiendes que el concepto de ti mismo es el resultado del intercambio que tienes con el mundo. Incluye el efecto que han tenido ciertos eventos, decisiones y personas, así como la forma en que tú los procesaste internamente. Las tres categorías contribuyen a moldear el concepto de ti mismo, pero ahora la prioridad es que identifiques cuáles decisiones han sido las más trascendentes en tu vida. Algunas de estas decisiones y tus reacciones internas han distorsionado tu percepción del *yo* y generado defectos en tus expectativas e interacciones con el mundo.

Vas a recordar mi dicho de que eres un participante activo en la creación de tu *yo*. Cuando respondes internamente a los sucesos, ejecutas una decisión interna. Posteriormente

vamos a hablar a detalle de las respuestas internas; por ahora, sólo hay que reconocer estas reacciones internas que al
igual que tu comportamiento exterior, son decisiones inevi-
tables. Esto significa que a causa de tus propias decisiones
(internas y externas), desarrollaste y contaminaste el concepto de ti mismo. Éste es el momento adecuado de sacar
provecho de esta información.

Al igual que los eventos de los que hablamos en el capítulo 4, tus diez momentos determinantes; las decisiones tienen el mismo efecto: confunden. Diariamente tomamos tantas
decisiones rutinarias que es difícil que una persona pueda
enumerar todas las que tomó un día antes. Como con los
momentos determinantes, existen sorprendentemente pocas
decisiones que han cambiado el curso de tu vida. Me refiero
a las siete decisiones más críticas que han definido tu vida
ya sea de manera positiva o negativa. Estas siete decisiones
críticas han sido factores determinantes en la definición de
lo que eres y en lo que te has convertido. Al identificarlas y
entenderlas, lograrás descifrar una sorprendente cantidad de
información acerca de ti y tu concepto de ti mismo; de ti y
de tu futuro.

Cada vez que pienso en decisiones críticas, no puedo dejar
de recordar a un amigo de preparatoria llamado Dean, sigo
escuchando sus palabras: "Por Dios, ¿qué sucedió?" A lo largo de toda nuestra estancia en la escuela preparatoria, en
Kansas City, Dean y yo fuimos inseparables. Acudíamos a las
mismas clases, practicábamos los mismos deportes, comía-
mos juntos y pasábamos los fines de semana persiguiendo
chicas. Juntos encontramos trabajo como obreros en un almacén del centro de la ciudad. Las horas eran terribles, el trabajo
era peor, pero el dinero nos permitía consentir nuestra pasión
por arreglar los automóviles, salir con muchachas y traer la

cartera llena de dinero. Era adictivo para un par de jóvenes de la zona menos elegante de la ciudad.

Cuando cursamos el último año de preparatoria, mientras muchos de nosotros comenzamos a pensar en la universidad y en lo que vendría, Dean estaba perdidamente enamorado de una compañera de la preparatoria. Al poco tiempo, le solicitó a nuestro supervisor en el almacén un puesto vacante de tiempo completo. Comparado con el trabajo que teníamos, este puesto era para adultos. Requería de una gran responsabilidad, y lo más importante es que ofrecía un salario mucho mayor: entre 900 y mil dólares mensuales, que en aquellos tiempos era todo el dinero del mundo para un joven pobre. Pocos días después de nuestra graduación, mientras el resto de nosotros planeábamos la siguiente fase "preparatoria" de nuestras vidas, Dean había tomado una decisión. Ya se había "preparado" lo suficiente, era momento de comenzar a vivir. Justo al graduarnos, Dean ya lo tenía todo: departamento, equipo estereofónico y camioneta nueva. La fecha de su boda estaba a la vuelta de la esquina. En la fiesta de despedida que nos ofreció a los "chicos" ese mismo verano, todos admiramos su camioneta, revisamos el motor y nos deleitamos con su olor a nuevo; recorrimos su departamento, sorprendidos de que un joven de dieciocho años ya fuera dueño de los muebles; sencillamente nos carcomió la envidia. Yo pronto haría mi equipaje (tres maletas) para ir a la universidad, totalmente quebrado pero con la ilusión en los ojos.

No pude hablar ni ver a Dean durante varios meses. Nuestros caminos se habían bifurcado de manera dramática. Al poco tiempo, me enteré de que había perdido su empleo. Me preocupé por él y su esposa, pero mis obligaciones en la universidad me impidieron hacerlo en demasía. Sin mucho tiempo de intervalo, me enteré de que su matrimonio también había fracasado. Cuando lo volví a ver, unos diez años después, Dean era el encargado nocturno de una miscelánea. Era soltero, vivía en el mismo departamento y manejaba la misma camioneta. Nos reímos de los tiempos idos, le compartí algo de mi experiencia profesional y bromeó acerca de llamarme "doctor McGraw", diciendo que no me dejaría atender ni a su perro. Yo le contesté: "Tu perro debe estar feliz de vivir contigo, ya que es el más inteligente en la casa." Después de actualizarnos mutuamente con los detalles de nuestras vidas y familias, Dean se quedó mudo. Finalmente, dijo: "Por Dios, Phil, ¿qué sucedió? Tú y yo éramos como gemelos en la preparatoria. Cursamos los mismos grados, acudimos a las mismas clases, juntos huimos de la policía, recorrimos los mismos salones y tuvimos los mismos amigos. Éramos chícharos de una misma vaina. Diez años después, yo paso la noche en una miscelánea y tú eres un condenado doctor. ¿Qué demonios pasó?"

Yo hubiera preferido hacerme el "tonto", pero recuerdo que le contesté: "Bueno, lo que sucedió es que tú tomaste tus decisiones y yo las mías. Cada quien decidió lo que hizo, porque quiso. Al decidir el comportamiento, también decides sus consecuencias." Diez años antes, el había escogido el matrimonio y el trabajo de adulto, mientras los demás preferimos la universidad y el estudio; él escogió el salario de adulto, mientras los demás optamos por vivir con lo básico durante cuatro años; él decidió por lo aparentemente seguro, los demás corrimos el riesgo de esperar a que nuestras mejores opciones llegaran con nuestro diploma. Ahora nosotros habíamos conseguido los diplomas y Dean acumuló una enorme cantidad de deudas y de trabajos sin futuro. Dean ya no podía acudir a la universidad, debido a la gran cantidad de deudas que debía pagar. En otras palabras: la decisión que tomó a los dieciocho años, la opción de tener un poco más en ese momento a esperar a tener mucho en el futuro, se convirtió en determinante. Hay que aclarar que la universidad no le sirve a todo el mundo y su decisión puede haber sido la correcta, pero en su caso no fue así. Como dije anteriormente, cuando escoges el comportamiento, escoges sus consecuencias. Actualmente, Dean pondría esta decisión en la parte alta de su lista de siete decisiones críticas.

Es el momento de identificar las bifurcaciones que has encontrado en tu vida; qué decisiones tomaste en cada una, por qué las tomaste y qué resultados crees que obtuviste. ¿Qué alternativas fueron las que no tomaste y cuáles hubieran sido sus resultados? Finalmente, tienes que distinguir las decisiones que tomaste por ti mismo y las que crees que tomaste tú.

Para iniciar este trabajo, sería bueno que consideres los "porqué" de tus decisiones. ¿Qué factores consideraste al decidir? Cuando comiences a buscar tus siete decisiones críticas, recuerda que tienes varias motivaciones y necesidades que guían tus decisiones. De hecho, te guías por necesidades jerarquizadas, así que hasta que no cubres un grupo de necesidades básicas, no deseas ni necesitas a las del siguiente nivel. A continuación te muestro la lista de necesidades jerarquizadas:

- Sobrevivencia
- Seguridad
- Autoestima
- Amor
- Autoexpresión

• Plenitud intelectual

• Plenitud espiritual

Date cuenta que hasta arriba de la lista se encuentra tu propia sobrevivencia. La vida misma debe ser protegida antes de que sientas la necesidad de la seguridad, autoestima o amor. Es importante para comprender algunas de tus decisiones. Ahora estudiemos cada una de las necesidades o "motivadores".

Sobrevivencia

Para continuar con tu vida la decisión más crítica es y siempre ha sido sobrevivir. Es el instinto más básico y con esta fuerza tan poderosa comienzas a existir. No la menosprecies, es un asunto importante, muy importante, porque comienzas a decidir y, en consecuencia, a moldearte a partir de estas primeras opciones.

Cuando recién naciste, eras, por supuesto, completamente vulnerable. Una comunidad, probablemente tu familia, te valoró, protegió y cuidó, pero todo esto tuvo un precio: tuviste que aceptar los valores, patrones y demandas de esa comunidad para asegurar su protección. Tuviste que comer como ellos, comportarte de la misma manera, aprender su idioma y adaptarte a su medio ambiente. Al principio, muchas decisiones las tomaron por ti. Incluso cuando ya tenías la edad suficiente para decidir conscientemente, si hubieras optado por no seguir las reglas de la comunidad, quizá te hubieras convertido en un intruso, en un enemigo. Hubieras quedado vulnerable y sujeto al castigo. Te lo repito, es un asunto muy importante. De aquí podemos inferir que tus primera decisiones fueron motivadas por el miedo.

Estas experiencias y la necesidad de contar con la aprobación de los demás para poder sobrevivir pacíficamente, las puedes haber acarreado hasta la edad adulta en cuestiones relacionadas con la toma de decisiones. Puede ser que hayas aprendido a tomarlas en función de que satisfagan a los demás; no te complaces a ti, complaces a otros. Si esa tendencia comenzó como un arma de sobrevivencia en tus primeros años, imagina qué tan profundamente arraigada se encuentra actualmente. Decidir con base en el miedo a disgustar a los demás, en lugar de utilizar una filosofía que cuestione y exija razones, puede ser una decisión trascendental en tu vida que posiblemente no estás consciente de haber tomado. Es posible que estés condicionado a entregar el poder de decidir, tus necesidades y deseos pasan a segundo término, porque estás convencido de que la aceptación de los demás es prioritaria para tu sobrevivencia. Puede ser que creas que para mantener tu trabajo y, en consecuencia, tu capacidad de conseguir alimento y cobijo, es conveniente que te quedes callado y que no hagas olas. Si tu mentalidad está tan distorsionada que piensas, por ejemplo, que "simplemente no podrías seguir viviendo" sin la presencia de tu pareja, entonces tu necesidad de sobrevivencia te hará soportar cualquier clase de vejaciones. Si consideras que la amenaza a tu sobrevivencia, actualmente, no es de consecuencias, entonces, te lo repito, si así lo crees, es verdad. Como dije al principio de este apartado, para pasar al siguiente nivel de necesidades, primero hay que cubrir el primer nivel, en este caso, si tú crees que tu sobrevivencia se encuentra amenazada, esa necesidad te dominará y decidirás en ese sentido.

Seguridad

Cuando tu necesidad de sobrevivir está cubierta, el siguiente nivel que puede motivar tus decisiones es encontrar una base de seguridad emocional como complemento a tu seguridad física. La necesidad emocional más importante para todo el mundo es la *aceptación* o *pertenencia*: la satisfacción que proviene de la aprobación externa, sentir que formas parte de una pareja, organización o grupo. De nuevo ésta es una influencia enorme cuando escoges por ti mismo. Por ejemplo, si esta necesidad es dominante y sientes que expresarte con sinceridad puede traer como consecuencia la crítica, incluso el rechazo, entonces estarás privilegiando el conformismo sobre la expresión. Puedes haber desarrollado un patrón que ignora tus propias creencias y sentimientos para poder satisfacer tu necesidad de seguridad emocional. Ese comportamiento no es muy inusual; si lo piensas bien, los políticos lo utilizan a diario. No creo que ninguno de esos malditos haya tenido un pensamiento original en su vida. En lugar de pensar, dicen: "¿Qué es lo que quieren escuchar? Les diré lo que quieren oír para que no me rechacen en la siguiente elección." Las decisiones que has tomado en tu vida pueden haber seguido la misma lógica. Muchas decisiones las tomaste considerando lo que los demás piensan. Crees que si complaces lo que tú *piensas* que ellos desean, vas a ganarte su aprobación y aceptación. El problema es que te estás ignorando a ti y a tus deseos a la hora de decidir.

Autoestima

Una vez que hemos satisfecho nuestras necesidades de sobrevivencia, que adquirimos la sensación de estar seguros y nos sentimos amados, tomamos nuestras decisiones sobre la vida con base en la autoestima. Desgraciadamente, la mayoría de la gente no tiene la más mínima idea de lo que significa realmente la palabra autoestima, porque han seguido la versión de otras personas —fuentes externas de estima— durante toda la vida. Para muchos, ésta se mide en función de lo que logras, acumulas o extraes del mundo en forma de títulos, trofeos o reconocimientos. Muchas veces significa un automóvil en particular, una casa, una talla, un marcador en el golf o una cuenta bancaria.

Esta búsqueda de la estima, si es medida por factores externos, pude ser tan adictiva como una droga. Ciertos estudios realizados en adolescentes han demostrado que estimular externamente la estima de los adolescentes con frases aleatorias como "sólo sé positivo" otorgándoles títulos o posiciones en la escuela, no es muy buena idea: los niños pueden terminar como un barril sin fondo, queriendo siempre más, llegando a extremos como cometer actos ilegales para conseguir el reconocimiento de los demás, todo porque lo externo nunca da en el blanco, y así continúan tratando de cubrir una necesidad desde afuera cuando sólo se puede cubrir desde dentro. Mientras más carente estés de autoestima interna, te vuelves más vulnerable a los factores externos. Como resultado, puedes acabar tomando decisiones para complacer una necesidad de autoestima que está conformada por factores erróneos. Si no te amas, si no crees en ti y si no te aceptas, vas a tratar de encontrar a alguien que lo haga en tu lugar. Buscar esa validación de manera desesperada, de alguien que no eres tú, puede tener un efecto enorme en las decisiones que tomes.

Amor

Estudios realizados con bebés recién nacidos, muestran que si no recibimos amor nuestra sobrevivencia está amenazada desde el primer día de vida. Al crecer, si no estamos convencidos de que lo tenemos, vamos a ir por la vida buscándolo. Hay una manera en que nos gusta ser tocados, abrazados y recompensados emocionalmente. Si sentimos su carencia, incluso desde temprana edad y antes de tener el vocabulario para describirlo, guiaremos nuestra existencia en su búsqueda. Esa búsqueda puede ser tan poderosa que tal vez domine nuestra mente y nuestras motivaciones, y, en consecuencia, nuestras decisiones durante toda la vida. Algunas de tus decisiones críticas pueden haber provenido de tu necesidad de amor, tu búsqueda del amor que, de manera real o imaginaria, creías que te eludía.

Autoexpresión

Tarde o temprano, si sentimos que hemos cubierto nuestras necesidades más fundamentales, empezamos a tomar decisiones con base en la necesidad de expresar los dones que son únicamente nuestros. Si sentimos que nuestra vida es segura, que somos aceptados y tenemos la certeza de la autoestima y valía, comenzamos a tener necesidades más esotéricas. Sentimos la necesidad de dejar nuestra marca en el mundo. Puede ser que tengamos la necesidad de enseñar, entrenar, diseñar o crear. Queremos escribir o pintar un cuadro. Podemos tener la necesidad de tener hijos o de viajar alrededor del mundo. Tomamos la decisión de crear nuestro propio negocio en lugar de seguir siendo un número dentro de una megacorporación. Guiados por la necesidad de "ser" lo que somos, "ser" lo que nos hace únicos, decidimos irnos al campo para estar en contacto con la naturaleza o a la ciudad para vivir el ajetreo del mundo de los negocios. Esta necesidad es tan grande para ciertas personas que deciden renunciar a todo lo que tenían que era cierto y familiar —su trabajo, su posición social y su familia— para escribir una novela o convertirse en actores. La necesidad de autoexpresión puede ser un enorme impulso interior que sorprenda a los amigos y a la familia.

Plenitud intelectual

Las decisiones en este campo son impulsadas por el deseo de obtener respuestas: la adquisición de conocimientos, generales y particulares, y la obtención de respuestas a preguntas profundas. Al igual que con las demás necesidades jerarquizadas, una vez que se alcanza este nivel, nos consume de manera poderosa. La búsqueda de una respuesta puede consumir a las personas y todas sus decisiones son tomadas en función a esto. Una vez que nosotros cubrimos las demás necesidades, algunos toman un camino de vida totalmente cerebral y sus decisiones lo muestran. Cuando éste es el caso, las decisiones son de una sola dimensión.

Plenitud espiritual

Las decisiones en esta etapa son guiadas por metas ajenas a los intereses personales. En este nivel se toman decisiones que están planeadas para enfrentarnos a alguien que es superior a nosotros. Tomas decisiones que reflejan la creencia de que las cosas materiales y el ego sólo son transitorios y no duran mucho. Ordenas tus decisiones para que las necesidades espirituales sean prioritarias. No debería ser difícil comprender por qué estas decisiones no aparecen cuando tienes que cubrir otras necesidades, como lo sobrevivencia. A veces es difícil invertir en asuntos espirituales cuando tus energías se gastan en protegerte a ti mismo y a tu familia. No quiero decir que esto sea correcto y universal; sólo digo que así es. Aquellos que tienen una profunda convicción religiosa no van a estar de acuerdo en que esta necesidad se encuentra hasta arriba de la jerarquía. Yo les respondería que ellos ya han logrado cubrir sus necesidades primarias y han "evolucionado" a este nivel.

Éstas son las categorías de necesidades que estuvieron presentes en tus siete decisiones críticas. Mientras te encuentres en la búsqueda de tus siete decisiones críticas, confío que estas motivaciones te ayuden a identificar las decisiones más importantes y cómo las tomaste.

EL PAPEL DE LA DECISIÓN

No comenzamos nuestra vida con el privilegio y responsabilidad de tomar nuestras propias decisiones. Normalmente no podemos diferenciarnos de otros seres hasta que cumplimos dos años. La dependencia de los padres u otros adultos implica que, durante nuestro crecimiento, ellos tomaron las decisiones por nosotros. Preguntas acerca de qué comer, qué vestir, en qué medio ambiente vivir y a qué escuela asistir fueron respondidas sin tomar en cuenta tu opinión. Ellos resolvieron estos problemas tomando en cuenta tus intereses. Es factible que hayan influido en decisiones como con qué amigos llevarte o qué carrera estudiar. De hecho, si tú accediste a todos sus reclamos, puede ser que aún estén influyendo en las decisiones de tu vida.

Es común que los padres se olviden de que es crucial, durante nuestro crecimiento, que aprendamos a tomar decisiones. Es una habilidad que tiene que ser aprendida y, una vez lograda, ejercitada con confianza cuando el *yo* auténtico es la plataforma desde la que éstas se toman. ¿Qué reglas aprendiste desde niño para tomar buenas decisiones? ¿Qué te enseñaron tus padres para poder decir sí o no a las opciones que la vida te ha presentado? ¿Acaso te inculcaron confianza para tomar las decisiones por ti mismo? Al menos que tus padres lo hayan identificado como una meta de aprendizaje para su hijo, todo lo que sabes acerca de la toma de decisiones ha sido con base en la prueba y el error. Es una tragedia que mucha gente nunca aprendió esta habilidad, porque viven con miedo y dudas por un *yo* ficticio que actúa sin tener una conexión sustancial con ellos y sus fortalezas.

La historia de Helen es la típica experiencia estadounidense de crecimiento, aunque los detalles son propios de Helen. Ella y su hermano, Robbie, que es diez años menor, fueron criados por unos padres muy ambiciosos. Cuando digo que eran ambiciosos, me refiero que al igual que muchos otros padres, llenaron a sus hijos con todas las ambiciones que ellos no pudieron lograr. No me acuerdo cuál era la hazaña que Robbie debía de completar, pero, de acuerdo con su madre, Helen estaba predestinada a ser una estrella de Hollywood. Cuando Helen era todavía un bebé, su madre relavaba y planchaba su ropa mientras tomaba una siesta, supongo que para que estuviera presentable por si algún gran director de cine apareciese en escena esa tarde. Había clases de oratoria los lunes y miércoles, de canto los martes y jueves, y de gimnasia, ballet y tap el resto de la semana. Durante los años escolares, Helen se perdió de importantes tareas debido a que, en palabras de su madre: "Ella está hasta arriba de la lista para formar parte del elenco de la nueva serie televisiva, ¿no sabías?", y volaban a California para tener una nueva audición. El colofón es que los padres de Helen tomaron todas sus decisiones desde que tuvo diez minutos de edad.

Te puedes imaginar el resto de la historia. Las mamás nunca se imaginan que sus hijas pueden llegar a cambiar el libreto, pero vaya que sí lo hacen. Aunque Helen consiguió algunos papeles pequeños y conoció a algunas celebridades de la industria, se hartó física y emocionalmente de todo el asunto a la edad de once años. Fue como si su alma y su cuerpo no pudieran soportar más a su *yo* ficticio. Su *yo* auténtico clamaba por ser liberado.

¿Pero quién era en realidad Helen? No podía revelarse abiertamente en contra de su madre. Recuerda la lista de necesidades que tratamos al principio de este capítulo. Una oposición abierta hubiera puesto en riesgo sus necesidades de sobrevivencia, seguridad y amor. En lugar de eso, se reveló de manera insana. Cuando la mamá de Helen dejó de controlar su vida, las drogas tomaron el control. En otras palabras: ahora que su madre no podía estar a cargo de su vida y sus decisiones, ella tampoco lo podía hacer. No estaba preparada para asumir el mando de su vida. No conocía el poder de tomar sus propias decisiones y no comprendía las consecuencias de las mismas. Así que comenzaron los años de dependencia a las drogas, que eran empleadas como sustitutos a la carencia de autoestima y a la imposibilidad de decidir por sí misma. Consistentemente, sus decisiones fueron destructivas. Nunca conoció algo mejor. Murió a la edad de 29 años sin conocer cuál era su propia voluntad.

Es triste, pero el dejar que otros tomen nuestras decisiones se ha convertido en una empresa creciente. La posibilidad de errar puede ser tan dura para algunas personas atemorizadas, que prefieren ceder el poder de decisión. Existen muchas personas como Helen que, en lugar de aficionarse a las drogas, ceden su poder a una pandilla o a una secta religiosa, donde todas las decisiones son tomadas por el líder. Las consultorías "psíquicas" y las mediums espirituales generan enormes ganancias del temor de la gente a tomar una decisión. En una variación al mismo tema, algunas personas prefieren alistarse en el ejército por el miedo a tomar decisiones en el mundo "civil"; han desarrollado una "zona de confort" que les permite sentirse a gusto al recibir órdenes. Otros buscan ser asesorados por un psicólogo o un religioso, pero al final del día lo que esperan es que alguien les diga lo que deben hacer. Y no nos debe sorprender que muchas personas permitan que los mercadólogos y publicistas decidan por ellos desde el amanecer hasta el atardecer, un papel que esa industria desempeña con mucha alegría.

A lo que te reto, es a que tomes la responsabilidad en la toma de decisiones. Paso número 1: no puedes cambiar lo que no conoces, y conocer las decisiones más importantes de tu vida es un paso crucial hacia un cambio positivo. Sin este recuento, continuarás tomando decisiones sin la menor idea de lo que las motiva o a lo que te comprometes al tomarlas. Esta carencia de conocimiento te seguirá alejando de tu *yo* auténtico, porque niega las prioridades que tienes internamente. Si no sabes quién eres y cuáles decisiones te han llevado a tener una existencia ficticia, definida por el mundo, por tus padres y patrones, estás perdido. Al identificar tus siete decisiones críticas, al entender por qué las tomaste (esto es, qué necesidades motivaron estas decisiones) y los resultados que obtuviste, vas a obtener una información invaluable acerca de en quién te has convertido.

Vas a descubrir que muchas de tus decisiones tuvieron consecuencias negativas; otras han sido positivas. Tu misión es ponerlas en papel y distinguirlas por el tipo al que pertenecen. Prepárate a ser honesto contigo mismo acerca de las decisiones que te han llevado a ser lo que eres hoy. No están permitidos los pensamientos de víctima. Estamos tratando con influencias vitales que tú creaste con las decisiones y opciones que elegiste.

El reto

Al igual que con los ejercicios escritos que realizaste previamente, estás a punto de hacer reminiscencias. Acuérdate de lo que significa: Recuerdas primero un incidente y después el resultado. En este caso, el incidente que debes buscar es una decisión en particular que tomaste en un momento dado. El resultado, el conjunto de consecuencias que siguieron a esa decisión, será lo que convierta esa decisión en crítica. En otras palabras, cuando analices esa decisión con los ojos bien abiertos y realices una apreciación honesta de las consecuencias, verás que una decisión crítica es la que ha afectado tu vida, para bien o para mal, hasta hoy.

También recuerda que optar por no actuar es una decisión. Quiero decir que cuando recolectes tus decisiones críticas, tomes en consideración los momentos en los que debías de tomar una decisión y optaste por no hacer nada. Como ejemplo: una mujer que fue abusada durante la infancia y calló, debe de reconocer que tomó una decisión para tratar de cancelar ese hecho. Cuando pudo haber hablado, decidió callar. Porque esa decisión pudo haber prolongado su dolor, debido a que ha afectado claramente el concepto de sí misma hasta el presente, debe reconocerlo —no quiero decir que deba causarse daño ella misma y no estoy diciendo que hubiera sido fácil hablar— lo que quiero decir es que, fácil o difícil, fue una decisión crítica y así debe de ser identificada. No puedes cambiar lo que no reconoces. De igual manera, un empresario talentoso tendrá que reconocer que perdió años muy valiosos en una empresa que odiaba, en lugar de haber tomado el reto y el riesgo de hacer negocios por su cuenta. (Yo ya confesé una decisión crítica parecida y me costó diez años.) Al decidir no terminar con una relación que nos hace daño, o no pedir una beca o un aumento de sueldo, son la clase de decisiones que debemos de sacar a la luz. No actuar es una decisión que necesitas poseer.

Otro recordatorio: tus decisiones críticas pueden incluir decisiones positivas, situaciones cuyas consecuencias te han reafirmado e inspirado y que continúan dándote satisfacciones. Éstas son las decisiones de las que dices: "¿Sabes? Si tuviera que volverlo a hacer, lo haría de la misma manera."

Así que, ¿cuáles son las siete decisiones que han moldeado más profundamente a tu ser? Permite que las siguientes preguntas te ayuden a recordar. Como con los ejercicios previos, he agrupado las preguntas por etapas de edad, para que recuerdes mejor las respuestas. También establecí categorías para que las consideres como el reflejo de tus decisiones durante cada periodo. Estas categorías y etapas de edad son sugerencias, no requisitos. Te aseguro, que al igual que con los momento determinantes, tus decisiones críticas no son específicas de una etapa de edad ni están limitadas a un área de la vida. Sus efectos continúan a lo largo de la vida, sin importar cuándo ocurrieron o en qué área.

De nuevo, utiliza un sitio tranquilo que te ofrezca privacidad, un lugar cómodo para sentarte y algo de tiempo sin interrupciones para que puedas hacer los ejercicios.

Aquí están las dimensiones o categorías que te sugiero tomar en cuenta. No sientas que te debes de restringir a esta lista o que debes de identificar al menos una decisión crítica para cada dimensión. Simplemente deja que esta lista estimule algunas ideas para que las escribas. Tus decisiones críticas pueden haber ocurrido en las siguientes áreas:

- Vida privada

- Vida física

- Vida profesional

- Familia

- Educación

- Plenitud espiritual

- Vida social

- Relaciones

Sería provechoso que revises el material que escribiste acerca de tus momentos determinantes, debido a que esas situaciones están ligadas estrechamente a una decisión crítica. Por ejemplo, la decisión de mi madre de irse a vivir con nosotros después de la muerte de mi padre. Primero, existió el momento determinante (la muerte de mi padre) y, segundo, la decisión crítica (irse a vivir con nosotros). La misma fórmula la puedes aplicar para ti. Deja que tus momentos determinantes te guíen a tus decisiones críticas. Aquí pueden existir traslapes. En otras palabras: una decisión crítica se puede haber convertido en un momento determinante.

Recuerda las etapas de edad:

Uno a cinco años de edad	21 a 38 años de edad
Seis a doce años de edad	39 a 55 años de edad
Trece a 20 años de edad	56 años y más

Para cada etapa realiza los siguientes ejercicios:

Considera: ¿tomaste alguna decisión crítica durante esta etapa de edad?

Si es así:

1. ¿Cuál fue la decisión?

Escribe una oración que la describa. Por ejemplo: "Cuando tenía dieciocho años, decidí casarme y ponerme a trabajar."

2. ¿Por qué lo hiciste?

Escribe un párrafo que explique que te motivó a tomar esa decisión. Identifica todos los factores que puedas. Siéntete libre de usar la lista de necesidades que utilizamos en este capítulo. Como ejemplo, este párrafo podría comenzar así: "Creí que estaba enamorado. Nunca fui muy buen estudiante y mi familia no tenía mucho dinero, así que la universidad no representaba una verdadera opción para mí. Trabajar en la planta parecía ser una opción segura. Adquirí gran autoestima al poder comprarme una camioneta nueva y cambiarme a un departamento propio. Me querían los supervisores de la planta y mis compañeros de preparatoria me envidiaban y admiraban."

3. ¿Qué alternativas desechaste al tomar esta decisión?

Escribe un párrafo que describa el costo de haber tomado esa decisión. Por ejemplo: "Al optar por el trabajo, ya no pude acudir a la universidad. Al casarme, perdí la oportunidad de conocer más gente", etcétera. Obviamente que se presta a la especulación; pero trata de hacerlo lo mejor posible al examinar "quién pudiste haber sido", de no haber tomado la decisión que tomaste.

4. *¿En dónde te encontrabas, en términos del concepto de ti mismo, antes de esta decisión y cuál fue el concepto de ti mismo después de tomarla?*

En otras palabras: si la decisión crítica afectó tu autoestima, ¿cómo fue que la afectó, antes y después? ¿Qué aspecto o dimensión del concepto de ti mismo estuvo involucrado o fue afectado? Escribe esas observaciones.

Posiblemente la decisión crítica afectó tu sentido de autocontrol, tu ansiedad, ambición, orgullo o miedo. Cualquiera que sea la dimensión que afectó, ponla por escrito. Piensa en estos efectos de antes y después como un elemento del concepto de ti mismo.

5. *Escribe un párrafo que describa los efectos de largo plazo causados por la decisión crítica.*

¿Cómo te afectó esta decisión en el largo plazo? De nuevo, lo que estás buscando son aspectos de ti mismo que se desarrollaron como consecuencia de este evento. Tu párrafo podría comenzar así: "Como resultado de esta decisión crítica de casarme y ponerme a trabajar, creo que esperé que todo fuera fácil para mí después de esto. No me esforcé en construir una 'red de seguridad' ante la eventualidad de perder el trabajo y comencé a vivir con base en suposiciones. Me volví irresponsable financieramente, creyendo que nunca iba a perder el empleo y podía esperar aumentos de sueldo. Mis expectativas crecieron y crecieron." Permite que tu escritura hable de las consecuencias de tu decisión. ¿Qué tanto te marcó?

6. *Escribe cómo y por qué crees que la decisión crítica cla-rificó o distorsionó a tu yo auténtico.*

La misión es determinar si la decisión crítica te alejó o acercó a tu *yo* auténtico. ¿Contribuyó a tu alegría, paz y satisfacción? O como consecuencia de esa decisión, ¿perdiste a alguno de estos elementos? ¿Qué aprendiste de ti mismo como consecuencia de esta opción? Escribe un párrafo breve que lo describa.

7. *Revisa tu interpretación de, y reacción a, la decisión crí-tica. Decide si crees que tu interpretación es acertada, o no lo es.*

Analiza tus reacciones a la decisión crítica utilizando el beneficio del tiempo, objetividad, madurez y experien-cia. Quizá alguna decisión crítica de la que siempre te has lamentado haya sido transformada, en tu percepción, en algo que nunca fue. Tu párrafo deberá contestar las siguientes preguntas: ¿Ha sido acertada mi interpreta-ción? ¿He exagerado o distorsionado el suceso?

A estas alturas, debes de haber completado un paquete de siete ejercicios para cada una de las etapas de edad que men-cionamos anteriormente. Ahora regresa, vuelve a ver esas etapas y decide qué etapa quieres hacer ahora. Cuando lo decidas, pregúntate: ¿Tomé alguna decisión crítica en esta etapa de mi vida? Aunque tengas dudas, quiero que contes-tes la pregunta número uno y subsecuentes. Recuerda el en-foque del capítulo: Vas a terminar la tarea una vez que "auto-audites" un total de siete decisiones críticas.

6

TUS CINCO PERSONAS "CLAVE"

*Aquél que sólo busca el aplauso del público,
deposita su felicidad en los demás.*

OLIVER GOLDSMITH

El miedo autoinducido y la determinación autodestructiva que muestran tantas personas al suprimir su *yo* auténtico es para mí una fuente interminable de asombro. Cuando piensas en la energía vital que destinan las personas en negar quiénes son y en vivir como no son, no puedes sino asombrarte por la enorme tragedia que esto representa. ¡Qué desperdicio de talento y energía! Conforme nos vamos sumergiendo en las complejidades de la vida adulta y tratamos de "bailar" para tantos maestros, nuestra energía vital se drena más y más. En la vida compleja que creamos con hijos, padres, pareja, trabajo, iglesia y amigos, parecería que estamos tratando de sostener *diez* "pelotas de playa" bajo el agua al mismo tiempo. Tratar de ser tantas cosas para tantas personas puede desgastarte hasta dejarte como un guiñapo. Tú eres lo que eres y, mientras más trates de ignorar esta realidad, mayor va a ser el costo que vas a tener que pagar. Tú puedes ser tu peor enemigo al generarte un quiebre físico y emocional. Te desconectas de tus seres queridos, presentas fatiga física y mental, frustración y disturbios internos. Como si no hiciéramos un buen trabajo al perder el contacto con nuestro *yo* auténtico, saboteando nuestras vidas al conformarnos con lo que no queremos, frecuente y desafortunadamente recibimos "asistencia" de aquellos con quienes nos cruzamos en el camino. Estos "asistentes" son a los que yo denomino las personas "clave" de tu vida. Es probable que entre estas personas se encuentren tus papás, pareja o hermanos. Quizá sean tus maestros, amigos o compañeros de trabajo. El hecho es que estas personas están en tu vida, y mientras que algunas de ellas son influencias realmente positivas, otras son terriblemente negativas. Pero no te equivoques: algunas otras personas tienen una profunda influencia en la formación y el contenido del concepto de ti mismo. Incluso, estas personas pueden determinar si vas a vivir tu vida de manera congruente con tu *yo* auténtico en lugar de vivir una vida impostada, controlada por el *yo* ficticio que ha golpeado a tu verdadero *yo*.

Tú te has topado con cientos, quizá miles de personas que te han marcado de alguna u otra manera; sin embargo, los estudios nos muestran que sólo han sido *cinco* personas clave las que han dejado una huella indeleble en el concepto de ti mismo y, por lo tanto, en la vida que vives. Nuestra meta en este capítulo es identificar y examinar a estas personas y el papel que desempeñan en tu vida.

En uno de mis seminarios, hace ya algunos años, estaba sentada una mujer de unos 60 años y su apariencia era la de una persona exitosa. Mi primera impresión fue que ella debía ser una mujer sólida o "dura", una mujer poderosa. Parecía como si se hubiera detenido en el seminario de camino a una junta de consejo. Era un seminario de fin de semana, pero ella había decidido no vestirse de forma casual, como lo ameritaba el evento. Su traje sastre era de un corte impecable, estaba recién planchado y se veía muy caro. Cada cabello blanco parecía estar en su lugar, peinado con cuidado, en el salón de belleza. Sus manos estaban muy bien cuidadas y en su muñeca brillaba una pulsera de diamantes. Pero quizá lo más impactante fue que los dos primeros días del seminario no pronunció una sola palabra. El programa estaba diseñado para ser un viaje de autodescubrimiento y autorevelación altamente participativo. Sin embargo, no importaba qué tan participativo fuera el grupo y qué tan intensas se pusieran las cosas, la señora se mantenía estoica, con las manos dobladas sobre su regazo, la mandíbula apretada y los ojos grises, evitando el contacto con los demás. Cuando pedí que participaran todas las personas del grupo, decidí saltármela a ella. Era obvio que no iba a decir una sola palabra hasta que estuviera lista.

Alrededor de las 10:30 de la mañana del tercer y último día, después de una serie de conmovedoras y "liberadoras" revelaciones realizadas por personas del grupo, hubo un receso mientras nos preparábamos para la siguiente fase de la sesión. Fue en medio de esta pausa cuando la mujer se puso de pie, lentamente. Todos dejamos de hacer lo que estábamos haciendo y volteamos a ver a Claire, nuestra silenciosa dama de desapegada compostura. Intuimos que íbamos a escuchar algo de vital importancia. Claire colocó las manos en el respaldo de la silla que se encontraba delante de ella, apretándola con tal fuerza que sus nudillos se pusieron blancos. Finalmente, con la vista clavada al frente, habló.

"Sus manos eran muy pesadas", dijo con una voz que traicionaba a su aparente fortaleza. "Sus manos eran ásperas." Hizo una pausa. "Su correa, endemoniada."

Recuerdo que necesité mucha fuerza de voluntad para romper el hechizo que sin darse cuenta había lanzado sobre todos, pero la animé a continuar.

"Mi madre estuvo casada con un hombre que la golpeaba", dijo. "Yo siempre estuve aterrada, tenía tanto miedo de que él la fuera a matar. Quería ayudar. Quería hacer que se detuviese, pero no podía. Él me hacía sentar en una silla de bejuco a observar mientras la golpeaba con los puños, el cinturón y, algunas veces, con el palo de una escoba con el que, una vez que yo no estuve presente, le rompió una pierna. Decía que lo hacía para que yo aprendiera 'algo de respeto'."

"Algunas veces, mi madre me miraba a través de sus ojos hinchados y sacudía la cabeza, diciéndome que no me moviera o que no tratara de involucrarme. Ella sabía que yo estaba en peligro. Tenía miedo de que yo lo provocara y que dirigiera su enojo hacia mí. Una vez me lancé sobre mi madre llorando y suplicando que por favor se detuviera; inmediatamente comenzó a golpearme a la par que golpeaba a mi madre. Me sentí tan inútil. ¡Mi madre y yo no éramos capaces de defendernos, teníamos que aguantar y aguantar! Yo era una chiquita cuando todo esto empezó, tenía sólo siete años. Hoy tengo 74 años y aún puedo sentir el miedo. Se me sigue secando la boca y se me revuelve el estómago cuando recuerdo lo que pasó."

Se le empezaron a escurrir las lágrimas y su voz se llenó de tanto dolor que fue difícil escucharla.

"Él me golpeó durante los siguientes catorce años. Nada era demasiado pequeño o poco importante para que se encolerizara. Me golpeaba con una correa en la parte trasera de los muslos y en las nalgas, hasta que sangraba. Y mientras me golpeaba, gritaba vulgaridades: '¡Eres una hija de perra, todo es tu culpa! ¡Me vuelves loco con tus quejas y lloriqueos y dilapidas el dinero! ¡Te odio por lo que me has hecho! ¡Espero que ahora sí estés feliz, eres una putita sucia!'"

"Me sentía tan culpable. Durante días no probaba alimento, porque sabía que nuestros problemas se debían a que yo costaba mucho. Nunca invitaba a mis amigas a la casa, porque estaba aterrada de lo que podía suceder. En la escuela hacía hasta lo imposible para esconder mis piernas. No iba a dejar que alguien viera las marcas del cinturón en mis piernas.

"Es extraño decirlo, pero por él aprendí a retraerme de mi cuerpo. Cuando me golpeaba, yo me quedaba acostada boca abajo, con la cara enterrada entre las manos, y era como si de alguna manera yo no estuviera ahí. Era tan humillante, tan degradante, que necesitaba 'escapar' aunque fuera en mi mente. Dejé de estar presente. Era como si mi *yo* verdadero sobrevolara encima de la cama, observando lo que sucedía."

Parada ahí, sola, de pronto se veía sorprendentemente frágil y pequeña. Por primera vez, volteó a ver al salón. Nos estudió a cada uno de nosotros, cara por cara, como si acabara de leer un reportaje en otro idioma y necesitara saber si alguien había entendido. Buscó el juicio que estaba esperando en caso de que su secreto se supiera. Dejó caer la cabeza en signo de vergüenza, deseando recuperar la verdad que había guardado con tanto cuidado durante las últimas seis décadas de su vida. Otro participante, una mujer sentada en la misma fila, se le acercó y le puso una mano sobre el hombro como gesto de consuelo. Ella al principio se tensó y después se relajó un poco.

"Hice un negocio exitoso", dijo finalmente. "Comerciamos con residuos de metal y nos va muy bien. Durante 60 años he manejado las crisis emocionales saliéndome de mí misma, retrayéndome. He sido inaccesible emocionalmente para mis hijos. Su padre me dejó poco tiempo después del nacimiento del más pequeño. Estoy aquí porque mis hijos me rogaron que viniera. Ellos no saben por qué siempre he sido tan fría, como ellos dicen. Hoy estoy aquí por ellos. Y por mí. No quiero morir de esta manera, sin haber sentido algo nunca, sin haber vivido, sin haber compartido.

"He estado desconectada emocionalmente por 60 años"; después susurró: "Voy a cumplir los 65 en julio. Por favor, Dios, que alguien me ayude a liberarme de este peso terrible. Ha sido tanto tiempo. Ésta es mi *última oportunidad*."

Ésa fue la primera parte del conmovedor viaje de regreso de Claire hacia su *yo* auténtico. A lo largo de las restantes horas del seminario y después, en una sesión, nos enfocamos en enseñarle a bajar la guardia. A los pocos minutos de sus primeros comentarios al grupo, cada persona se le había acercado y fueron colocándole una mano sobre el hombro o abrazándola en un gesto solidario —actos de bondad física en lugar de dolor—; entonces ella comenzó a responder, primero con miedo y después con aceptación. Hubo lágrimas, murmullos de aliento y abrazos silenciosos; ella empezó a "conectarse" con su *yo* auténtico de forma muy poderosa. Le enseñamos que podía ser vulnerable con las personas que no la iban a lastimar. Le ayudamos a ver que no debía sentirse avergonzada de acciones en las cuales ella no había participado y por las cuales no era responsable. Con el tiempo, ella descubrió que no debía adueñarse de la patología de su padrastro y "dividirse" en una personalidad separada. Ella aprendió que podía retomar su poder y quitárselo al hombre que controló su vida de forma cruel mientras vivió y que, aun muerto, la seguía controlando.

El epílogo de la historia: Una vez que recuperó su *yo* auténtico, fue como si las compuertas de una presa se hubieran abierto. Años de afecto contenido. Su don innato para amar y cuidar de los demás estalló dentro de ella. Sus hijos, regocijados, recibieron a una madre que no conocían. Ella se convirtió en voluntaria en los seminarios subsecuentes y su pasión era algo digna de verse. Su propia experiencia le indicaba quién de los presentes tenía una gran resistencia, quién era el más "frío", el más necesitado, y ella se dedicaba a estas personas como si fueran su proyecto personal. Seminario tras seminario, ella se convirtió en una especie de mamá gallina, cacareando, abrazando y amando a las almas más duras hasta que se derretían. No importaba que tan desconectados estuvieran, que tan atorados o amargados, ella no los soltaba. Ella sabía, por experiencia propia, a dónde se iban y ella iba tras ellos. Ella no iba, por ningún motivo, a dejar a nadie atrás.

Lo que demuestra la experiencia de esta mujer es que, así como nuestro concepto de nosotros mismos está moldeado por una serie de momentos determinantes y por un número de decisiones críticas, también puede ser influido por un puñado de personas clave cuyas acciones retumban, para bien o para mal, a lo largo de nuestras vidas. En su caso, un enfermo y depravado padrastro echó a andar su retraimiento de la vida. Su brutalidad causó que ella cerrara de golpe la ventana emocional. De forma trágica y totalmente indeseable, se convirtió en una persona clave en el desarrollo de su concepto de sí misma. Él enterró a su *yo* auténtico dentro de un *yo* anteriormente marcado por la fresca y joven esperanza, el optimismo y la alegría. Él lo enterró debajo de una barrera de crueldad y de rechazo, negando su valor y usándola para desahogar su mente y corazón enfermos. Él se convirtió en una persona clave, envenenando a una niña tan pequeña e impresionable de forma tan profunda que la cambió de por vida, casi. Cada persona que ha vivido, tú estás incluido, tiene una pequeña lista de personas clave. Una vez reconocida, una vez identificada la fuente de tan poderoso impacto, los efectos que estas personas han tenido sobre ti se pueden afrontar, pero no será hasta que tú seas honesto acerca del papel que han representado en tu vida.

También puede ser que las personas clave de tu vida sean quienes te alientan en momentos críticos, aquellos que te ofrecen oportunidades que no conocías, aquellos que te ayudan a esclarecer los problemas que creías que no tenían solución. Pueden ser personas que surgen en momentos críticos con grandes actos de valor y de apoyo o que pueden, en un millón de formas, demostrarte amor y preocupación. Algunas veces son aquellos que reconocen en ti un talento en particular y te ayudan a desarrollarlo. Incluso pueden ser personas a quienes no conoces muy bien o a quienes has visto a la distancia, pero cuya forma de vivir inspira a llevar tu vida de la misma manera. Pueden ser las personas que te aman en los momentos en que no eres fácil de amar.

Puedes encontrar a personas clave en los lugares o en las etapas más inesperados de tu vida. Ellas pueden ser personas cuya influencia esté relacionada con la autoridad que ejercían, de forma cálida y responsable, durante tus años de crecimiento. Por otra parte, pueden incluir a alguien con quien te encontraste hoy. La influencia que han tenido en tu vida puede ser el resultado de años de dirección firme, durante todos los días, o puede ser el resultado de un solo acto que incluso a ellos les costaría trabajo recordar. Quizá pasaron por tu vida por un periodo corto antes de irse como llegaron; sin embargo, tú conservas los efectos del encuentro.

He observado que las personas exitosas —me refiero a las personas que viven vidas plenas, bien balanceadas y satisfactorias—, tienden a identificar más héroes, modelos a seguir, entre sus cinco personas clave. En contraste, las personas que han vivido vidas dolorosas tienden a señalar a aquellos cuya influencia fue igualmente determinante, igualmente dramática, pero que eran sus torturadores. Es también posible, y de hecho bastante común, que una persona exitosa le atribuya una gran cantidad de características positivas a una persona cuya influencia fue en un momento negativa o destructiva, sin embargo, la persona acomodó o adaptó la experiencia negativa de forma sana y positiva. En otras palabras, algunos de los cretinos en tu vida pueden haberte endurecido; pueden haberte dificultado el escape y en el proceso tú pudiste haber llegado a apreciar las alternativas significativas. No quiero decir: "¿Ves?, todo valió la pena. ¡Te formó el carácter, deberías darles las gracias!" Eso es una mentira absoluta. La crueldad y el dolor no son herramientas legítimas de enseñanza, sin importar cuánto te hayan endurecido o lo comprometido que te hayan vuelto. Lo que estoy diciendo es que los problemas que te fueron inflingidos por ciertas personas clave, pueden, después de algún tiempo, haber probado y refinado algunas de tus mejores características. La "colegiatura" fue muy alta, pero si éste es el caso en tu vida y aprendiste a sacar valor del dolor, entonces quizá ya le encontraste el sentido a tu sufrimiento.

Con todas estas consideraciones en mente, responde: *¿quiénes son las cinco personas clave en tu vida? ¿Quiénes son las cinco personas que han moldeado el concepto de ti mismo que controla tu vida hoy en día, tanto positiva como negativamente? ¿Quién ha escrito en tu "pizarrón"?*

Mientras meditas estas preguntas, sería bueno que revisaras lo que has escrito en los capítulos anteriores sobre los momentos determinantes y las decisiones críticas. Las respuestas que ahí se encuentran pueden revelarte quién pertenece a tu lista de cinco personas clave. En caso de que no sea así, quizá las asociaciones mentales o las conexiones que son desatadas por esos escritos puedan evocarte algunos nombres.

Es factible que este ejercicio te parezca muy fácil; o que te cueste trabajo restringirte a cinco nombres. Acuérdate de lo que estás buscando: personas que han tenido un papel único y sustancial en crear la persona que eres hoy. Imagínatelos como cinco eslabones de la larga cadena que te ha llevado a ser quien eres el día de hoy. Cada eslabón de la cadena es un elemento crítico. En otras palabras, si alguna de estas personas fuera eliminada de tu cadena serías alguien considerablemente diferente, una persona a la que no podrías reconocer.

De la misma manera que lo hiciste anteriormente, toma tu diario y date un tiempo a solas para poder escribir. Vas a necesitar estar relajado y concentrado mientras haces lo siguiente:

1. Escribe el nombre de una persona clave en tu vida.

2. En dos secciones separadas, debajo del nombre de la persona, escribe primero una descripción de las acciones de esa persona y después la influencia que ha tenido sobre ti.

En la primera sección, identifica, lo más detallado posible, las conductas o comportamientos de la persona que estás considerando como clave. Debes utilizar "verbos activos" para ser lo más concreto posible; por ejemplo, Claire, mi participante del seminario, podría escribir: "Durante catorce años, mi madre y yo fuimos apaleadas con un cinturón, lo que destruyó mi sentido del *yo*, mi valor y mi dignidad"; otra persona, escribiendo acerca de un amigo, podría empezar por escribir: "Ella me amaba y me cuidaba en los momentos en los cuales yo no era susceptible de ser amada.

Ella llegó a mi puerta cuando todos se iban. Ella estuvo a mi lado cuando hubiera sido más fácil no estarlo." Escribe tan extenso y detallado como lo necesites o puedas. Te va a sorprender lo que fluye de tu pluma.

En la segunda sección, describe los efectos que le atribuyes a esa acción. ¿Qué consecuencias han fluido directamente de la persona clave a la persona que eres tú hoy por hoy? Como ejemplo, podrías decir: "Porque no podía soportar la humillación y el dolor, me desconecté de la vida y me retraje de cualquier cosa que involucrara mis emociones, incluso cuando mi marido y mis hijos anhelaban a mi ser emocional." O: "Sus palabras de aliento, ofrecidas de forma espontánea y siempre desprovistas de juicios, me han llevado a creer que algo en mí debe valer la pena de ser amado, porque si no una persona tan grandiosa como ella no hubiera estado ahí para mí. Ella me dio la paciencia para sobrepasar algunos de los momentos más difíciles que he vivido, y he tratado de emular su carácter en las cosas que hago hoy por hoy."

El valor de este ejercicio depende de que tú le des voz a las conexiones y consecuencias que quizá nunca has expresado en palabras. Con esto quiero decir que la *relación causa-efecto* entre los comportamientos de cada una de tus personas clave y los resultados en tu propia vida y concepto de ti mismo demandan tu completa atención mientras escribes. Ésta es información a la cual vas a tener que recurrir al avanzar con este libro, así que tómate el tiempo necesario para hacer una evaluación honesta y completa al escribir sobre cada una de *tus cinco personas clave*. No tengas miedo de reconocer el efecto que ha tenido en tu vida una persona clave. No te estoy enseñando a jugar el papel de la víctima y a culpar a los demás por la persona en la que te has convertido. Pronto vamos a lidiar con tu capacidad de retomar el poder que es tuyo, pero, por el momento, debes darte cuenta de que no puedes cambiar aquello que no reconoces. Sé honesto, o vas a permanecer atorado eternamente debido a un mal diagnóstico del cáncer que está corroyendo a tu *yo* auténtico.

Tus personas clave no pueden ser encasilladas fácilmente. Es posible que alguien haya tenido una influencia profundamente negativa en tu vida y al mismo tiempo posea cualidades que aprecias y admiras. Por ejemplo, recuerdo a una paciente diciéndome cuanto admiraba a su padre por su extraordinaria ética de trabajo, su voluntad de tener dos o tres trabajos diferentes para así poder mantener a su familia. Él había llegado a Estados Unidos sin saber casi nada de inglés, con muy poco dinero y sin una "red de apoyo" que pudiera ayudarlo; sin embargo, en unos cuantos años había asegurado un nivel de vida cómodo y seguro para su mujer y sus tres hijas. Por otra parte, ella me dijo que su padre había sido rudo y difícil. Ya como adultos, las tres hermanas descubrieron que a ninguna le había dicho nunca que la amaba. (Yo te juro que no importa qué tanto se los haya demostrado, cada una de esas niñas lo necesitaba haber escuchado.) Más aun, las expectativas académicas y profesionales que él había depositado sobre ellas eran increíblemente abrumadoras, generando un estrés físico y emocional con el que cada una de las tres hijas seguía lidiando una vez entradas en la madurez.

Esta mujer tenía gran gratitud y admiración por los sacrificios de su padre, y por la vida que él le había dado. Al mismo tiempo, puedo decir que él va a ser siempre la primera persona en su lista de personas clave, tanto porque la impulsó incasablemente como porque no le dio el cariño que ella necesitaba y que aún sigue deseando el día de hoy.

Otra posibilidad es que la vida de la persona clave dé un giro inesperado. Pongamos como ejemplo a una madre alcohólica y abusiva que ha colmado toda la niñez de su hija con terror, soledad e inestabilidad. Sin embargo, cumple exitosamente con un programa de rehabilitación y mantiene su compromiso de mantenerse sobria. Dándose cuenta del trauma que ha creado en su hija, la madre busca la forma de componer la relación; ella pide el perdón de su hija y hace todo lo que está en sus manos para convertirse en la madre que ella hubiera querido ser para su hija. En esas circunstancias, la hija puede decidir que su madre ha sido una persona clave por razones totalmente positivas. Ella no puede ignorar los años oscuros en que sufrió. Recuerda vívidamente el dolor que le causó su madre. Pero nada de esto debe evitar que la hija identifique a su madre como persona clave, si ésa es la conclusión a la que llega acerca del amor y del carácter que su madre le ha demostrado.

La lección es que tus personas clave pueden ser admirables de muchas formas; sin embargo, pueden haberte influido de forma negativa. De manera similar, una persona cuya vida ha estado plagada de malas acciones puede haberte influido de manera positiva. No debes de pensar que "clave" significa algo 100 por ciento negativo o 100 por ciento positivo.

No te muevas hasta que hayas escrito las respuestas para ambas secciones descritas anteriormente, así como para cada una de tus cinco personas clave.

Ha llegado el momento de hacerte una pregunta clave: ¿estabas *tú* en la lista de tus cinco personas clave?

En caso de que no sea así, ¿por qué no? Si tu nombre no aparece en tu lista, considera lo que eso significa. Quiere decir que tu concepto de ti mismo ha sido moldeado principalmente por otras personas. En consecuencia, tú le atribuyes tus cualidades y características fundamentales a las acciones y comportamientos de otros. Para bien o para mal, tú has cedido tu poder, se lo confiaste a alguien más. Quizá esa persona ha sabido cuidar lo que tú le confiaste. Quizá no.

¿No te parece lógico que tu nombre aparezca en la lista de cinco personas clave? Que ésta sea tu meta por lo que resta de este libro. Estás a punto de llegar a la zona donde radica tu mayor poder. Conforme has avanzado, has adquirido una serie de herramientas que pueden mejorar de manera dramática tu experiencia de vida; piensa en lo que estás haciendo para convertirte en una persona clave. Te estoy animando a que des los pasos necesarios para ponerte a ti mismo al principio de la lista, que seas la primera persona dentro de la alineación de los que han determinado y van a seguir determinando el curso de tu vida.

Introducción a los factores internos

Hemos reconocido al enemigo, se encuentra dentro de nosotros.

WALT KELLY EN EL PAPEL DE *POGO*

Si has realizado de manera honesta e íntegra los ejercicios de los capítulos anteriores, entonces ya conoces bastante de tu historia. Al terminar el inventario de los factores externos —momentos, decisiones y personas— que han afectado profundamente quién eres hoy, has avanzado a pasos agigantados en el camino para comprender el concepto de ti mismo.

También debo de reconocer que, en este punto, debes estar conmocionado. Te debe estar doliendo mucho. De hecho, sería muy extraño que al completar la exploración de los factores externos no sintieras nada. Se debe a que conforme revisitas tus momentos determinantes, decisiones críticas y personas clave, lo más probable es que te enfrentes a un gran número de fuentes dolorosas que tienes en tu vida.

Pero ánimo. Has tocado el fondo; ahora viene el poder. Significa que tus factores externos son lo que son: ya sucedieron y ya pasaron. Tú no puedes cambiar la historia. Pero *sí* puedes cambiar la respuesta a tu historia. Lo que estás a punto de aprender acerca de los factores internos te va a dar el poder que necesitas para realizar los cambios.

Ya que es una ley de vida el que no puedes cambiar aquello que no reconoces, es importante que aprendas, precisamente, cómo está conformado tu concepto de ti mismo y qué es lo que estás haciendo para acrecentarlo o contaminarlo todos los días. Así como acabas de examinar los factores externos que han influido el concepto de ti mismo, ahora te corresponde hacer una auditoría detallada de tus factores internos: Cómo has reaccionado internamente a los eventos cruciales y la forma en la que tiendes a aproximarte al mundo en general.

Ya lo he dicho con anterioridad: Tú no respondes a lo que sucede en el mundo, sino a tu interpretación de lo que está sucediendo. Estas interpretaciones —tus percepciones y reacciones— son el estímulo al cual has respondido, y no a los eventos que han sucedido realmente en tu vida. Estas interpretaciones pueden adoptar miles de formas diferentes. Pueden ser inmediatas y pasajeras, o bien pueden ser perennes y profundamente arraigadas. De cualquier forma, han contribuido a esa cadena de eventos que ha concluido en el concepto de ti mismo y debes entender que, al examinar el concepto de ti mismo, no te puedes saltar un eslabón de la cadena.

Supongamos, por ejemplo, que te despidieron de un trabajo. ése fue un evento externo ante el cual tuviste una reacción interna. Es esta reacción interna al despido lo que influye en el concepto de ti mismo, no el despido en sí. Imaginemos que tu reacción interna es: "Oye, de verdad odié que me despidieran del trabajo: no estuvo bien, no estuvo nada bien. Pero, desde mi corazón, sé que hice un buen trabajo y que soy una persona talentosa. Esto simplemente no funcionó. Fue, sin embargo, una experiencia de aprendizaje y la voy a usar a mi favor para no repetirla en mi próximo trabajo." Estás siendo realista; sin embargo, es muy probable que tu concepto de ti mismo no sufra un gran golpe. En el otro extremo tu reacción interna sería: "Soy un perdedor. La eché a perder y me dieron lo que merecía. Ese trabajo era demasiado bueno para mí y era más de lo que yo podía manejar. Lo que pasó es que me descubrieron." Con esta reacción interna, el concepto de ti mismo definitivamente va a sufrir.

Un evento externo, dos resultados muy diferentes. Estas diversas reacciones internas crean la posibilidad de dos tipos de efecto sobre el concepto de ti mismo. Mi punto es: tú no respondes a lo que te sucede externamente, sino a lo que interiorizas de lo sucedido. Esto quiere decir que tienes un enorme poder para influir y controlar el concepto de ti mismo. Es tu diálogo interno, la conversación en tiempo real que tú tienes contigo acerca de ti. Tienes que ser honesto contigo mismo, pero sí tienes alternativas y, antes de que terminemos, vas a aprender a usarlas de forma constructiva. En conclusión: ya de por sí es una calamidad que te sucedan cosas malas, pero esto se convierte en un desastre si las mismas terminan contigo castigándote a ti mismo.

La clave para comprender las respuestas internas radica en saber dónde buscarlas y qué preguntas hacer. Y esto es justo lo que vamos a hacer en los siguientes capítulos, en los cuales vamos a examinar cinco categorías de actividad interna:

- Centro de control

- Diálogo interno

- Etiquetas

- Grabaciones

- Creencias fijas y limitantes

Anteriormente te di un bosquejo de cada una de las categorías de actividad interna, pero sin mucho detalle. En los siguientes capítulos vamos a "profundizar" en cada una de estas categorías, aplicándolas con tanta precisión como sea posible a tus circunstancias particulares. Vamos a averiguar la naturaleza exacta de tu contenido personal en el nivel consciente e inconsciente. Y vamos a lograrlo con la precisión de una observación independiente y estructurada. Recuerda, estos factores internos son la sede de tu verdadero poder; aquí es donde radica la oportunidad de incidir en el concepto de ti mismo. Pon mucha atención, ya que esto no es solamente un juego de semántica. Aquí es donde las llantas tocan el pavimento del camino para controlar el concepto de ti mismo y, por ende, tu vida.

Necesitamos empezar por aclarar lo que para muchas personas es el punto de confusión. Cuando yo empiezo a hablar de los factores internos, tu reacción lógica puede ser: "Me estás pidiendo que examine mi forma de pensar acerca de mi forma de pensar", lo cual suena como una buena receta para lograr un dolor de cabeza. Puede parecer muy circular e imposible de hacer. Créeme, no lo es. No te voy a mandar a la cima de la montaña sin un mapa al pedirte que te contemples a ti mismo y a tu esencia. Lo que *sí* voy a hacer es plantearte preguntas muy específicas una y otra vez, y te voy a pedir que escribas las respuestas en el diario privado. El que escribas las respuestas es de gran importancia, ya que ellas te dan un toque de objetividad. La confusión surge cuando tratas de observarte a ti mismo y a tus pensamientos sin escribirlo; es como si trataras de ver tu propio rostro sin un espejo —lo cual sí te va a causar un dolor de cabeza, te lo juro. En contraste, cuando escribes tus respuestas, éstas te dan una perspectiva externa de los eventos internos. Tus escritos se van a convertir en el espejo que refleja lo que está sucediendo dentro de tu mente y tu corazón.

Hay otra preocupación que necesitamos resolver de inmediato. Tú puedes estar pensando: "Oye, yo no pienso tanto en mí mismo. Quizá no soy tan inteligente, pero no creo que exista tanta actividad dentro de mí."

¡Pues estás equivocado! Te garantizo que toda esta actividad mental sí está sucediendo dentro de ti, pero parte de esto (no tu diálogo interno, ése sucede en tiempo real) puede acontecer tan rápido, de forma tan repetitiva, que es virtualmente automático. Cuando has repasado un proceso muchas veces, ya no lo desmenuzas en pasos o pensamientos de forma consciente.

Por ejemplo, piensa en tu automóvil. Ya no piensas lo que tienes que hacer para manejarlo. Ni siquiera tienes que buscar o pensar en dónde vas a poner la llave. Hay memorias musculares y hábitos que están tan grabados en ti que haces las cosas de forma automática. Lo mismo es cierto para tus pensamientos. Puedes pasar por etiquetas, grabaciones y creencias fijas o limitantes a una velocidad increíble. Puedes pensar en una serie de auto observaciones y juicios más rápido de lo que puedes parpadear. Esto sucede tan rápido que ni siquiera eres consciente de que lo estás haciendo.

Para captar la forma en la que los factores internos te afectan, debes comprender su velocidad, qué tan automáticos pueden ser. Un buen ejemplo de estos pensamientos automáticos y ultraveloces es quien le tiene fobia a las víboras. Me refiero a las personas que se desmayan ante la idea de una víbora, que harían hasta lo imposible por escapar de cualquier circunstancia en la que una víbora esté involucrada. Su miedo es tan debilitante que puede llegar a paralizarlos.

Si sentaras a esta persona y le pidieras que te dijera todas las cosas que son aterradoras y odiosas de las víboras, te diría: "¡Son terribles! Son criaturas del demonio viscosas y malignas. Son capaces de morder, envenenar y matar. Tienen los ojos del diablo. Son frías y rastreras. ¡Se arrastran adentro de tu boca y luego salen por los ojos! Te hacen gritar, llorar y orinarte en los pantalones. Son criaturas simplemente horribles, frías y pegajosas."

Estos enunciados son las grabaciones que tiene esta persona sobre las serpientes. Ahora, supongamos que mientras esta persona está sentada, tú, de pronto, le vacías una cubeta llena de serpientes en los pies. No habría tiempo suficiente para procesar todas las palabras: "Me asustan. Pueden morder y matar. Tienen los ojos del diablo." No sería capaz de pensar tan rápido como tú bien lo sabes, ya que has visto o experimentado una situación similar.

En el instante en el que hubiera percibido la realidad física de la víbora, hubiera gritado: ¡víbora! Perdería el control racional. Entraría en estado de fuga; realizaría el mayor esfuerzo por salir de ahí lo antes posible, metiéndose debajo de la mesa o saltando por la ventana y lastimándose en el proceso. El punto es que el término víbora es un resumen del cúmulo de creencias que ha interiorizado acerca de las víboras. El término se convierte en un símbolo que representa todo un conjunto de miedos de las víboras, para que así no tenga que repasar toda una lista de cinco o diez párrafos acerca de su maldad. Lo único que necesita registrar es "víbora" y actuar en consecuencia. Este símbolo está sobreaprendido y actúa de forma tan rápida que el cuerpo y la mente cambian a piloto automático. Lo mismo se aplica a ti. Sólo que en lugar de "víbora" tu término puede ser "perdedor", "prisionero" o "inútil".

Cuando digo "sobreaprendido" me refiero a que la reacción y el pensamiento se convierten en una especie de taquigrafía. Es parecido a la forma en la que los prisioneros se cuentan chistes mientras están en prisión. Los cuentan una y otra vez; los repiten tanto que desarrollan una especie de taquigrafía para cada uno de los chistes: pueden resumir un chiste de diez minutos al decir un número con el que todos están familiarizados. Cuando un prisionero grita "cuarenta y uno", todos se ríen; otro dice "veintinueve", y se vuelven a reír. Ellos saben lo que significa cada número. Por medio de la repetición, los chistes se han ido condensando hasta convertirse en términos resumidos y la información colectiva es automáticamente cifrada en una palabra o número.

Peggy, una amiga mía, se sentía orgullosa por ser independiente y por haber creado ella sola un negocio muy exitoso. Un día se acercó a mí en busca de ayuda, ya que quería estar lista para su *quinto* matrimonio. Me confesó que estaba totalmente enamorada de su futuro marido, pero que también había estado completamente enamorada de sus cuatro maridos anteriores y las cosas no habían funcionado. Le aterraba la posibilidad de volver a tener otra relación desastrosa y pensaba que quizá con la ayuda de unos buenos consejos, algo que no hubiera escuchado antes, ella estaría mejor preparada para lograr que este matrimonio funcionara.

En lugar de aconsejar a Peggy, primero le pedí que se calmara y se relajara. Después le pedí que cerrara los ojos y se imaginara casada con su futuro marido, que me dijera cuáles eran los mensajes que estaban dentro de su cabeza. Una vez que Peggy comenzó a escuchar su actividad mental interna, me empezó a decir cosas como: "Espero estar equivocada y que Harry no sea tan débil como mi padre y me pueda mantener. Harry es un hombre muy dulce, pero me pregunto qué tan inteligente es, porque su trabajo parece tan común. Estoy segura de que las cosas van a salir bien, porque yo voy a hacer que salgan bien."

Yo fui escribiendo estas declaraciones conforme ella las iba diciendo y cuando estuvo lista para repasar la sesión, le pedí que las leyera. Se conmocionó por lo que había dicho y por sus miedos, creencias y actitudes tan obvias acerca de Harry. Estas grabaciones y miedos quizá no estuvieron presentes en sus relaciones anteriores, pero en ésta estaban, sin duda, claramente presentes. Claramente, al decirse a sí misma que Harry era un hombre débil como su padre, estaba esperando que la desilusionara y entonces tendría que ser fuerte, se estaba previniendo para no ser vulnerable ante un marido a quien no podía respetar. Lo más probable, si retenía estos mensajes, es que se enfilara derechito a otro divorcio. Todo esto ocurría tan rápido dentro de su cabeza que no tenía la menor conciencia de que se estaba predisponiendo a sí misma para el fracaso. ¿Qué tal tú? Tú también tienes pensamientos automáticos, pero no sólo acerca de las víboras y los esposos (que por cierto *no* son la misma cosa). También posees estos pensamientos de alta velocidad y las reacciones internas, que están tan sobreaprendidas y suceden tan rápido que no eres consciente de la manera en que afectan tu comportamiento y el concepto de ti mismo. Debemos desacelerar estos pensamientos para escucharlos con cuidado.

Surge la siguiente pregunta: ¿si estos pensamientos suceden repentinamente, que puedo hacer al respecto? La experiencia de Peggy nos ofrece algunas respuestas. Entre las habilidades de los seres humanos está la de aplicarle a nuestra mente la cámara lenta, para que todo entre en un ritmo lento y lo puedas escuchar y escribir. La manera de hacer esto es, primero, estar en un profundo silencio y quietud; segundo, responder a las preguntas difíciles sobre tu manera de pensar y, finalmente, organizar las creencias sobre ti mismo en áreas y categorías específicas. Al hacer esto confrontas tus procesos internos. Empiezas a probarlos contra una pizca de realidad consciente. Una vez que hayas identificado lo que está sucediendo dentro de tu mente, podrás cambiarlo.

Yo creo que conforme realicemos esta auditoría interna, desacelerando nuestros pensamientos automáticos y registrando todo al escribirlo con el fin de crear una medida de objetividad, vas a estar sorprendido con la forma en la que te has predispuesto para pensar y sentir. Por medio de esta auditoría estás creando un acceso a las poderosas influencias del concepto de ti mismo. Vas a descubrir gran cantidad de elementos que se contraponen con tu *yo* auténtico y que son la base de la vida pasiva y reactiva que has vivido hasta la fecha.

Al poner un microscopio, una luz sobre estos eventos internos, puedes observar, evaluar y retar aquello que, hasta el momento, ha estado saboteando tu existencia desde tu interior. Para que puedas encontrar tu camino de regreso a tu *yo* auténtico debes tomar conciencia de estas percepciones internas. Debes aprender cómo tus procesos internos han generado un *yo* ficticio; solamente entonces podrás arreglar aquello que tiene una influencia negativa sobre el concepto de ti mismo. Si disminuye la presión del aceite en tu automóvil, el problema está en el motor y no en el medidor de aceite. Si estás viviendo una vida ficticia, los problemas están en tus reacciones internas, no necesariamente en los eventos que te han sucedido.

Los factores externos te retan constantemente. Se va la luz. Quien debe de arreglar las cosas llega tarde. No te promueven en el trabajo. Estos eventos pueden no parecer tan críticos cuando los vemos de forma objetiva, pero si tu reacción interna es lo suficientemente tóxica, te puede llegar a costar la salud. Te lo digo para asegurarme de que les des la debida importancia. Quizá no puedas cambiar lo que sucede en el exterior, pero definitivamente sí puedes cambiar tu forma de reaccionar e interiorizar las respuestas. Es una tarea que vale la pena hacer. Vamos a comenzar la auditoría y a identificar tus hitos de cambio.

7
Centro de control

La mejor manera de encontrar una mano que te ayude,
es buscar al final de tu brazo.

Proverbio sueco

Detente. Para que este capítulo valga la pena, necesitas primero hacer la tarea. Necesito que hagas las dos auto evaluaciones localizadas en el Apéndice A y el Apéndice B. Vas a descubrir que este capítulo es altamente interactivo, pero necesitas los resultados de esas pruebas antes de proseguir. Tómate todo el tiempo que necesites para responder las preguntas de ambas pruebas. Recuerda que una auto evaluación honesta es la llave. Vamos a trabajar con las respuestas de las dos auto evaluaciones, así que no hagas trampa y contéstalas. Una vez que hayas terminado con ambas pruebas, regresa aquí.

De acuerdo, si ya has resuelto las dos pruebas, estamos listos para empezar. En una de mis "vidas pasadas", antes de que recobrara el sentido y levantara la cabeza, yo ayudaba a dirigir una clínica de dolor en la cual tratábamos a personas con dolor crónico y físicamente debilitante. Una vez tuvimos a dos pacientes en el programa con perfiles impresionantemente parecidos. Los dos hombres era camioneros, los dos provenían del mismo pueblo, los dos estaban casados, tenían aproximadamente la misma edad y compartían el mismo diagnóstico: discos salidos en la baja espalda, con dolor severo que irradiaba hacia la parte inferior de la pierna izquierda. Los dos pacientes, aunque físicamente muy parecidos, resultaron ser dramáticamente diferentes en aspectos muy importantes y determinantes.

En su primera cita, Steven me habló de su batalla contra el dolor intenso y de su profunda depresión. Él, sin embargo, quería estar involucrado de forma activa en su tratamiento y me pidió que le diera materiales de lectura —libros, artículos, lo que fuera— que lo ayudaran a comprender su síndrome de dolor y a entender por qué y cómo era que continuaba sufriendo con esta enfermedad crónica que alteraba su vida. Dijo que el tratamiento médico no había sido exitoso y que creía que "existía algo que hacer para ayudarse a sí mismo". Después de una profunda y poco común sesión de preguntas, concluyó la cita de Steven y se fue a su casa, cargando todos los documentos que había solicitado.

A los diez días de su terapia, Steven me dijo que había llegado a dos conclusiones: primero, que su dolor emanaba de un desequilibrio crónico en sus músculos; y, segundo, que su problema muscular se mantenía presente por su estrés y desequilibrio emocional. Describió el estrés acumulado durante años por sentir que trabajaba en demasía y por la frustración provocada por el dolor. También me dijo que sospechaba que sus múltiples batallas contra la depresión se habían complicado por una historia familiar marcada por frecuentes batallas contra la depresión y la ansiedad.

Después dijo que estaba decidido, que él era capaz de revertir su condición al mejorar el desequilibrio de comportamiento emocional en su vida y, consecuentemente, la tensión muscular. Creía que estaba bajo su poder el romper el ciclo del dolor. Fiel a su predicción, regresó en unas semanas para reportarme que había logrado reducir su dolor a un nivel más moderado, a un nivel que describió como manejable. Un año después, en una consulta de seguimiento, Steven se veía alegre y relajado. Su dolor había mejorado aún más, hasta el punto donde lo describía como leve. Dijo que el dolor ya no tenía la intensidad para ser apreciado.

Sin embargo, Don, que tenía el mismo problema en la espalda, resultó ser un estudio de contraste. En su primera visita a la clínica, nos dejó muy claro que no estaba ahí por su propia voluntad. Que su esposa "no lo iba a dejar en paz" hasta que estuviera de acuerdo en ir, así que ahí estaba. Durante el resto de la visita, todo lo que dijo Don fue: "Me duele y quiero que alguien se encargue de este dolor. Los doctores que he visto son unos inútiles. Yo debería recibir un mejor tratamiento que el que he recibido hasta el momento." Pero lo que realmente me llamó la atención fue su comentario de despedida: "Si no fuera por mi mala suerte, yo no tendría nada de suerte. Primero se me friega la espalda. Después me tocan un montón de Ratones Miguelito en lugar de doctores"; sacudió su cabeza y dijo, "es la historia de mi vida, qué te puedo decir".

Después de esa primera visita, muchos del equipo de la clínica predijeron "cero mejoría" como resultado probable del cumplimiento de Don del programa de rehabilitación. Y estaban en lo cierto. En ningún punto durante el programa realizó algún tipo de esfuerzo por comprender o tomar las riendas de su condición. En lugar de "trabajar" con el problema, se quedó atorado. Simplemente decía que no podía hacer ningún otro tipo de trabajo, afuera o dentro de la casa. No sentía que nada aliviara su dolor. De hecho, su visión era que los tratamientos lo empeoraban.

Don concluyó que estábamos perdiendo el tiempo. Dijo que era obvio que le había tocado una "mala mano" en el juego de la vida, y que eso era todo. Finalmente, lo que obtuvo de su tratamiento fue exactamente lo que estaba buscando: nada.

Dos acercamientos diferentes. Dos resultados diferentes.

Probablemente, la pregunta que más se plantean los seres humanos es: ¿Por qué? ¿Por qué pasó esto o aquello? ¿Por qué no pasó esto otro o, si pasó, por qué ahora? ¿Por qué a mí y no a alguien más? ¿Por qué me pasó a mí este accidente en lugar de al coche de al lado? ¿Por qué no me dieron el aumento o me ascendieron en mi trabajo? ¿Por qué, por qué, por qué?

De todo lo que has leído hasta el momento acerca de los "factores internos", debe de ser claro que requieren mucha atención. Una gran parte de lo que te estoy pidiendo en este libro tiene que ver con sacar a relucir tus factores internos, hacer inventario de tus reacciones internas y de las interpretaciones de tus experiencias. Y para hacerlo bien, debes comprender, primero, el escenario mental particular con el que te aproximas a los porqués de tu vida. Piénsalo de esta manera: cuando agarras un lápiz, el que seas diestro o zurdo te predispone a agrrar el lápiz con una mano en particular. Lo has hecho de la misma manera miles de veces, desde que eras un niño. Igualmente, cuando te enfrentas con alguno de los miles de los porqués de tu vida, tienes un estilo particular o actitud con el que te estiras para encontrar la respuesta. Estás predispuesto a responder los porqués de la misma manera, una y otra vez. Este patrón de respuesta, único, es una característica que yo llamo tu centro de control.

"Locus" significa "locación". El centro de control es el lugar *donde tiendes a asignar las causas de los eventos de tu vida*. Es tu punto de vista acostumbrado, desde donde percibes que se localiza el control. Conforme van sucediendo las cosas, de momento a momento y día a día, tu centro de control identifica y describe a quién o a qué consideras responsable. Es la forma en la que asignas la culpa de tus dificultades y acreditas tus logros. De hecho, tu centro de control te dice no solamente lo que consideras como las causas de tus problemas y victorias; también determina dónde buscas esas causas en primera instancia.

Todos, sin excepción, cargamos una "percepción escénica": es la forma de interpretar y asignar las causas a los eventos que suceden en nuestra vida. Puede ser que no estés consciente de ello, pero ahí está. Está muy, muy abajo, en la base del concepto de ti mismo. Es por esta razón que primero tenemos que resolverla, antes que cualquier otro de los factores internos. Lo que crees, o quién crees que controla tu vida, tiene una fuerte influencia sobre lo que te platicas a ti mismo de ti mismo y del mundo en el que vives. Es un factor poderoso y duradero el cómo interpretas y reaccionas ante los eventos y las oportunidades. Esto quiere decir que estás respondiendo de manera predecible a preguntas que, aunque simples y sencillas, son críticas.

Hacia dónde te dirige tu centro de control cuando te hago preguntas como las siguientes: ¿Qué o quién está a cargo de tu vida? ¿Quién es responsable de los resultados de tu vida? ¿A dónde o a quién te diriges cuando buscas respuestas o cuando necesitas ayuda para resolver un reto? ¿Quién está en control cuando las cosas salen mal? Cuando las cosas salen bien, ¿quién se lleva el crédito?

Una imagen del mundo de los negocios nos puede ayudar. Si alguna vez has estado en una situación donde tienes que convencer a alguien de hacer algo, sabes lo importante que es hablar con quien toma las decisiones. Tú deseas hablar con quien tiene la autoridad para decir sí o no. Imagínate, por un momento, que eres parte de un proyecto de negocios llamado "Tú S.A. de C.V.". Si yo fuera a hacer una consulta a "Tú S.A. de C.V.", si yo tuviera una cita para generar cambios positivos a través de "Tú S.A. de C.V.", necesitaría saber quién consideras que tiene el control de la operación. ¿Quién es el que toma las decisiones, quién va a ser la persona más comprometida en generar el cambio? ¿Quién va a ser el responsable de que las cosas sucedan? ¿Dónde está localizada esta persona?

Si tu respuesta a estas preguntas fue: "Ni idea. Yo sólo sé que yo *no* soy el encargado", pues entonces yo estaría perdiendo mi tiempo hablando contigo. Yo no me tomaría la molestia de hablar contigo si tus respuestas me hicieran creer que tú eres como un pasajero en un tren que se ha descarrilado, un pasajero sin control alguno sobre lo que va a suceder, cuándo va a suceder o por cuánto tiempo. Si, por otra parte, tú me indicas que eres la persona encargada de "Tú S.A. de C.V.", el ingeniero responsable de manejar el tren, entonces, sin lugar a dudas, yo concentraría todos mis esfuerzos en ti.

Debes saber lo que piensas de ti en tu propia jerarquía. Identificar la forma en la que respondes a las preguntas más básicas de la vida es un paso crucial en el camino que lleva al *yo* auténtico. Teniéndolo en consideración, permite que este capítulo te ayude a identificar y a comprender tu propio centro de control.

Quizá recuerdes que, por lo general, el centro de control de las personas no es interno ni externo. Por el bien de la eficiencia, vamos a utilizar el término "interiores" para referirnos a las personas cuyos centros de control son internos, y "exteriores" para aquellos cuyo centro de control es externo.

Interiores

Los interiores operan desde un concepto de sí mismos que dice: "Soy responsable de todo lo bueno y todo lo malo que me sucede." En otras palabras, lo que vaya a suceder, bueno o malo, "me corresponde a mí". Para explicar los resultados que han obtenido en su vida, los interiores observan siempre sus propias acciones, inacciones, rasgos y características. Por lo general, siempre apuntan a algo que hicieron o dejaron de hacer como el factor principal en el resultado de cualquier evento. De una forma u otra, el evento fue "causado" por ellos.

Por ejemplo, cuando a un interior le va mal en una prueba de la universidad, dice: "Es que no soy suficientemente inteligente para que me vaya bien; mi mente no es suficientemente poderosa." O bien, dice: "Reprobé porque no estudié lo suficiente." De cualquier manera, la explicación se centra en elementos *específicos de la persona*, y, por lo tanto, elementos que están bajo su control. Si le va bien en el examen, dirá: "Yo soy inteligente." O: "Trabajé duro y me preparé bien." Una vez más, utiliza aspectos de sí mismo y bajo su control.

Exteriores

En contraparte, los exteriores no se responsabilizan de ningún evento, ya sea positivo o negativo. En su visión, alguien más está detrás de los resultados que ha obtenido en la vida.

Puede ser el gobierno. Puede ser su madre. Pero definitivamente nunca es él.

Una vez leí un estudio que evaluaba diversas ocupacio-
nes en una escala que iba de "altamente estresante" a "no
estresante". De todos los trabajos que analizaron los investigadores, el más estresante de todos, por mucho, fue el de
camionero. ¿Por qué? Porque no hay nada más estresante
que ser el responsable de lo que sucede, sin tener el control
del evento. Piénsalo, los camioneros tienen la responsabilidad de apegarse a un horario que está fuera de su control.
No pueden controlar el tráfico, no pueden controlar a los
pasajeros y, por supuesto, no pueden controlar las repara-
ciones que se realizan a las avenidas por las que transitan.
Los exteriores se piensan como camioneros en la ruta de la
vida. Son personas totalmente estresadas, tensas y llenas de
ansiedad. Están convencidas de que muy poco de lo que sucede está bajo su control.

Por ejemplo: si a un exterior le va mal en la misma prueba de la universidad que tomó el interior, ¿de quién sería la
culpa? Quizá de la maestra. Quizá de un mal amigo que se
lo llevó de reventón la noche anterior. Puede ser que diga
que la prueba estuvo demasiado difícil o que fue "injusta".
Nunca piensa que reprobó por flojo, por estar mal preparado
o porque no estaba concentrado.

De forma similar, si al exterior le va bien en la prueba,
fue porque "estuvo fácil" o la maestra fue muy generosa con
las calificaciones. La respuesta habitual del exterior es su
"percepción escénica", lo que quiere decir que no se puede
otorgar el crédito ni por una buena calificación. La historia
de su vida es la de las personas y fuerzas ajenas a sí mismo.
Su diálogo interno es el de la víctima. Lo que suceda, ya sea
bueno o malo, no es su responsabilidad.

SUERTE

A pesar de las diferencias, los interiores y los exteriores tienen esto en común: identifican algo (o a alguien) como el responsable del resultado de su vida. Ya sea "siempre yo" (o "nunca yo"), tienen la creencia de que existe una razón y una causa directa de todo lo que sucede.

Sin embargo, hay una tercera categoría de personas de la cual no hemos hablado; los llamaremos las personas "suerte". En el escenario de percepción de estas personas, todo es debido al destino, un accidente o, simple y sencillamente, a la fortuna. Para ellos, la expresión "mala pata" es un credo, una filosofía de vida. Las personas suerte no creen que ellos (o alguien más) tengan influencia o control alguno sobre los resultados que han obtenido en la vida. No tienen la menor idea de por qué las cosas suceden como suceden. Los accidentes son aleatorios. Las bendiciones son aleatorias.

Un buen ejemplo de una persona suerte es un jugador de maquinitas de monedas en Las Vegas. Más allá de meter la moneda en la máquina y jalar la palanca, esta persona no tiene ni un ápice de control sobre el resultado, que depende totalmente de la máquina.

Las personas que creen fuertemente en el factor de la suerte, pueden creer en Dios, pero no como alguien que está a cargo del día a día. Ellos no creen formar parte de un gran plan maestro. Las cosas simple y sencillamente suceden y no hay nada que puedan hacer al respecto. Considera, por ejemplo, su actitud respecto a la muerte: en su visión de las cosas, la muerte es aleatoria, es un evento totalmente desconocido que no va a cambiar de fecha, sin importar cuánto te cuides, lo bueno que sea tu doctor, dónde vivas o cualquier otro de los cientos de factores que puedan afectar la salud. Cuando te toca, te toca. No tiene ningún sentido el tratar de cambiar cómo o cuándo te vas morir. Simplemente te mueres.

Observemos con detenimiento el asunto de la salud física, ya que nos muestra formas de comprender la relevancia del centro de control. Simplemente, la pregunta es: ¿Atribuyes tu salud a tu esfuerzo (ejercicio, comer bien), a los buenos médicos o a la suerte?

Cuando los interiores se enferman, es muy probable que crean que jugaron un papel en el advenimiento de su enfermedad. Se responsabilizan por haberse enfermado de la misma forma en que se van a responsabilizar cuando se curen. Por ejemplo: algunos pacientes con problemas cardiacos consideran que su enfermedad se debe a la obesidad o a la falta de ejercicio. Sienten que se sometieron a grandes dosis de estrés o que fumaron en exceso. De igual manera, considerarán su recuperación como parte de su responsabilidad. Asumirán la mayor parte de la responsabilidad en la curación, cambiarán sus hábitos y tomarán los medicamentos de manera rigurosa. Así son los interiores.

En el otro extremo están los exteriores, que pueden quedarse tirados en una cama de hospital, culpando a un sinfín de factores en lugar de a su hábito de fumar dos cajetillas diarias o de cenar hamburguesas dobles todas las noches durante los últimos diez años. Culpan a sus padres ("tengo unos genes terribles") o a Dios. Explican cómo los "embrujó" un enemigo, los condenó el medio ambiente, o fueron objeto de un complot gubernamental. Obviamente, no pueden hacerse responsables de su recuperación. La rehabilitación, después de todo, es el trabajo de los doctores, las enfermeras y los fisioterapistas, no de ellos.

No sorprende que las personas que forman parte de la categoría suerte sean los más difíciles de ayudar. No aceptan ningún tipo de responsabilidad en su recuperación, no le tienen fe a ningún tratamiento y no ven la necesidad de plantearse metas para mejorarse. Sin razón para esforzarse, carecen de motivación. La enfermedad es un suceso accidental, es la carta que les tocó en el juego de la suerte. Nada ni nadie es responsable, es una combinación accidental de eventos. Fue la suerte. Estar en el lugar equivocado en el momento equivocado.

Recordemos a mis dos pacientes de la clínica del dolor, Steven y Don. Es obvio que, hoy por hoy, la calidad de vida de Steven es mucho mejor que la de Don. Pero el punto de la historia no es probar quien "tenía la razón", sino demostrar cómo el centro de control *puede y genera resultados* en la vida. Como Don creía que sus problemas provenían de la mala suerte, de una mala jugada, ignoró los poderosos recursos de los que disponía. Hasta las oportunidades de mejorar estaban fuera de su alcance, no las podía ver. Su "radar" no estaba buscando oportunidades; las consideraba irrelevantes. Creía que estaba marcado por la mala suerte y que no existía posibilidad de hacer algo al respecto. El concepto de sí mismo estaba dominado por un estado mental de "suerte" en cuanto a los eventos clave de la vida. La salud lo había condenado a una vida de dolor.

No te equivoques: el asunto que estamos tratando va mucho más allá de la salud. Entender y dirigir el centro de control repercute en tu bienestar físico, pero también afecta *todas* las demás áreas de tu vida. Influye en el contenido y calidad de cada momento de la vida.

Donde ubiques la responsabilidad de los sucesos determinantes en tu vida, afectará todo lo importante: tu carrera, tu efectividad como padre, tu matrimonio y sí, tu salud. Si consistentemente le atribuyes la responsabilidad a las áreas equivocadas, entonces, no hay duda, estás viviendo con un *yo* ficticio. Mi hijo menor, Jordan, el otro día entró a la casa como si hubiera conquistado el mundo. Yo sabía que había estado estudiando para una prueba muy importante, por lo que asumí que le había ido bien. Le pregunté: "Oye, ¿cómo te fue en la prueba, los tronaste o te tronaron?"

El respondió: "Yo los troné. Me fue perfecto. Papá, estuvo muy *fácil*".

A mi me pareció un "momento de enseñanza" perfecto; era tiempo de ayudar a Jordan a acicalar su viejo concepto de sí mismo. (Dios tiene reservado un lugar especial en el corazón para los niños que tienen que crecer con un psicólogo como padre.)

Le dije: "No, lo que hiciste fue estudiar lo necesario para saber la respuesta a todas las preguntas. La prueba te pareció fácil porque tenías toda la información que necesitabas, ¿no es cierto? En lugar de darle el crédito a la prueba porque te fue bien, se lo puedes dar al esfuerzo de estudiar, ¿no es cierto? Digo, ¡incluso dejaste de ver *Los Simpson* por estudiar!"

Después de voltearme a ver como si me hubiera salido un tercer ojo y de pensar: "Por Dios, papá, ¡déjame en paz!", asintió, atisbó algo y dijo: "Sí, supongo que sí. Tienes razón. ¡Sí, le eché muchas ganas a la estudiada durante las últimas dos semanas!"

Él había decidido que la prueba había estado fácil. Pero, ¿no son siempre fáciles las pruebas cuando estamos preparados para ellas? Fácil o difícil, la prueba es siempre la misma; quien decide eres tú. Y si eres una persona suerte, quizá digas: "Tuve muy buena suerte esta vez", o: "Tuve mala suerte." El exterior atribuiría su desempeño a lo fácil o difícil que fue la prueba. Y el interior atribuiría el resultado de la prueba a cuánto y qué tan bien había estudiado o, por lo general, a lo inteligente que es.

¿En qué categoría de percepción te ubicas? ¿Dónde crees que asignas la responsabilidad de tu desempeño en la vida? ¿Estás tomando las decisiones de tu vida con base en tu responsabilidad o en la de alguien más? ¿Estás esperando, deseando que a quien sea que hayas asignado esta responsabilidad sea lo suficientemente inteligente para hacerlo bien?

Es momento de efectuar una revisión de la realidad. Ya que tiendo a hablar mucho acerca de que debes responsabilizarte por el funcionamiento de tu vida, es probable que asumas que yo votaría por el interior como la persona con más probabilidad de éxito en el camino hacia el *yo* auténtico. Es cierto: como lo he dicho muchas otras veces, tú eres el creador de tus experiencias. Creo firmemente que la mayoría de las cosas en la vida son controladas internamente. Pero también confío que, al leer este capítulo, hayas detectado los defectos en cada uno de los centros de control. Ni el exterior, ni el suerte, ni el interior pueden decir que tienen un punto de vista perfecto. Hay fallas inherentes en los tres.

Por ejemplo, no hay que culpar a una mujer cuando su marido la abandona con sus tres hijos para irse con una golfa de la oficina sin aviso alguno. Su conducta cobarde, inmadura y cruel no es un asunto que tenga que ver con su control o que sea su responsabilidad. Si ella, un año después, sigue sentada, entumida por el dolor, diciendo: "Yo tengo la culpa", entonces algo está mal en sus percepciones. Está interiorizando de forma inadecuada. Se está responsabilizando de un comportamiento que no le corresponde. Yo creo que el *yo* auténtico debería de tener el control de la vida y las reacciones a los eventos que suceden, pero necesitamos ser realistas en cuanto a lo que podemos hacer y a lo que no está bajo nuestro control.

Supongamos que estás en un partido de beisbol cuando a dos mil kilómetros de distancia tu padre se cae muerto de un repentino ataque al corazón. Interiorizarías mal ese evento al decir: "Si hubiera estado ahí, mi padre seguiría vivo. Me culpo por lo sucedido." ¿Perdón? Una reflexión lógica te indicaría que esa muerte, definitivamente, no estuvo bajo tu control. Sin embargo, escucho a las personas decir este tipo de cosas una y otra vez, y tú también lo haces. Éste es un comportamiento de interiorización negativo. Las personas se culpan a sí mismas por los accidentes que sufren sus hijos en los juegos. Yéndonos al extremo, las personas inestables, a quienes por lo general etiquetamos como psicóticos, pueden llegar a culparse a sí mismas por las guerras. Absorben los problemas del mundo como si fueran su culpa. Y, aunque reconocemos la mentira en este tipo de pensamiento extremo, por lo general somos culpables de lo mismo, sólo que lo manifestamos de una forma menos bizarra.

La tendencia de las personas a caer en estas atribuciones internas negativas es una debilidad que algunos abogados explotan. ¿Cuántas veces has escuchado a un abogado declarar que tú y yo y toda la sociedad es responsable por la forma en la que un joven se convierte en asesino? No es su culpa; es tuya, así que asúmela. Los adolescentes usan exactamente el mismo truco cuando tratan de hacer sentir culpables a sus padres porque ellos no tienen un buen automóvil o no se pueden vestir como sus amigos. Mamá y papá son los culpables.

Tonterías. Si tú compras este rollo, si eliges interiorizar eventos y comportamientos sobre los cuales no tienes control alguno, entonces te estás predisponiendo para tener años de depresión y dolor innecesario. Cuando piensas en este tipo de reacciones, puedes ver que hay un dejo de arrogancia en ellas, algo de egoísmo: es como si tú estuvieras diciendo que el sol no puede salir sin tu permiso, que los planetas giran bajo tus órdenes. Digo, seamos racionales. No reclames las cosas que no te pertenecen. Hacerlo es poner el concepto de ti mismo en la línea de fuego de la crítica indebida y, por lo tanto, ser candidato a recibir una paliza en el departamento de la confianza. Date un descanso: hay suficientes cosas de las cuales eres clara e innegablemente responsable; no hay necesidad de asumir la responsabilidad de aquello sobre lo que no tienes control.

Pero, ¿qué hay de los exteriores? ¿Puede su centro de control crearles un problema? Definitivamente, sí. Las atribuciones *externas* negativas pueden ser extremadamente destructivas. Por ejemplo, un gastador compulsivo exterior, al filo de un colapso financiero, podría decir: "Supongo que Dios quiere que yo me vaya a la quiebra. Es su voluntad." Imagina las consecuencias que surgen de este tipo de pensamiento. Si tú fueras un exterior y uno de tus padres muriera, puedes llegar a percibir que una fuerza mayor fue la responsable. Te puedes enfurecer con esa fuerza externa y rabiar ante su injusticia. Puedes decir: "¿Por qué me odia Dios? Él me ha castigado de la forma más dura. No me puedo imaginar qué hice para merecer este dolor." Al asignar la culpa de forma inadecuada nunca enfrentarás el meollo del problema. Si diagnosticas mal, fallas en lo que real y verdaderamente necesitas hacer. De nuevo, el reto es ser racional y genuino en relación con lo que tu ser te está diciendo. Tu *yo* auténtico se basa en el conocimiento de quién eres y qué es lo que eres capaz de controlar. Es tu *yo* ficticio el que está fundamentado en la culpa, la manipulación y las falsas expectativas que te desvían. El paso más grande sobre el cual vamos a trabajar es comenzar a escuchar lo que verdaderamente te estás diciendo y a calibrar el lente a través del cual miras al mundo. Recuerda, para ser auténtico en tus pensamientos debes enfrentar los hechos, solamente los hechos. Un concepto distorsionado de ti mismo, aunado a un centro de control inapropiado, se va a ver dramáticamente comprometido.

De la misma manera, un alto puntaje en la escala de la suerte mutila el concepto de ti mismo y te predispone a tener problemas obvios. Si tu acercamiento tiende a ser: "¿Cuál es la diferencia?", entonces es muy probable que pases el resto de tu vida en la banca. Las personas suerte, por lo general, dan la impresión de ser flojos y poco involucrados con la vida. Pierden oportunidades cruciales para hacer la diferencia en sus vidas, para ponerse en sintonía con su *yo* auténtico.

Cualquiera que sea tu justificación para adoptar un centro de control interno o externo, no existe para la suerte. Porque no hay accidentes verdaderos en la vida. Vivir como si no tuvieras ningún tipo de autodeterminación es vivir con una premisa falsa; solamente un concepto de ti mismo ficticio trataría de utilizar esa lógica. Esto significa que estás cediendo tu capacidad de cambio. Ignorando cada oportunidad para ser quien eres, vives en un estado de caos continuo. No hay autenticidad en la vida que sea dejada a la suerte.

Identifica tu centro de control

Confío en que te estás familiarizando con el concepto del centro de control. En este momento, es probable que sospeches qué tipo de centro de control opera en tu vida. Pero vamos a asegurarnos. Veamos los cuestionarios que completaste al principio del capítulo y vamos a profundizar en tus datos personales.

Comenzaremos por ver tus resultados del Apéndice A, el cuestionario que tiene que ver con los asuntos de salud. Este cuestionario te va a ayudar a identificar quién sientes que es el responsable de tu condición de salud. Tus respuestas a las preguntas de cada sección generaron un puntaje en un rango de cinco a cuarenta. Cada sección de la prueba —Interior, Exterior y Suerte— te ubica en una de las siguientes tres categorías: bajo, mediano o alto, de acuerdo con el siguiente cuadro:

Sección I: Centro de control interno

Resultados

5-12   Muy baja atribución de tu salud a las responsabilidades internas.

13-20   Baja atribución de tu salud a las responsabilidades internas.

21-32   Mediana atribución de tu salud a las responsabilidades internas.

33-40   Alta atribución de tu salud a las responsabilidades internas.

Sección II: Centro de control externo

Resultados

5-10   Muy baja atribución de tu salud a fuentes externas.

11-15   Baja atribución de tu salud a fuentes externas.

16-21   Mediana atribución de tu salud a fuentes externas.

22-40   Alta atribución de tu salud a fuentes externas.

Sección III: Centro de control suerte

Resultados

5-9   Muy baja atribución de tu salud a la suerte.

10-17   Baja atribución de tu salud a la suerte.

18-25   Mediana atribución de tu salud a la suerte.

26-40   Alta atribución de tu salud a la suerte.

Vamos a considerar el significado específico de los resultados. A la luz de lo que acabas de aprender acerca del acercamiento de suerte a la vida, no te va a sorprender que el factor que mejor predice una mala salud en el futuro, y el mayor fracaso en la rehabilitación, sea un nivel alto en la categoría de suerte. Si estás en la parte alta (26-40) para este estilo de percepción, básicamente te estás diciendo a ti mismo que no confías en ti ni en nadie para ser el guardián de tu salud. Dices que estás a merced de cualquier germen o trauma en el universo y que no tienes armas para combatirlo. Si éste es tu perfil, lo más probable es que seas muy pasivo en el manejo de tu salud (recuerda la historia de Don).

Si tienes muy poca o ninguna confianza en ti mismo o en nadie más, lo más probable es que no tengas nada de fe en ninguna fuente relacionada con la salud. Puede ser que no le veas ningún sentido a cambiar tu dieta o dejar de fumar. Anota: esta dinámica de suerte no tiene nada que ver con la "autodisciplina". Es diferente a no querer cambiar tus hábitos sólo por no querer disciplinarte a ti mismo. No le ves ningún propósito a la disciplina, por lo cual no tienes motivación para cambiar.

¿Cuáles son las implicaciones en la salud para el exterior? Un puntaje alto (22-40) en la escala externa implica una alta dependencia en el poder de otros para determinar el estado de tu salud. Tal como con aquellos que tienen un centro de control suerte, si tú eres un exterior es probable que seas demasiado pasivo en el mantenimiento de tu salud. En lugar de depender de "las cartas que te toquen" dependes de los doctores o de otros para que "arreglen" cualquier problema de salud con el que te topes, en lugar de evitarlo con un comportamiento responsable. Al ceder el poder estás a merced de cosas fuera de tu control. Supongamos, por ejemplo, que dos o más doctores tienen opiniones encontradas. En la confusión y el conflicto entre ellos, es muy probable que te abaniques y que no sepas qué hacer. No es una buena idea cambiar tu juicio por el de alguien más. Como exterior, tu vulnerabilidad es enorme.

Si tuviste un puntaje alto en suerte o externo, quizá sea bueno que consideres las mayores causas de muerte en Estados Unidos: enfermedades cardiacas, cáncer, diabetes, suicidio y accidentes de automóvil. ¿Cuáles son las decisiones sobre los estilos de vida que afectan esos resultados? Los mayores determinantes de problemas cardiacos son: una mala dieta, falta de ejercicio, mucho estrés y fumar. Estrés, fumar y una mala dieta también han estado implicados en la investigación para la prevención del cáncer. Aunque hay altas implicaciones genéticas en la diabetes, los factores más determinantes son, de nuevo, dieta, ejercicio y estrés. El estrés está claramente ligado al suicidio y al homicidio. Y en cuanto a los accidentes automovilísticos, los factores más altos son: manejar a alta velocidad, consumo de alcohol, descuido y no usar el cinturón de seguridad.

Al ver estos factores, valdría la pena que te preguntaras: ¿Quién controla estas cosas? ¿Eres tú el encargado de tomar estas decisiones o permites que alguien más las tome en tu lugar? En conclusión: la mayor parte de los problemas de salud son influidos por lo que haces o dejas de hacer. Te guste o no, gran parte de la causa y el efecto está en tus manos. Los profesionales de la salud que realizan los tratamientos pueden tener un mayor conocimiento acerca de tu enfermedad, pero tú tienes un mayor conocimiento de ti mismo. A la larga, tú tienes más poder sobre tu cuerpo y tu mente que nadie. Y también tienes una mayor responsabilidad. Un puntaje más alto en el centro de control interno es frecuentemente más productivo.

Ya sabes algo acerca de dónde está localizado tu centro de control respecto a tu bienestar físico. Ahora veamos tu puntaje en el cuestionario del Apéndice B. Al igual que con el cuestionario de la salud, respuestas a las preguntas de cada sección generaron un puntaje en un rango de cinco a 40. Cada parte de la prueba —Interior, Exterior y Suerte— te ubica en una de las siguientes tres categorías: bajo, mediano o alto. Observa la siguiente tabla de resultados para determinar el significado particular de tu puntaje.

Sección I: Centro de control interno

5-20   Baja atribución de tu *yo* auténtico a tu fuente interna.

21-32   Mediana atribución de tu *yo* auténtico a tu fuente interna.

33-40   Alta atribución de tu *yo* auténtico a tu fuente interna.

Sección II: Centro de control externo

5-15   Baja atribución de tu *yo* auténtico a fuentes externas.

16-21   Mediana atribución de tu *yo* auténtico a fuentes externas.

22-40   Alta atribución de tu *yo* auténtico a fuentes externas.

Sección III: Centro de control suerte

5-17   Baja atribución de tu *yo* auténtico a la suerte.

18-25   Mediana atribución de tu *yo* auténtico a la suerte.

26-40   Alta atribución de tu *yo* auténtico a la suerte.

Si tu puntaje para la primera sección es alto y bajo para la tercera, entonces te consideras a ti mismo responsable de los cambios positivos en tu vida. Estás dispuesto a responder las preguntas difíciles que se necesitan para recobrar tu autenticidad.

Si, por el contrario, tu puntaje más alto fue en la segunda sección, necesitas determinar la validez del concepto de ti mismo. Necesitas empezar a investigar qué te ha enseñado a ceder el control de ti mismo. No pienses que te estoy dando lata porque no encajas dentro del "mejor" escenario. Como hemos visto, hay desventajas para las atribuciones internas: algunas veces no podemos controlar todo lo que nos sucede y es arrogante pensar que sí. Sin embargo, en los casos en los que *sí* podemos controlar los factores externos, debemos hacerlo. Necesitamos estar alerta ante los aspectos negativos de las atribuciones externas, que son el clásico papel de "víctima".

Si tu puntaje alto fue en la tercera sección, necesitamos hablar. Tú necesitas decidir en este momento si vas a bajar al campo y a participar en el juego o si te vas a quedar en la banca por el resto de tu vida, esperando a que al fin te pegue la pelota.

¿Es realmente tan difícil tomar esta decisión? Es tu vida, ¿por qué querrías ser un pasajero?

Al examinar tu centro de control, hemos estado hablando de tu estilo particular de interpretar y responder a los eventos de la vida. Confío en que, para este punto, tengas un entendimiento claro de cuál de estos tres estilos describe mejor tu acercamiento a la vida. El conocimiento es poder y conocer tu estilo te dará una nueva medida de poder en la vida. Es un primer paso crítico para afrontar tus factores internos.

Conforme prosigamos con los siguientes capítulos, vas a estar más consciente de tu tendencia a responder los porqués con un patrón más uniforme. Reconocerás las oportunidades para cuestionar la tendencia de tu centro de control personal. Comenzarás a poner la causa de un evento en el lugar que le corresponde.

Espero que hayas reconocido que la arrogancia y la "victimización" son impostores gemelos que residen dentro de tu *yo* ficticio y que te pueden desviar en cualquier sentido. Interiorizar equivocadamente las causas quiere decir que vas a apropiarte de todo lo que sucede en tu vida, bueno o malo, sin considerar los hechos. Deja de hacerlo. Tú no puedes cambiar el hecho de que tu padre murió, que tu pareja te dejó o que hay un huracán en Florida. Si insistes vas a reconstruir tu *yo* ficticio. Y una vez más, te vas a alejar de tu *yo* auténtico. Distingue las cosas que puedes controlar de las que *no* puedes.

En cuanto a las cosas que *sí* puedes controlar —que son la mayoría— estás empezando a comprender que no puedes interpretar el papel de la víctima. Como dicen: Dios no maneja automóviles estacionados. No puedes continuar esperando en el estacionamiento. Tu *yo* auténtico te está llamando y es hora de que te empieces a mover. Vamos a trabajar todo aquello que te lo impide.

8

DIÁLOGO INTERNO

Nadie puede hacerte sentir inferior sin tu consentimiento.

ELEANOR ROOSEVELT

PERCEPCIÓN DISTORSIONADA

Hace algunos años, un grupo de científicos realizaron un experimento: le pidió a un grupo de alumnos voluntarios que utilizaran lentes que invertían la imagen: los lentes hacían que todo se viera como si estuviera de cabeza. Durante los primeros días del experimento, los estudiantes se tropezaban continuamente, como mi tío Bob cada vez que se emborrachaba: caminaba de rodillas, abrazaba el escusado y recibía llamadas del cielo en un gran teléfono blanco. Los estudiantes chocaban con los escritorios, se estrellaban con las esquinas cada vez que tenían que cambiar de clase, cayéndose de bruces y, en términos generales, la pasaron muy mal. Ya que ellos sabían cómo eran las cosas *realmente*, su cerebro rechazaba esta información falsa, por lo menos al principio.

Después, algo muy curioso sucedió. Al cabo de unos días, los estudiantes comenzaron a aceptar este mundo ficticio invertido como si fuera el mundo real. Sus cerebros se acostumbraron a la distorsión. Dejaron de cuestionarse que lo que antes iba arriba ahora iba abajo y viceversa. Al final de una semana, podían desplazarse sin problemas.

"Ajá", dijeron los investigadores. Así que decidieron prolongar el experimento un mes más. Al término del mes, los estudiantes reportaron que los lentes habían dejado de presentar problema alguno. Dijeron que consideraban su orientación muy cercana a la normal. Podían leer y escribir casi con tanta facilidad como antes de iniciar el proyecto; eran capaces de calcular las distancias con exactitud; incluso podían subir escaleras tan fácilmente como sus compañeros de "buena vista".

Lo que este experimento nos sugiere es la rapidez con la que nos adaptamos a nuestras percepciones, incluso aunque estemos viendo el mundo a través de un lente que distorsiona por completo la realidad. Con el tiempo suficiente, llegamos a considerar una percepción errónea como normal. Provee a las personas con los datos suficientes, con la información suficiente, y podrás convencer a quien quieras de casi cualquier cosa. A lo largo de la historia, hemos visto ejemplos dramáticos: lavado de cerebro a los prisioneros de guerra, adoctrinamiento a los cultos, la absorción de nuestros hijos en pandillas callejeras. Jóvenes y viejos, listos y tontos, sofisticados o no, las personas han tenido sus puntos de vista, sus realidades y sus valores alterados por una avalancha de datos distorsionados. Aquellos que en algún momento tuvieron una visión clara de la vida, un fuerte sentido del bien y el mal, que se aferraban a sus valores y prioridades, están empezando a aceptar falsedades como si fueran verdad. Y una percepción equivocada que comienza a parecer correcta, por lo general, brinda resultados trágicos.

¿Cuánto del concepto de nosotros mismos está basado en este tipo de pensamiento distorsionado? El objetivo de este capítulo es hacerte consciente de que tú puedes estar sufriendo un lavado de cerebro, de forma devastadora, aunque no tan sensacionalista, tal y como si formaras parte de un culto. Y aunque no vayas en dirección de un culto o de una pandilla callejera, el "lavador de cerebros" más poderoso que te puedes encontrar eres tú mismo. Si estás recibiendo un sinfín de desinformación acerca de quién eres y la estás aceptando, tu mundo puede estar de cabeza y tú ni enterado. Si el concepto de ti mismo permite que un "cretino" mal intencionado te golpee día a día, si estás convencido de que eres un perdedor, la estás regando en serio. Este capítulo se enfoca en cómo es posible que esto suceda, cómo te atrapa y qué puedes hacer al respecto.

Filtros

Vemos nuestro mundo y a nosotros mismo a través de un juego de filtros. Piensa, ¿qué es un filtro? Un filtro es el mecanismo que permite que ciertas cosas pasen a través de él, mientras que *impide* el paso de otras. Dependiendo del material, el filtro puede alterar lo que pasa a través de él. Los lentes de sol son un buen ejemplo de un filtro visual. Pero, obviamente, no estoy hablando de un aparato que nos podemos poner y quitar, como un par de lentes. De hecho, los filtros de los que estoy hablando no son esencialmente visuales; son esencialmente internos y son mentales, emocionales, verbales y perceptuales. A través de ellos procesamos y asignamos el peso y el significado de cada uno de los eventos de nuestra vida. Algunas cosas pasan, otras se quedan fuera, pero todo es afectado. Nuestros filtros no sólo afectan lo que vemos, sino lo que oímos y lo que creemos.

Ya que confiamos en nosotros mismos y creemos que no nos mentimos, tendemos a creer que nuestras percepciones filtradas son una descripción precisa de la realidad. Lo que sea que pase a través del filtro, preciso o no, es lo que tendemos a creer. Como resultado, cuando nuestras percepciones filtradas mienten, nos embaucamos en serio. Vamos por la vida creyendo que el enrevesado mundo es real. Ahí te va una advertencia: cuando tengas percepciones *sin comprobar y sin confrontar*, ten miedo, ten mucho miedo. Es muy probable que te estés viendo a ti mismo a través de un cristal distorsionado.

Yo creo que nuestros filtros perceptuales tienen la desafortunada tendencia de ser altamente sensibles a lo negativo y que detienen el paso de lo positivo. Es simple naturaleza humana.

Todos somos capaces de distorsionar la realidad, particularmente cuando estamos en una situación en la que nos sentimos amenazados física o emocionalmente. Por ejemplo, las investigaciones demuestran que una persona a la cual le están apuntando con una pistola fija su atención en el arma, en lugar de en una puerta o alguna otra oportunidad de escape o seguridad. Nos sintonizamos con lo negativo, con las amenazas y los problemas, porque estamos programados para la autopreservación, así que si percibimos que alguien o algo (una pistola) nos amenaza, esa amenaza puede y va a ahogar todos los otros eventos u opciones. El miedo al arma concentra tu atención, abruma y excluye por completo cualquier otra información. Un edificio se podría derrumbar junto a ti y no te enterarías. Tal es el poder de la mente humana cuando se fija en un asunto negativo.

Vayamos a un escenario probable, a uno que probablemente esté mucho más cerca de casa. En este momento de tu vida, puede ser que estés rodeado de muchas personas que creen en ti y que te apoyan. Incluso, cientos de personas pueden ser parte de tu "grupo de apoyo"; sin embargo, yo estaría dispuesto a apostar que si en el grupo hay uno o dos críticos —uno o dos negativos— estos "ruidosos" pueden cautivar tu atención por completo, ahogando, frecuentemente, los efectos de toda la información positiva que recibes. ¿Por qué? Porque nos duele ser rechazados, criticados y atacados, y nosotros le hacemos caso al dolor. Al igual que con la pistola de un asaltante, los filtros son sensibles a las amenazas dolorosas y vemos esas amenazas de forma más vívida y memorable que cualquier otra cosa. Los negativos tienden a quedarse contigo por años. Piensa en un actor de teatro en el escenario: puede tener cautivados a miles de admiradores que lo adoran; sin embargo, para el actor, un latoso puede dominar por completo la experiencia y el recuerdo de esa noche.

En el capítulo 3 te dije que el pasado alcanza al presente y programa el futuro. Los filtros explican en gran medida cómo sucede esto. Por ejemplo, si alguna persona te ha causado dolor, puedes reaccionar internamente viendo al mundo a través de un filtro que ve a *todas* las personas como una amenaza o como un daño potencial. Quizá has llegado a la conclusión de que te lastimaron porque te lo merecías (centro de control interno inapropiado), o que es algo que debes aceptar. De cualquier forma, esta historia negativa cambia quién eres; permites que te convenzan, te unes a tus críticos y te afectas a ti mismo.

Si, por otro lado, tu experiencia ha sido de apoyo y crecimiento, y lo interiorizas, es muy probable que filtres las cosas positivas. Te convences de que eres capaz de enfrentar lo que venga y que vas a triunfar. Como vives e interactúas con el mundo, es normal que estés influido por lo que *crees que estás viendo*, lo cual es totalmente un producto de los filtros a través de los cuales ves, oyes, sientes y piensas.

En otras palabras, los filtros son un producto de tus experiencias pasadas, y, sin embargo, los arrastras durante cada segundo del día en el viaje a través de tu vida. Los filtros fueron precisos en algunas situaciones del pasado, ¿pero todavía te sirven? ¿Estás enfrentando el presente con base en algo que ya no existe? ¿Estás juzgando a las personas que conoces basándote en sus acciones o en quienes son, o los estás juzgando con base en lo que otros hicieron en el pasado?

Cualquiera de esos estudiantes universitarios te hubiera dicho que una vida distorsionada se vuelve más natural conforme más la vives. Para ponerlo de otra forma, una mentira sin confrontar se convierte en verdad. Y nosotros, por supuesto, vivimos consistentemente con la "verdad". El hecho es que, a diferencia de estos estudiantes del experimento, tú has estado interpretando al mundo y tu lugar en el mundo durante mucho más tiempo que un mes. Es casi seguro que tus filtros se sientan "normales". Pero, ¿qué tal si, al igual que un prisionero, has sido bombardeado con información falsa acerca de ti mismo durante tanto tiempo que finalmente te la creíste y comenzaste a vivir esta mentira como si fuera real? Hoy en día, las cosas te pueden parecer perfectamente normales, pero, ¿lo son? ¿O sólo parecen serlo porque han pasado muchos años desde que tuviste una visión sin alterar de quién eres y qué es lo que realmente te importa, que ya ni siquiera reconoces lo que es verdad? ¿Simplemente se te ha olvidado? Puede ser que tu vida se haya convertido en una lucha por "sobrevivir" día a día, con las cuentas, hijos, matrimonio, trabajo y familia; en consecuencia, tu filtro se encuentra contaminado de problemas. Quizá piensas que no tiene sentido tratar de obtener lo que realmente quieres.

En conclusión: si fallas en comprobar las percepciones que fluyen desde y a partir de estos filtros, puedes cometer graves errores de juicio, porque tus percepciones pueden estar *totalmente equivocadas* y es factible que ignores lo que está disponible para ti. Si hablamos de tu vida, no hay espacio para estar *totalmente equivocado*.

Con todo esto en mente, déjame que te diga de la manera más clara posible el enfoque y el reto de este capítulo. El concepto de ti mismo está en riesgo, porque lo más probable es que te estés desviando con mucha desinformación que aceptas como "verdadera". Probablemente tengas puestos los lentes "enrevesados". Por lo tanto:

• Necesitas ser consciente de que no respondes a lo que te sucede, sino a la percepción de lo que te sucede.

• Necesitas comprobar esas percepciones (tu información filtrada), en lugar de aceptar tus suposiciones como hechos.

Introducción al diálogo interno

La analogía de los filtros es una forma de entender cómo tus percepciones colorean el concepto de ti mismo y del mundo. Es un concepto útil, pero es sólo eso, un "concepto". Nos lleva a entender que la forma en que percibes las cosas afecta el concepto de ti mismo y tu vida. Para aclarar lo que sucede dentro de ti necesitamos ser realistas sobre la forma en la que dialogas contigo. Esto se debe a que conforme fluye la información a través de tu filtro, adopta palabras. Se convierte en diálogo, una conversación que tienes contigo mismo. (Por cierto, no es una "locura" hablar solo, a menos de que lo hagas en voz alta mientras estás parado en la fila del supermercado.) Los negativos en los que te concentras e interiorizas; la autocrítica; las visiones distorsionadas de ti mismo y del mundo: todo se expresa en este diálogo interno. Tenemos que enfrentar lo que dices cuando hablas contigo mismo.

El diálogo interno es la conversación en tiempo real que tienes contigo mismo acerca de todo lo que sucede en tu vida. Acompasa todos tus diálogos, cada sílaba, ya sea positiva y racional, o negativa y autodestructiva. El diálogo interno es lo que te dices a ti, acerca de ti y acerca del mundo, en este preciso momento; todo lo que te dijiste antes de levantar este libro y todo lo que te vas a decir una vez que lo sueltes. En otras palabras, tus filtros son en realidad una voz, una voz que nadie oye excepto tú. Para que no se te olvide: ¡nadie más puede controlarla, solo tú!

El diálogo interno es una porción del total de tu pensamiento. Como un todo, el pensamiento incluye gran cantidad de factores necesarios, pero que no son relevantes para el concepto de ti mismo: por ejemplo, resolver un problema de matemáticas o procesar las instrucciones de la videocasetera. Ese tipo de actividad mental, por sí sola, no tiene influencia alguna sobre el concepto de ti mismo y no es el tipo de pensamiento del que estoy hablando. Aquí lo que nos importa son las conversaciones puntuales que tienes contigo y que probablemente suceden en paralelo a este otro tipo de pensamientos, o por debajo de la superficie, cuando estás tratando de programar la videocasetera.

Por ejemplo, recuerdo un juego de columpios en particular que estaba tratando de armar una Navidad de hace algunos años. Recuerdo que saqué todas las piezas (aproximadamente catorce billones) y leí las instrucciones. Parte de mi energía mental leía las instrucciones, pero el resto —mi diálogo interno— gritaba: ¡Ahora sí que estoy fregado! ¡No tengo la más mínima posibilidad de armar esto a tiempo! ¡Más vale que le pida a Scott (mi cuñado, que tiene cerebro de ingeniero) que se salga de la cama y me ayude o voy decepcionar a mis hijos mañana por la mañana! En otras palabras, había dos carriles de pensamiento sucediendo al mismo tiempo. Un carril —mi diálogo interno— tenía muy poco que ver con el "Tornillo A" o el "Elevador Z", pero tenía mucho que ver con el concepto de mí mismo.

Ahora vamos a ver, en gran detalle, algunas de las otras características del diálogo interno.

Tu diálogo interno es constante.

El tiempo que pasas con otras personas, incluso aquellas con quienes tienes mayor intimidad, no se puede comparar con el tiempo que pasas contigo. Tú estás contigo las 24 horas del día, los siete días de la semana. Y durante todo el tiempo que estás despierto, tu diálogo interno está activo; nunca dejas de decirte cosas.

Tu diálogo interno sucede en tiempo real.

A diferencia de esos pensamientos automáticos, sobreaprendidos y ultraveloces de los que te voy a hablar con detalle más adelante, tu diálogo interno sucede a una velocidad normal. Si pudiera de alguna manera ser "transmitido en vivo", escucharías el desarrollo de tu diálogo interno a la misma velocidad que cualquier otra conversación.

Es como si alguien estuviera parado a tu lado, hablándote al oído mientras tú estás haciendo cualquier cosa. Ésta puede ser una conversación sobre la que no "reflexionas" o sobre la que no deliberas, o puede ser tan real que de hecho hablas en voz alta. Sus mensajes pueden tener un volumen bajo, casi como un susurro, o pueden ser como toques de una corriente de alto voltaje que siempre está *encendida*. Su poder puede ser engañoso: el flujo constante e incesante puede hacerte pensar que no tienes el control.

Tu diálogo interno provoca cambios psicológicos.

Como resultado de cada uno de tus pensamientos, hay una reacción física. Si tu diálogo interno te dice que no puedes triunfar, que estás a punto de avergonzarte a ti mismo, la respuesta física puede ser que te suden las manos o te sobrevenga un tic nervioso o un escalofrío incontrolable; hasta se te puede acelerar el corazón. Estas consecuencias físicas se acumulan. Y como veremos, un diálogo interno pesimista y derrotista puede ser tan destructivo para la salud física como una lesión o un virus.

El diálogo interno está influido por el centro de control.

El centro de control, que vimos en el capítulo anterior, afecta directamente el contenido del diálogo interno, sin importar que tu orientación sea interna, externa o esté basada en la suerte. Así, por ejemplo, si eres un exterior, gran parte de tu diálogo podría ser: "Yo no puedo hacer esto. Alguien más lo va a tener que arreglar." Si, por otra parte, eres un interior, puede ser que te estés diciendo: "No puedo arriesgarme a que alguien más arruine este proyecto. Más vale que me quede aquí hasta la medianoche y hacerlo todo yo." Sin importar cual sea la situación, o cuales sean las demandas que estés enfrentando, es muy probable que tu diálogo interno esté influido por tu centro de control.

El diálogo interno tiende a ser monopólico.

El diálogo interno aplasta cualquier otro tipo de información, de cualquier otra fuente, porque, después de todo, esta información viene de ti y tú te pones mucha atención, porque tú no te mentirías o te desviarías a ti mismo, ¿o sí? Como resultado, puedes pasar el tiempo perdido entre el barullo y el diálogo frenético que lo acompaña. O recriminarte por no mantener el paso, u obsesionarte por lo que no hiciste o pudiste haber hecho mejor. O echarte porras en una interminable sesión de alabanzas. Mientras tanto, tu diálogo interno está activo, y puede volverse tan fuerte y tan persuasivo que te impida ver los eventos realmente importantes que suceden a tu alrededor. Dejas de escuchar mensajes importantes que provienen de otros. Puedes perder verdaderas oportunidades de éxito o señales que evitan el peligro. Pierdes de vista tus dones. Los pensamientos racionales y optimistas que podrías tener son arrinconados simplemente porque no son tan fuertes, agudos, amenazantes o demandantes como tu propio diálogo emocional.

Ésta es la característica más turbadora de todas: el diálogo interno negativo se vuelve más fuerte cuando menos lo necesitas. Se vuelve más fuerte cuando estás presionado, porque fluye, por lo menos en parte, de tu verdad personal. Si tu verdad personal está plagada de dudas y ansiedades, entonces también lo estará tu diálogo interno. Este diálogo, con todos sus mensajes derrotistas, se vuelve más fuerte cuando estás confrontando a alguien. Se vuelve más fuerte cuando te entrevistas para un trabajo: no eres lo suficientemente listo; no eres lo suficientemente bueno; vas a fracasar. Se vuelve fortísimo cuando decides quién va a ser tu pareja, cuál va a ser tu estilo de vida o tu trabajo. Lo que te dices a ti mismo es: "Vamos, ¿quién te crees que eres? ¿El rey o la reina del universo? Sólo toma lo que puedas y vete. No te adornes." Este tipo de diálogo, si lo escuchas en los momentos clave, puede cambiar tu vida para siempre. Y acabas por convertirte en tu peor enemigo.

LOS COSTOS

Éstos son los rasgos característicos del diálogo interno. Pero, ¿cuáles son los costos? ¿Cuál es el precio que pagas cuando tu diálogo interno es permanentemente negativo?

El diálogo interno es incesante y está siempre presente; además, puede ser una gran fuerza vital. Puede desencadenar una destrucción acumulativa, sutil y lenta. Imagina a todos yendo por la vida sin camisas durante el verano, sin darse cuenta de que el sol los está quemando. Si les pusieras una plancha en la espalda gritarían y saldrían corriendo. El sol y la plancha son la misma cosa en términos del daño que pueden hacer, pero el sol es más sutil. Ni siquiera te das cuenta de él. De manera similar, si te acercas a una chica, la miras a los ojos y le dices: "Eres una perra estúpida que no vale nada", se replegará horrorizada y adolorida. Sin embargo, ése es exactamente el tipo de cosa que se dicen las personas todo el día, todos los días, en su diálogo interno. La exposición diaria a un diálogo interno negativo, al igual que la exposición prolongada al sol, te puede estar matando sin que te enteres. A final de cuentas, lo que creas es un ambiente interno tóxico que crece a pasos tan indiscernibles que es como si "surgiera de pronto".

¿Recuerdas que en el capítulo 1 dije que cuando decía "matarte" era literal? Cuando estás mental y emocionalmente en guerra contigo, sufres cambios psicológicos. Le restas años a tu vida y te vuelves más propenso a las enfermedades. ¿Cómo? Las células de tu sistema inmunológico están estrechamente relacionadas con las de tu sistema nervioso y hay una comunicación instantánea entre los dos tipos de células. Por cada pensamiento hay un cambio físico instantáneo. Si tus pensamientos sobre ti mismo son negativos y derrotistas, vas a tener una fisiología negativa y derrotista. Puede tomar la forma de un incremento en la actividad endocrina, un incremento crónico de adrenalina, presión arterial elevada o, incluso, un ataque al corazón.

En suma, el diálogo interno es una poderosa medicina. Necesitas escuchar a tu cuerpo, porque tu cuerpo sí que te escucha. Tu cuerpo te habla a través de dolores de cabeza, de espalda, de depresión y ansiedad, incluso por medio de los resfriados. Te informa y te confirma lo que te dices a ti mismo. Y cuando lo piensas, puedes ver que es tu *yo* auténtico el que grita: "Ayúdame un poco, échame una mano." Si estás constantemente cansado, adolorido, enfermo o físicamente incómodo, necesitas darte cuenta de lo que te estás diciendo a ti mismo todo el día, todos los días.

Hay un costo emocional igual que un endurecimiento de tus arterias psicológicas. Como vimos anteriormente, cuando el centro de control se altera, el diálogo interno te impide ver información vital que en otras circunstancias sería increíblemente poderosa. Dejas de reconocer las alternativas positivas, porque, una vez más, se cierra tu centro de procesamiento de información.

Piénsalo así: cuando pierdes las llaves y las encuentras posteriormente, ¿las sigues buscando? Si has estado buscando una respuesta y crees que ya la hallaste, ¿continúas investigando? No. Dejas de buscar. Ahora, imagina que la conversación contigo se parece a esta: "Soy un cabeza dura, siempre he sido un cabeza dura, siempre seré un cabeza dura y nadie me va a respetar." Una vez que aceptas el concepto, ¿para qué seguir procesando la información? Puedes llegar a tener diez experiencias en la semana que se contrapongan al concepto que ya admitiste, pero la ventana de procesamiento de datos está cerrada, así que no ves la información contraria. No la escuchas. Tu diálogo interno te dice que eres un cabeza dura, y lo crees; en consecuencia, ignoras la evidencia que te contradice. No la vas a ver, aunque te la pongan en bandeja de plata. Y lo más seguro es que no busques la evidencia.

Puedes tener un trabajo altamente técnico y estructurado que hace feliz a muchas personas, pero que es penoso para ti. Posiblemente se deba a que tienes inclinaciones artísticas y el trabajo consiste en conectar puntos de manera poco creativa. Es fácil imaginar el diálogo interno que te lleva a desestimar el dolor. Achacas tu infelicidad a factores externos: tu pareja, el lugar donde vives o tu falta de educación. No se te ocurre que la frustración proviene de la falta de honestidad contigo mismo. Cierras la puerta y dices: "Estoy haciendo lo correcto." Tu diálogo interno pasa a piloto automático, racionalizando y justificando las decisiones incumplidas, protegiéndote de las alternativas.

¿El resultado? El estímulo que generas es la respuesta que recibes. El diálogo interno negativo te aleja de la verdad; envenena el concepto de ti mismo; la persona frustrada e infeliz que le presentas al mundo es la persona a la cual el mundo responde; el mundo responde colmándote con más frustración e infelicidad. El diálogo interno se convierte en un círculo vicioso.

En ciertas ocasiones, el ambiente tóxico que genera el diálogo interno negativo desencadena una furia que se revierte en tu contra. Hace tiempo traté a un ejecutivo de una de las compañías más importantes del mundo, llamado Greg, que había recibido un ascenso que requería que hablara en público en varios eventos. El preveía que hablaría ante auditorios escépticos sobre el impacto ambiental de las actividades de la empresa que representaba. Antes de verme, había tratado de afinar y mejorar su habilidad para hablar en público al tomar un curso de oratoria. Si bien su habilidad mejoró, su ansiedad no. Supuse que su problema no era una falta de habilidad, destreza o motivación, sino un diálogo interno destructivo.

Le pedí que reconstruyera una situación reciente en la cual había hablado en público y que había resultado un fiasco. Me comentó que, conforme se aproximaba su compromiso, preparó meticulosamente tanto el contenido como la entrega del discurso. Ensayó, una y otra vez, hasta que se sintió confiado. Incluso realizó una serie de ejercicios de relajación mientras estaba sentado en la mesa de honor y se imaginó a si mismo desempeñando un muy buen papel. Todo eso estuvo muy bien y muy racional pero, una vez que se subió al podio, su diálogo interno comenzó a gritar. Le pedí que recordara las palabras de ese diálogo interno. Aquí hay unos extractos de lo que escribió:

> Oh no, estoy empezando a sudar. Estas personas no me creen nada. Me ven como si estuviera tratando de envenenar a sus hijos.
>
> Estoy fracasando miserablemente. No puedo hacer esto. No sé por qué me engaño a mí mismo. Necesito aceptar que no estoy preparado. Diecisiete personas se han levantado y salido desde que empecé. Esto es un desastre.

Probablemente estás pensando que Greg fracasó porque tenía un dialogo interno negativo y, por lo tanto, se predispuso al fracaso. Sí, tienes razón, pero vamos a ver de cerca cómo es que pasó esto. Sí, su diálogo interno era negativo. De acuerdo con la mecánica del comportamiento humano, hubo un evento psicológico —sudoración, temblores, etcétera— que acompañó esos pensamientos negativos. Sin embargo, es más significativa la naturaleza destructiva del diálogo interno. Veámoslo de esta forma: Greg comenzó con cien unidades de intelecto y concentración para dar el discurso. Pero en lugar de enfocar esas cien unidades a la tarea del momento, redujo sus recursos a la mitad. Conforme se acercó al micrófono, 50 por ciento de Greg se concentró en el diálogo interno, invirtiendo sólo el restante 50 por ciento en la tarea que tenía que cumplir, dar su discurso.

Piénsalo. ¿Cómo te gustaría salir de tu casa todos los días a enfrentar los retos de la vida *después* que alguien hubiera dividido tu intelecto a la mitad? En otras palabras, en lugar de tener un excelente IQ de 110, tendrías que enfrentarte al mundo con un IQ de 55, lo cual es un nivel de retraso. Este es el tipo de impacto que puede tener un diálogo interno destructivo. ¿Te sorprende que a Greg, que estaba operando con un IQ de 55, le haya ido mal? El problema de Greg no era que no supiera hablar en público o que no supiera dar una plática efectiva. El problema de Greg es que estaba tratando de hacer dos cosas a la vez: escucharse a sí mismo y al mismo tiempo dar una plática. Una vez que el problema estuvo bien diagnosticado y Greg aprendió a manejar su diálogo interno de la misma manera que yo te voy a enseñar a manejar el tuyo, el problema concluyó. ¿Pudo detener su diálogo interno? No, pero pudo enfrentarlo y manejarlo.

Entonces, ¿de dónde obtiene la información el diálogo interno? ¿Cuáles son sus fuentes o sus "entradas"? Como somos una sociedad en la que no nos conocemos a nosotros mismos, somos altamente vulnerables a recibir información de todo tipo de fuentes externas: padres, compañeros, autoridades, periódicos, revistas, comerciales, Hollywood e internet. Si nos conociéramos a nosotros mismos, quiénes somos, en qué creemos, en qué no creemos, de qué estamos hechos, entonces no seríamos tan descuidados para permitir que alguien o algo nos defina de adentro hacia afuera. Mi padre solía decir: "Hijo, si no representas algo, vas a caer con cualquiera." Como siempre, tenía razón. Si no te conoces a ti mismo y no "representas" quién y qué eres, entonces estás dejando la puerta abierta a ser influido y arrastrado lejos de lo que eres en realidad.

Todos los días, vemos y escuchamos cómo este tipo de información afecta a nuestros hijos, como cuando consumen drogas y se meten en líos por dejarse influir por alguien que les dijo que hicieran cosas que nunca hubieran hecho por su cuenta. Sucede porque no tienen en claro lo que son y, por lo tanto, no están seguros si la acción propuesta es en realidad propia para ellos o no. Esto aplica para ti: la información puede consistir en cualquier cosa, desde un anuncio televisivo que te dice que si compras un coche nuevo vas a ser popular, sensual o exitoso, hasta las pláticas de la oficina. Absorbes todos estos eventos y después los interpretas a través de tu diálogo interno. El diálogo "A" nos lleva a un resultado; el "B" nos lleva a otro. Mientras más personas externas, anuncios de televisión y otras fuentes sean capaces de influir en nuestro diálogo interno, se volverá más reactivo a factores externos, en lugar de volverse reflexivo acerca de quiénes somos, y así nos alejamos cada vez más de nuestro *yo* auténtico.

Por favor, recuerda que cuando estos mensajes externos golpean nuestro sentido de valor e importancia tendemos a ser especialmente vulnerables, mucho más mientras más concreto sea el tema. Como ya hemos visto, si alguien trata de persuadirte de ser ladrón, no te afecta, porque *sabes* que no eres ladrón. En contraste, si te retan con algo más subjetivo y abstracto —tu inteligencia, tu capacidad de ser querido, tu sensibilidad, talento, valor o carácter— tus oídos sí prestan atención. Puedes adoptar este mensaje dentro de tu diálogo interno sin cuestionarlo, porque no tienes los elementos para refutarlo. De hecho, puedes absorber ese mensaje con tal intensidad y emoción que, como un completo guiñapo, comienzas a repetirlo cada vez que comienzas a hablarte de ti, aunque sepas que no es cierto. Alguien puede hacerte una crítica sin pensar, sin fundamentos, cometer un acto de egoísmo o hacerte un comentario a la ligera, y permites que te afecte; lo que sigue es que, sin darte cuenta, comienzas a incluir de forma "reactiva" este comentario en tu diálogo interno. Como un niño que se deja llevar por "malas compañías", puede ser que nunca inicies este tipo de diálogo interno por tu cuenta, pero como realmente no sabes quién y qué eres, te conviertes en el candidato idóneo para ser influido. Es de vital importancia que estés comprometido a vivir de acuerdo con tu *yo* auténtico.

Temas / Tópicos / Argumentos

Aunque el diálogo interno es reactivo y, por lo tanto, nuevo en todas y cada una de las situaciones, tiene ciertos temas predecibles. Digamos que estás convencido de que estás muy gordo o que simplemente no te gusta cómo te ves con tu ropa. Si así es, entonces es probable que tu diálogo interno sea bastante similar cada vez que te encuentres en un ambiente social, ya sea el trabajo, el supermercado, una boda o en la playa. Puedo imaginarte diciendo: "No puedo creer que estoy aquí. Parezco una vaca. ¿Cómo me podré largar? Mejor me voy hasta allá, así nadie se podrá parar detrás de mí. Si pudiera bajarme la chamarra un poco más. Lo juro, me voy a poner a dieta aunque me muera. No voy a dejar que nadie me vea comiendo. Ahí está *ella*. Dios, la odio. Tengo nalgas de mula y todo el mundo lo sabe. ¡Por lo menos soy aburrida y nadie me pone atención! ¿Cómo me puedo ir de aquí? Por favor, Dios, no permitas que vengan para acá. Oh no, aquí vienen. 'Hola, *¿cómo están*? ¡Qué gusto verlos!' Trágame tierra, esto es un horror."

Éste es un ejemplo de cómo el diálogo interno repite temas que le son familiares. Debido a que es tan singular y variado como el ADN de las personas, los temas y tópicos de tu diálogo interno son sólo tuyos. De hecho, muchos de los comentarios que te haces no son tan malos en sí mismos. Gran parte del tiempo, tu diálogo está orientado a los quehaceres, pero de manera pesada, hasta el punto en que te pone bajo enorme presión. Durante las mañanas más ocupadas, tu diálogo interno puede estar corriendo en paralelo, insistiendo: Tienes que hacer X; no te atrevas a olvidar Y; deberías; en serio tienes que; debes… Una muestra del diálogo interno que has tenido hoy, se parecería al siguiente: "Necesito regresar a la oficina; el tráfico hará que llegue tarde." Quizá tu diálogo interno te induce culpa, como hacerte sentir mal por llevar demasiado tiempo viendo la tele o leyendo el periódico. El punto es que el diálogo interno tiene temas recurrentes: puede ser que estos temas no sean negativos, pero rara vez son neutros.

El diálogo interno puede incluir comparaciones, miedo, preocupación, ansiedad y pesimismo. Puede rumiar obsesivamente por todo, desde una minuta hasta los grandes eventos de tu vida. Tú puedes minimizar algo que realmente es importante al generar un diálogo que esté marcado por un falso sentido de apatía. Después de todo, si "no te importa" ¿qué más da si no lo tienes, no? Así que, para protegerte, tu diálogo interno te va a convencer de que realmente no te importa. Va a atiborrar tu mente con toda clase de basura cada vez que intentes hacer algo que no sea, sin lugar a dudas, una cosa segura.

Recompensas

Mientras piensas acerca del diálogo interno negativo en general y, más específicamente, mientras empiezas a inventariar el tuyo, puede ser que te preguntes, si es negativo, ¿por qué lo sigo haciendo? ¿Si este comportamiento es tóxico, por qué insisto en él? La primera respuesta, como hemos visto, tiene que ver con el poder de lo negativo. Al igual que el miedo a la pistola de un ratero nos abruma y excluye cualquier otra información, tu tendencia a "aferrarte" a la información negativa puede causar que te pierdas de todo lo que está sucediendo a tu alrededor. La información negativa puede parecer más vívida y más real que la información positiva que es verdadera.

También debes considerar el poder de la recompensa. Al tratar de entender a tu diálogo interno, debes estar alerta de las "recompensas" que recibes al decir las cosas que dices. No mantienes ningún comportamiento, diálogo o patrón de pensamiento que no te esté proveyendo de algún tipo de pago o recompensa. En otras palabras, tú no eliges de forma aleatoria tu diálogo; lo eliges porque en cierto grado te "funciona". A cierto nivel recibes una recompensa o no lo harías. Si no hay recompensa, no hay repetición.

Digamos que tu diálogo se ha estancado en el mensaje: dice que te aceptes tal cual eres. Es posible que odies este tipo de diálogo, pero créeme: no lo escucharías ni por un segundo si no recibieras algo a cambio. La pregunta es, ¿cuál es esta recompensa que te hace hacer cosas que conscientemente no quieres hacer? Ni te molestes en pensar que eres la excepción a la regla de las recompensas. No eres la excepción, porque no hay excepciones.

Supongamos, por ejemplo, que Carol está pensando en regresar a la universidad y terminar la licenciatura que dejó cuando conoció a su marido. Conscientemente desea hacerlo, pero no es tan sencillo, por lo menos no al nivel del diálogo interno. Para predecir atinadamente el resultado de los esfuerzos para completar su educación y cambiar de carrera, tendrías que escuchar no solamente lo que te dice, sino, aún más importante, tendrías que escuchar lo que se dice a sí misma. Si su diálogo interno le dice que hay un número de riesgos o complicaciones potenciales que son parte de una mayor educación, Carol puede comenzar a ponerse nerviosa. Carol puede percatarse de que con un título de licenciatura ya no va a poder justificar el trabajo poco emocionante y mal retribuido que tiene. Va a entrar al competitivo mercado de los profesionistas "poderosos", lo cual quiere decir que va a tener que enfrentar un nuevo juego de demandas asociadas con ese mundo más competido. Puede ser que sea aterrador, así que quedarse sentadita donde está "segura" puede ser una auténtica recompensa.

Quizá esta área de su vida nunca fue muy buena, así que su diálogo interno podría ser: "Yo no tengo un buen trabajo, pero al menos tengo una excusa. Dejé la universidad por él, de otra forma, hoy sería una estrella. Si tuviera la educación que todos valoran tanto, quizá tendría miles de oportunidades, pero igual y no. Qué penoso sería eso, sin excusas y sin un buen trabajo."

Al igual que Carol, a veces el diálogo interno te convence de que "simplemente es más fácil no hacerlo". Tu diálogo interno puede sabotear las metas más importantes y trascendentales.

Necesitamos hablar más acerca del asunto del riesgo. Tú percibes riesgos y, por lo tanto, hablas de ellos internamente en cualquier cambio que emprendas. No es de extrañar que nos resistamos neciamente al cambio. Tu diálogo interno puede volverse derrotista incluso si tu problema es tan sencillo como estar atrapado en un trabajo que detestas. Simplemente, el considerar buscar un trabajo diferente, un trabajo mejor, implica un riesgo: el enorme riesgo radica en admitir que lo que tienes ya no es lo que quieres. Una vez que el diálogo interno percibe esto, ya no puedes enterrar la cabeza en la arena y esconderte detrás de la negación. En cambio, ahora enfrentas la cruda realidad de que tu vida laboral es una porquería. Tu diálogo interno te puede forzar a sentir que tienes que "apretar las tuercas" y hacer algo al respecto, y esto puede crear una presión enorme. Si admites el problema, o te obligas a seguir viviendo una vida que ya aceptaste como miserable (dolor) o te esfuerzas en conseguir algo más. Si te estás esforzando, si estás luchando por alcanzar algo más, hay cierta probabilidad de que fracases y, naturalmente, temes al fracaso.

Aquí es donde el diálogo interno te puede causar verdaderos problemas. Cuando tu diálogo interno interpreta las opciones que se te presentan como aterradoras y dolorosas, es muy fácil que te paralices. En lugar de ser honesto y confrontar tu vida, puedes comenzar a mentirte a ti mismo y a vivir una mentira. Tu diálogo interno se transforma: "Esto no está tan mal. Yo sé que no es lo mío, pero bueno, debo de estar agradecido de que por lo menos tengo trabajo. Me gustaría cambiar en algún sentido, pero la verdad es que no creo en mí mismo." Ahí tienes la recompensa: Te puedes esconder de la verdad y evitar el miedo, el dolor y la presión por lograr algo.

En otras palabras, la baja autoestima que puede generar y perpetuar un diálogo interno es para muchas personas una excusa muy útil. Es una gran excusa para no arriesgarse y no esperar mucho de ti mismo: "Caray, me encantaría ser un jugador y contribuir, pero soy muy tímido y no tengo confianza." ¿De veras? ¡Qué conveniente es eso! Tienes miedo, entonces los demás tenemos que arrastrarte de los pelos por 70 años. No lo creo. Oye, todos tenemos dudas; ¿qué tal si confrontamos tu diálogo interno, en lugar de dejar que te paralice?

Si tu diálogo interno gira en torno a tu autoestima, pregúntate si este diálogo te está llevando a lo que auténticamente deseas. Este mundo necesita participantes, no pasajeros. Si estás nervioso y asustado respecto a la vida y tu diálogo interno lo demuestra, te vas a comprometer a ti mismo. Todos sentimos nervios respecto a diferentes aspectos de la vida. Todos dudamos; todos sentimos miedo, ansiedad. Pero si aceptas pasivamente las excusas de tu propio diálogo y permites que te hable sin enfrentarlo, te vas a engañar a ti y a todas las personas que comparten tu vida.

DIÁLOGO INTERNO POSITIVO

En este capítulo hemos visto un número de situaciones donde el diálogo interno es altamente destructivo. Por favor, entiende: es muy posible que el diálogo interno sea racional y productivo. Puede ser que estos criterios —racional y productivo— necesiten ser explicados. Te pueden ayudar a aclarar lo que es y lo que no es un diálogo interno positivo.

Habiendo pasado la mayor parte de mi vida practicando deportes —en mi juventud, jugando futbol, y, recientemente, practicando tenis— he tenido la bendición de contar con entrenadores que reconocen la importancia de la parte mental del juego y, específicamente, el profundo efecto que tiene el diálogo interno en el calor de la batalla.

Me viene a la mente Paul Vishnesky. Paul es un excelente jugador de tenis, un gran compañero de dobles y mejor entrenador. Él ha pasado mucho tiempo estudiando psicocibernéticos y diálogo interior, lo que se refleja en sus enseñanzas. Una vez me dijo: "Si fallas tu primer saque, no te digas a ti mismo, 'no voy a cometer una doble falta'". Su razonamiento era que las últimas dos palabras que proceses antes de golpear tu segundo saque no sean "doble falta." En cambio, me dijo: "Debes decirte: ¡Mete la bola!", la cual es una sugestión mucho más positiva. Él tenía razón, por todas las razones que ya hemos discutido. Su consejo estaba centrado en el poder de la sugestión, enfocándose en un momento preciso del diálogo interno; apuntando hacia una consecuencia física en particular. Y, como pronto descubrí, era altamente productiva.

Como resultado, cada vez que juego tenis, monitoreo regularmente mi diálogo interno para asegurarme que está siendo racional y productivo. Cuando estoy jugando un partido difícil, me encuentro diciéndome cosas tales como: "El hombre fuerte gana el juego. Suéltate, disfrútalo. Te encanta esto. Él está igual de cansado y acalorado. Esto se va a definir dependiendo de quién lo desee más. No *tienes* que ganar, sólo *querer* ganar, así que ve la bola, mueve los pies y juega con orgullo."

Igual y todo esto te suena extraño, pero a mí me funciona. Yo no tengo esta conversación durante un punto en el que pueda interferir; la tengo entre cada punto. Como la tengo entre cada punto, una vez que la bola está en juego me puedo concentrar por completo en mover mis pies y pegarle a la pelota. Y puedes haber notado que me quito presión al decir que no "tengo que ganar". La verdad es que no estoy jugando en Wimbledon, soy un pelón que tiene un trabajo de oficina. Así que utilizo mi diálogo interno para poner las cosas en perspectiva: "Voy a divertirme un rato y, gane o pierda, me voy a bañar, voy a pedir algo y me lo voy a comer; posteriormente ayudaré a Jordan con su tarea de geometría."

Anteriormente vimos que el diálogo interno negativo tiene consecuencias fisiológicas: provoca una sobreestimulación crónica de adrenalina, presión arterial elevada, en fin. Por lo que podemos razonar que, si tus pensamientos son racionales, positivos y poderosos, cada célula de tu cuerpo va a responder con una energía más positiva y poderosa.

Los psicólogos deportivos han estudiado esta conexión cuerpo-mente por años. Sus investigaciones han demostrado, una y otra vez, que los pensamientos que tenemos acerca de la forma en la que vamos a desempeñarnos físicamente va a determinar qué tan bien nos va. Los que levantan pesas pueden levantar más peso si sus pensamientos son reafirmantes. Los nadadores nadan más rápido, los corredores corren más rápido. El testimonio de los atletas olímpicos demuestra la importancia que le dan a su diálogo interno. Lo que esos atletas saben también se aplica para ti, en todo lo que haces; por lo tanto, es la razón por la cual mis entrenadores me enseñaron a controlar mi pensamiento. Y es por lo que adopté el consejo de Paul Vishnesky de observar mi diálogo interno en la cancha de tenis. Yo no soy un atleta olímpico, pero esto nos funciona a ti y a mí, al igual que a ellos.

Ahora vamos a considerar lo que *no* es un diálogo interno positivo. Como ya lo sugerí anteriormente, el diálogo interno positivo es un diálogo racionalmente optimista que no está fundado en el alboroto de las porras. El diálogo interno positivo consiste en pensamientos, mensajes y una retórica basada en hechos que te permiten vivir de acuerdo con tu realidad: sin mentiras, suposiciones u opiniones. El diálogo interno es un compromiso verdadero con el mundo, no una negación alegre.

No es una letanía de mantras para el "bienestar" ("Soy lo suficientemente bueno, soy lo suficientemente listo y por Dios…" Ya conoces el resto). Cuando necesitas apretar las tuercas de las cosas en tu vida y hacer un cambio, no dices: "Soy lo suficientemente bueno tal como soy." El hecho es que quizá *no* eres lo suficientemente bueno: has estado viviendo como un bicho flojo. Si es así, un saludable diálogo interno racional te estaría diciendo la verdad, para que hicieras algo al respecto. Al tener una conversación honesta contigo mismo puedes identificar algo que debe de ir en la parte alta de tu lista de cosas por hacer. Si eres un flojo, admítelo. Si no eres un flojo, entonces deja de decirte que lo eres. Esto no es ciencia nuclear. Tienes que empezar a escuchar lo que te dices y a confrontar tu diálogo interno. Cualquiera que sea el caso, empieza a hablar de los hechos, no de la ficción.

Tú puedes conocer a personas, por ejemplo, que no han sentido miedo alguno cuando debieron de haberlo sentido. Eso no se acerca, ni un poco, a lo que yo llamo diálogo interno saludable. Yo llamo a estos tontos "personas a prueba de balas" (creen que son inmortales). Su clase de diálogo interno es tan peligroso como el que critica indebidamente. Mira, este asunto del diálogo interno no es un ejercicio de afirmaciones ciegas. Todo regresa a tu verdad personal y, hasta ahora, ya sabes que ésta es la verdad que vives. Miéntete y pagarás el precio. Ya sea que tu mentira personal sea una de negación, derrotismo o un montón de alboroto, sigue siendo una mentira. Tu mentira personal puede ser intencional o el producto de una serie de distorsiones que han invadido tu vida silenciosamente. Y nada más que la cándida verdad que ha sobrevivido el reto de una autoevaluación honesta va a ser suficiente. Si tu verdad personal es estar plagado de dudas, autoincriminación y autoflagelación, vas a vivir esa verdad en el mundo. Si te conoces y sabes que confías en ti, entonces no necesariamente vas a tener miedo en una situación de alto riesgo. Tu reacción va a ser el resultado de lo que percibes acerca de ti. Deja de enfrentar tus opiniones y empieza a enfrentar tus hechos.

El conocimiento es poder. Un diálogo interno positivo te permite conocer tu historia e ir más allá. Te permite "ir más allá de tu educación". Pienso en mi padre. Como ya lo he dicho, fue el primero, tanto de su lado como del lado de la familia de mi madre, en ir a la universidad. Él escaló más alto de lo que su educación le permitía. Estaría dispuesto a apostar que su diálogo interno, día tras día, era algo así: "Pobres y sin educación, ése es nuestro patrón; es lo que somos. Bueno, pues me voy a elevar más allá de esto. Estoy luchando por ir hacia arriba en esta escalera. Estoy peleando por salirme de aquí."

El diálogo interno positivo es lo que impulsa a los atletas olímpicos a alcanzar un mejor nivel personal. Es como si toda la energía generada por esa plática afirmativa fuera lo que los llevara a otro nivel de logro. Después, el atleta solamente re-cuerda que estaba completamente absorto en el momento.

El diálogo interno positivo es lo que tomó Oprah como legado de su experiencia en el tercer año de primaria. Una vez tras otra, el mensaje era el mismo: "Si lo haces lo mejor que puedes vas a tener éxito y vas a ser valorado." En mi caso, fue el mensaje de mi propio valor en el mundo real que yo reivindiqué con orgullo al haber sido expulsado de la escuela después de haberme defendido a mí mismo y a mis amigos.

El diálogo interno positivo es totalmente consistente con tu *yo* auténtico y dice: "Yo no tengo que ganarme el derecho de estar aquí." La cualidad que tengo como ser humano me da el derecho de estar aquí.

El inventario

Confío en que ya estás listo para identificar tu propio diálogo interior y averiguar exactamente qué es lo que te dices. Al igual que en las ocasiones anteriores, vas a necesitar tu diario y algo con que escribir.

Ejercicio 1
Elige un día para hacer este ejercicio, de preferencia un día en el que no estés planeando hacer nada especial ni fuera de lo ordinario. Debe de ser un día típico.

Ten a la mano tu diario o un pequeño cuaderno y pluma. Haz una serie de citas contigo: cada dos horas, deja de hacer lo que estás haciendo, saca el cuaderno y simplemente anota las observaciones acerca de tu diálogo personal en las últimas dos horas. Cada una de estas ocho o diez sesiones de notas deben de durar unos minutos. Escribe lo que te has estado diciendo a ti mismo acerca de:

- Tu apariencia

- El trabajo que has estado realizando en las últimas dos horas

- Tu trabajo, más en general

- Tu inteligencia

- Tu capacidad

- Tus destrezas y habilidades

- Tu valor

Si te resulta más fácil no esperar a que den las dos horas y apuntar las cosas conforme te las vas diciendo, entonces, por favor, faltaba más, hazlo así. El punto es desarrollar un entendimiento cabal de tu diálogo interno durante el día, sin alterar por completo tu horario.

EJERCICIO 2

Imagina que mañana tienes programada una presentación importante del trabajo. Un número de clientes importantes, al igual que varios de tus compañeros y tu jefe, van a estar presentes. Es la noche anterior. ¿Qué te dices?

Toma el tiempo que necesites para considerar, honesta y cabalmente, los tipos de mensajes que te estarían pasando por la cabeza. Vas a tener esta conversación contigo, ¿qué te dirías?

Escribe todo lo que puedas sobre esta conversación.

EJERCICIO 3

Revisa lo que escribiste en los ejercicios 1 y 2. ¿Hay temas en común o hilos conductores entre los dos escritos? En caso de que así sea, ¿cuáles son las características comunes? Descríbelas por escrito.

EJERCICIO 4

Cuando revisas tus ejercicios escritos, ¿cómo describirías el tono o el humor de tu diálogo interno? ¿Es positivo y liviano? ¿O es pesimista, derrotista, y condenatorio? Si es positivo, ¿es racional? ¿O una serie de porras sin sustancia? ¿Hay áreas en particular dónde lo que has escrito es especialmente duro o crítico? En contraste, ¿te parece que tu diálogo interno en cuanto a ciertas áreas de tu vida es particularmente optimista y liviano? subraya cualquier cosa que ilustre las partes especialmente positivas o negativas de tu dialogo interno.

EJERCICIO 5

Una vez más, revisando lo que escribiste en los ejercicios 1 y 2: ¿qué te dicen los escritos acerca de tu centro de control? Completaste un par de cuestionarios en el capítulo anterior sobre tu centro de control. ¿Tu escritura reciente le agrega un poco más de percepción? ¿Está tu diálogo interior orientado a un centro de control externo, interno, o va más de acuerdo con la suerte? Escribe la respuesta.

EJERCICIO 6

Conforme veas lo que escribiste, responde esta pregunta: ¿qué clase de amigo eres para ti durante el día? Si fueras un amigo que te estuviera susurrando al oído el mensaje que registraste en los ejercicios 1 y 2, ¿qué tipo de amigo serías?

Tú eres el que te habla todo el día, todos los días. ¿Qué clase de amigo eres? ¿Estás activamente creando un ambiente tóxico para ti mismo, contaminando tu experiencia del mundo? ¿O los mensajes que te mandas a ti mismo están caracterizados por un optimismo racional y productivo?

9

ETIQUETAS

*Cada hombre define su propio valor... un hombre se engrandece
o se empequeñece según su propia voluntad.*

J. C. F. von Schiller

Hace muchos años, un equipo de psicólogos lanzó un proyecto de investigación usando como objetos de la misma a estudiantes de primaria. Los investigadores observaban cómo el ambiente social, en particular el trato que recibimos de aquellos a quienes consideramos poderosos y relevantes, afectan el concepto de nosotros mismos. Al principio del año escolar, los investigadores dividieron en dos a un grupo de sexto año. El proceso de selección fue cuidadosamente aleatorio con el fin de que los dos grupos fueran virtualmente idénticos en términos de promedio de inteligencia, habilidad, nivel de madurez, trasfondo y así sucesivamente.

Posteriormente, los investigadores le dijeron a un grupo que eran los "Pájaros Azules", niños excepcionales que habían sido identificados como poseedores de habilidades extraordinarias. Se les dijo que el año escolar iba a ser un reto y que el cambio iba a ser acelerado, de acuerdo con sus dotes especiales. Del otro lado del pasillo, en contraste, se les dijo a los "Pájaros Amarillos" que iban a tener que trabajar el doble para sacar adelante sus tareas; que iban a enfrentar muchos retos; y que lo más probable es que el año escolar fuera una lucha para la mayoría de ellos, pero que su maestra iba a tratar de ayudar a todos y cada uno de ellos. El mensaje para los "Pájaros Amarillos" era básicamente "son marginalmente inteligentes y sus logros en la vida van a ser marginales, en el mejor de los casos". Todos los otros aspectos de su experiencia fueron idénticos. Todos los estudiantes, sin importar las tareas del grupo, recibieron la misma cantidad de tareas, siguieron el mismo calendario y presentaron los mismos exámenes.

Gracias a Dios, actualmente este tipo de proyecto nunca hubiera visto la luz del día: Hoy no puedes y no debes recibir aceptación para un estudio psicológico que presente un riesgo de daño a los participantes. Ciertamente, aunque la división artificial del grupo solamente duró cuatro meses, las consecuencias fueron profundas y duraron años. Los "Pájaros Amarillos", de hecho, lucharon y demostraron la seria frustración y autorecriminación asociada con sus dificultades. Desafortunadamente los problemas no terminaron cuando se les quitó la etiqueta. Cuando los investigadores volvieron a ver a estos niños, diez años después, los que habían sido "Pájaros Amarillos" consistentemente obtuvieron bajas calificaciones, eran mucho menos exitosos en actividades como los deportes y la música, y eran más propensos a meterse en líos con la ley y sacaban menor puntaje que los "Pájaros Azules" en las pruebas de inteligencia. Los "Pájaros Azules" se desempeñaron de manera apreciablemente mejor en cada una de las dimensiones medidas. Quiero asegurarme que captes la gravedad de lo que estoy diciendo. ¡Estos niños, iguales en todos los aspectos, tuvieron resultados diametralmente opuestos en la vida, resultados que fueron encausados por nada más y nada menos que una etiqueta! En conclusión: ambos grupos de estudiantes vivieron las etiquetas que les fueron puestas a una edad temprana. Ellos no lo sabían, no te podían haber dicho que la etiqueta había cambiado su concepto de sí mismos o que se exigían menos por lo mismo, pero sucedió y sucedió de forma devastadora.

Las etiquetas son influencias increíblemente poderosas en tu vida y te apuesto a que no eres consciente ni siquiera de una fracción de tus etiquetas, o del poder de las mismas, ya sea que provengan del mundo exterior o desde dentro de ti. Tus etiquetas son tan importantes porque están ubicadas en el corazón de tu *yo* ficticio. Ellas son una de las formas en las que el mundo ha atacado tu autenticidad y te ha mandado mensajes de lo que se espera de ti, si es que vas a ser una buena "oveja". Quizá las etiquetas que más te han confrontado y limitado vienen de tus padres, o de un grupo cruel de compañeros o de algún maestro o entrenador. Quizá provienen de tu interior cuando te observaste a ti mismo equivocándote. De cualquier manera, cualquiera que sea la fuente, debes admitir la existencia de las etiquetas, confrontarlas si te "quedan" y enfrentar el impacto que han tenido en el concepto de ti mismo. No puedes ignorar su poderosa influencia si pretendes regresar a tu *yo* auténtico. Las etiquetas son tan poderosas porque son propensas a ser interiorizadas y aceptadas. Si aceptas a las etiquetas como la definición de ti, estás confrontado a tu nivel más esencial. Una vez que aceptas una etiqueta como válida, reemplazas la definición de quién eres en realidad por aquella que la etiqueta dice. Recuerda la pregunta que te hice en el capítulo 2: "¿Quién eres?"

Como vimos en dicho capítulo, muchas personas responden a esa pregunta en términos de su puesto o de su trabajo. Cuando les preguntas, "¿quién eres?" ellos responden: "Soy un prestamista." "Soy un plomero." "Soy un vendedor." "Soy mamá." "Soy maestro." "Soy un corredor de bienes raíces." Esto es, se describen a sí mismos en términos de un papel definido por lo exterior. Ellos responden la pregunta diciéndote lo que hacen, no quienes son.

Pero hay una segunda forma como las personas responden a esa pregunta, una que quizá nunca hayan puesto en palabras. Con esto quiero decir que no importa cómo respondas esa pregunta en voz alta ("soy una mujer de negocios"; "soy un abogado"), internamente, puedes responder de forma muy diferente. Sin duda, tú tienes un juego de etiquetas "sociales" que utilizas cuando conoces a alguien o cuando te presentas ante el mundo. Tú también tienes un juego de etiquetas internas que te aplicas como una función de juicios con los que te juzgas, que nunca revelarías pero que, sin embargo, son parte clave de tu verdad personal. Internamente, tu respuesta a la pregunta, está conformada por otro juego de etiquetas que puede ser increíblemente cruel y dañino. Simplemente, una etiqueta sucede:

- Cuando permites que alguien más te defina basándose en su *percepción* de ti.

- Cuando te juzgas a ti mismo y cristalizas ese juicio como una auto caracterización perdurable.

Si vives una etiqueta, te has modelado un concepto ficticio de ti mismo lleno de barreras artificiales. Las etiquetas son generalizaciones o estereotipos, e ignoran quién eres en realidad. Ya sea que una etiqueta te haya sido impuesta desde afuera o desde adentro, enseguida la aceptas como propia. En otras palabras, tú o alguien más pudo haberte dicho hace años que eras un "Pájaro Amarillo", y tú lo sigues creyendo.

Las etiquetas son los iconos del diálogo interno que comenzaste desde niño y que continúas hasta el día de hoy. Ellas pueden reflejar las conclusiones a las que llegaste cuando te mediste con una "vara" que te fue impuesta por el mundo. Quizá la medida era popularidad y tú no lo eras, así que tu etiqueta fue de *nerd*. Quizá era el dinero y como no tenías, tu etiqueta fue de "perdedor". Quizá eran las calificaciones y tu hermano o hermana sacaba mejores calificaciones así que fuiste etiquetado como "mal estudiante". (¡Eso es tan majadero y condescendiente!) A diferencia de la mayoría de las otras palabras que usas, una etiqueta tiene una "carga" emocional asociada a ella; en breve, no es solamente descriptiva, es acusatoria y quema. Es este aspecto emocional lo que le da a la etiqueta un poder devastador.

Esto es lo que quiero decir: conforme aprendiste a hablar, primero aprendiste los nombres de las cosas en términos de sus propiedades e identificaciones físicas. Una de tus primeras palabras pudo haber sido "pelota". Una pelota no es ni buena ni mala. Cuando tu mamá estaba parada junto a tu cuna diciéndote "pelota, pelota", te estaba ayudando a diferenciar ese objeto de otros. En contraste, ¿qué pasó cuando escuchaste "niño malo" o "niña mala"? Su voz era diferente. Su ceño estaba fruncido. Sabías que ella no estaba contenta y sabías que tenía que ver contigo. Esas palabras que usó se enredaron con tus propias respuestas emocionales hacia tu madre y en referencia a ti. El piquete que sentiste quiso decir que nunca más ibas a poder a volver a escuchar "niño malo" o "niña mala" de la misma forma neutral en la que escuchaste la palabra "pelota".

Conforme se fue expandiendo tu vocabulario, aprendiste a distinguir las palabras malas de las palabras neutras. Quizá aprendiste lo que significa "H.D.P." o lo que quiere decir "marica". "Fracasado" puede haberse colado en el concepto de ti mismo, trayendo consigo la alienación del amor propio, un orgullo herido o un anhelo de logros. Quizá la etiqueta que escuchaste fue "irremediable", la cual te aplicaste como significando "inútil" e "inepto". Quizá la palabra "feo" se convirtió en "odioso" o "indigno de amor".

¿Quién eres tú para estar en desacuerdo? Quizá ellos tengan la razón, pensaste: "Tal vez sí *soy* un perdedor". Quizá *soy* feo. Resistir una etiqueta es lo suficientemente difícil, y no por otra razón que por lo difícil que es de cuantificar. Ahora, agrégale dolor emocional a la mezcla. No importa si escuchaste la etiqueta una vez o miles de veces: Si tú sentiste la palabra en el nivel emocional, se convirtió en significativa. El dolor la concretó. Así que gracias al piquete emocional y por causa de —no en detrimento de— su cualidad abstracta, esa etiqueta se volvió más vívida y más real para ti que un objeto tridimensional como la "pelota".

Si buscas la palabra "etiqueta" en un diccionario, la encontrarás definida como un "término de clasificación". Una etiqueta nos ubica dentro de un cierto grupo de personas que son supuestamente parecidas a nosotros. La etiqueta también dice que no somos como otro cierto grupo de personas. Cada uno, dentro de su clasificación se comporta de determinada manera; todos los que están fuera de él, se comportan de manera diferente.

Cuando piensas en lo que significa eso, reconoces que una etiqueta es una especie de predicción. Los "Pájaros Azules" siempre florecerán en la escuela; los "Amarillos" siempre batallarán. Porque eres un sagitario vas a hacer X en cierta situación. Ella es escorpión, así que actuará de Y manera. Incluso las personas inteligentes usan este tipo de determinismos para definir a los demás.

La preparatoria parece ser tierra fértil para nuestros impulsos de clasificar. Están los populares y los no populares, los deportistas, los *nerds*, las reinas, los gandallas, los raros, los drogos, etcétera. Durante estos años somos sumamente vulnerables, estamos especialmente sensibles a las relaciones sociales y tenemos necesidad de saber a dónde pertenecemos. Nuestra sensibilidad emocional significa que las etiquetas que asumimos en la preparatoria pueden penetrar profundamente en el concepto de nosotros mismos. Las expectativas en torno a nuestros compañeros y nosotros mismos pueden "endurecerse" hasta el punto de que no vivir de acuerdo con nuestra etiqueta se convierte en algo impensable. Desarrollamos ideas muy firmes de cómo "deben" o "no deben" comportarse las personas. No queremos que el "deportista tonto", la estrella del futbol, se saque puro diez, porque eso atenta en contra de nuestras predicciones. No está bien cuando el *nerd* del lapicero toca la guitarra y se convierte en Buddy Holly; se suponía que él debía seguir siendo un *nerd*. Nos convencemos de que las predicciones asociadas con determinada etiqueta que nos ha sido impuesta es lo real, lo incuestionable. Podemos adaptarnos tanto a nuestra etiqueta que consideramos que cuestionarla es fútil e incluso una amenaza. A veces nos adaptamos al hecho de tener por lo menos una identidad. Quizá deseemos defenderla activamente: "Ésta es mi caja. No me digas que me salga de ella. ¡Yo soy un rebelde problemático y no se te olvide!" Tú puedes temer que si pierdes esa etiqueta, no habrá nada para reemplazarla.

El punto es que cuando eras joven y vulnerable, quizá te creíste una clasificación que ahora bloquea el camino de regreso a tu *yo* auténtico. Recuerda que el mundo tiene una agenda para ti y que tu autenticidad no tiene cabida alguna en ésta. El mundo ama las etiquetas porque son convenientes. Rehusarte a vivir conforme a una etiqueta, te convierte en una persona indeseable.

Etiquetas iatrogénicas

Conforme te preparas para identificar las etiquetas que están operando en tu vida, por favor entiende que no todo el etiquetamiento dañino es motivado por odio o por el deseo de controlar a otras personas. Hay un término "iatrogénico" que describe el daño inducido por un sanador. Las lesiones iatrogénicas son resultado de las buenas intenciones. Por ejemplo, el doctor indica unas semanas de reposo y el paciente desarrolla llagas. O el paciente pierde una función mental, no por su enfermedad, sino porque el doctor dijo que podía haber pérdida de las facultades mentales.

De forma similar, las etiquetas iatrogénicas son marcas destructivas motivadas por la bondad. Una etiqueta que tenía la intención de ayudar puede ser un desastre de por vida. Que alguien tenga buenas intenciones no quiere decir que la etiqueta no sea dañina.

Por ejemplo, los padres de niños minusválidos a veces les comunican que carecen de la capacidad para enfrentarse al mundo "normal". Es entendible que los padres sientan miedo de que sus hijos sean intimidados o lastimados por el mundo. Sin embargo, este deseo de protección puede dar paso a un adulto con mayores desventajas por motivo de sus debilidades y miedos que por cualquier problema físico. Quizá el obstáculo más grande para la joven Hellen Keller no fue su ceguera ni su sordera, sino el padre sobreprotector. Imagina la enorme pérdida para el mundo si su vida entera hubiera estado guiada por el bien intencionado deseo de mantenerla guardada para siempre. A otros niños se les ha dicho que tienen una "constitución delicada" o que son "especialmente sensibles". A un niño se le pueden poner cualquier número de etiquetas, sin malicia alguna, sin embargo, éstas pueden tener consecuencias nefastas a largo plazo.

Así que necesitas estar alerta sobre los posibles efectos de las etiquetas iatrogénicas en tu vida. Busca *cualquier* etiqueta que haya disminuido tu sentido del *yo*, encajonándote de manera autolimitante de por vida, aunque la etiqueta haya sido puesta de forma protectora y amorosa. Permíteme agregar que ésta no es una invitación para refunfuñar en contra de tus papás por la frustración que sientes. Sí, tus padres, maestros, y otras figuras de autoridad te asignaron etiquetas iatrogénicas, pero ahora tú eres el responsable. Tu tarea es ver hacia adentro, encontrar esas etiquetas y decidir por ti mismo si quieres seguir usándolas o no.

Vivir con tu etiqueta

Una vez traté a una mujer de 45 años que tenía un paupérrimo concepto de si misma. Beth Ann era la primera de cuatro hijos. Tenía tres hermanos más chicos, aunque cercanos en edad, pero ella era la única niña y francamente no era una circunstancia muy afortunada.

Su padre, Joe Bob, era un hombre de constitución poderosa, de personalidad apabullante y un sistema de valores tan misógino que hubiera hecho que Archie Bunker pareciera liberal. Joe Bob era un "hombre muy hombre" que pasaba todo el tiempo cazando, pescando y jugando o viendo deportes. Él quería un niño, un "compañero de juego". Cuando nació Beth Ann no ocultó su decepción. Trataba a su esposa como si fuera una criada y conforme Beth Ann creció era, en el mejor de los casos, tolerada. Mientras sus hermanos crecieron y pudieron acompañar a su padre, el papel de Beth Ann se fue minmizando hasta volverse invisible a los ojos del padre. Invertía todo su tiempo y energía en los niños. Beth Ann anhelaba ser aceptada e incluida en su mundo, pero no tenía el poder para lograrlo. La desatención hacia ella no hizo más que crecer y culminar en un abierto resentimiento cuando ella necesitó tiempo, gasto, dinero y automóviles. Por el otro lado, Beth Ann, era una cenicienta moderna. Usaba ropa de segunda mano, vivía en un pequeño cuarto que hacía las veces de pórtico/bodega, y manejaba la camioneta de veinte años que su mamá tenía. No tenía privacidad, respeto o atención de parte de sus hermanos y su padre. Mientras que a Joe Bob nunca se le hubiera ocurrido perderse una actividad o juego escolar de sus hijos, jamás asistió a una sola función de Beth Ann, diciendo que era "cosa de niñas". No es de sorprender que Beth Ann se etiquetó a si misma como de segunda mano, porque en el sistema de esta familia, *sí* lo era. Es cierto que los niños aprenden lo que viven y Beth Ann aprendió muy bien.

"Vivir con la etiqueta." Beth Ann había sido educada para merecer muy poco y, como resultado, esperaba muy poco. En cada relación que tuvo, ella era tan pasiva y servil que casi invitaba a ser explotada, era común que la vieran como aburrida, sin espíritu y sin chispa. Incluso cuando vino a verme, a un profesional al que le estaba pagando por su consejo e información, se sentía mal por hacerme escuchar todos sus problemas. Habiendo sido etiquetada de esta forma por el trato de su padre y etiquetándose ella de esta manera, había excluido cualquier otra opción o consideración sobre su valía. La etiqueta controlaba cada uno de sus pensamientos, sentimientos y acciones y vivía conforme a esto. Esta etiqueta que le había sido comunicada por medio de las palabras y hechos de su padre y que después había sido interiorizada por ella, se convirtió en una prisión. Cada día que ella se conformaba, el agarre en su vida apretaba más y más hasta que comenzó a aplastar a su espíritu, hasta el punto en que, por fin, pidió ayuda.

Ella hacía que sus etiquetas crecieran cuando se condenaba a sí misma en respuesta al dolor de su rechazo. Su reacción fue dudar siempre y abandonar su verdadero sentido del *yo*. Algunas veces, la reacción es menos obvia aunque no por eso menos devastadora.

Algunas personas reaccionan a las etiquetas con total y absoluta conformidad con el mensaje implícito y otras reaccionan de forma radical *contra* la etiqueta y se vuelven extremadamente rebeldes. Quizá una persona que ha sido devaluada y etiquetada, como Beth Ann, podría responder con arrogancia y un falso sentido de superioridad. Ellos pueden aparentar que no les importa la aceptación que les fue negada. Es importante notar que en ambos casos, ya sea que te estás conformando con la etiqueta o rebelando radicalmente contra ella, te está controlando y está dictando tu vida. Es fácil comprender cómo ese trato hacia una vulnerable e impresionable niña puede controlar sus pensamientos, pero, ¿cómo es que persiste cuando esa niña crece? ¿Por qué siguió siendo controlada por sus etiquetas de infancia una mujer madura y competente? La respuesta es contundente, aunque nada obvia.

Vivir con una etiqueta, sólo puede convertirse en parte de tu verdad personal y concepto de ti mismo si te funciona en un nivel. Vivir conforme a una etiqueta, ceder tu poder, te provee de algún tipo de beneficio —social, espiritual, económico u otro— que puede hacer que hasta las más dolorosas e inapropiadas etiquetas se vuelvan altamente durables y resistentes al cambio. De alguna manera, aceptar la definición que te provee la etiqueta conlleva una gratificación, si no, no lo harías. Quizá es una excusa para ser pasivo-agresivo o para jugar a la víctima, pero sea lo que sea, tú no lo harías si no hubiera una recompensa, por más dañina que fuese.

En situaciones decididamente menos dramáticas que la de Beth Ann, también me he topado con incontables personas comunes y corrientes que se han etiquetado a sí mismos como "pacientes", no porque estuvieran enfermos o deformados, sino porque ellos reciben enormes dividendos al vivir con esa etiqueta. Llamarse a sí mismo pacientes les da una identidad. Ya sea que sus desórdenes sean imaginarios, legítimos o que fueran unos absolutos hipocondriacos, era la insignia de cómo querían ser tratados o querían tratarse a sí mismos, definiendo lo que ellos debían o no hacer. Sintieron que estar "enfermos" les concedía el "honor" de ser pacientes, el mismo tipo de honor que un soldado herido puede recibir a su regreso de la guerra. No tenían incentivo alguno para salirse de la cama. Me maravillaba cómo tantos de mis pacientes se enorgullecían de sus lesiones o enfermedades. Presumiéndose unos a otros lo enfermos o lesionados que estaban. Las citas con el doctor se convirtieron en su razón para vivir. Los que alguna vez fueron miembros productivos de la sociedad, se habían minimizado, al vivir con su etiqueta, a ser parásitos sociales improductivos. Iban al hospital a comparar notas y no planeaban regresar a sus papeles productivos.

El mensaje implícito era: "Soy un paciente, así que respeta mi etiqueta, en lugar de respetarme a mí. Yo soy débil y estoy limitado en las cosas que puedo hacer por mí y por los demás. Siente pena por mí y respétame, pero no esperes nada de mí." Para muchas personas las etiquetas de "paciente" o "estudiante" les da la recompensa, socialmente aceptada, de tener "tiempo libre" en sus responsabilidades frente al mundo. ¿Cómo puede alguien esperar que una persona se levante a trabajar, si después de todo, está enfermo o en tratamiento? Es muy conveniente si eres un flojo, ¿no crees? El problema es, una vez más, que esto es una absoluta ficción, y vivir conforme a esa etiqueta ignora por completo a tu ser auténtico y a todas las destrezas y habilidades que están enterradas debajo de ella.

Para algunas personas, el aferrarse a una etiqueta les ofrece la seguridad de una identidad. Si tienes una etiqueta, entonces por lo menos eres "algo". Oye, todos quieren ser alguien, ¿o no? ¿Pero qué tal si eres mucho más de lo que la etiqueta permite? Al igual que con Beth Ann, estas situaciones y etiquetas cotidianas pueden ser muy restrictivas.

Recuerdo mi reunión de 30 años de la preparatoria. Las "niñas bonitas" pueden seguir siendo bonitas, pero no muy interesantes. La necesidad es la madre de los inventos y aunque algunas de estas niñas eran bonitas, inteligentes y trabajadoras, algunas no lo eran. Eran las típicas niñas que eran escogidas para todo, que les permitían todo, sólo por ser bonitas. El resultado: Se acomodaron muy bien siendo "bonitas". Nunca intentaron ser interesantes o inteligentes, porque ellas creían que no lo necesitaban. Era claro que esa etiqueta, tan cómoda, se había convertido en una maldición. No podían seguir cumpliendo con el estándar de ser "jóvenes y bellas", pero trataban de vivir en el pasado, totalmente contenidas y definidas por una etiqueta que ya había caducado.

Éste es otro de los problemas de las etiquetas; casi siempre ven para atrás. Las etiquetas describen dónde estás o dónde no estás. Si cedes ante ellas, de seguro van a predecir a dónde irás.

Enfocarte en tus etiquetas es ver hacia atrás en lugar de hacia delante. Enfocarte en tus etiquetas es permitir que tu pasado se convierta en tu futuro.

Lo que es verdad para los demás factores internos, también lo es para las etiquetas: Tú distorsionas la información para mantener tus etiquetas. Si decides que tu hijo es un demonio, que tu jefe es un cretino o que tú eres un perdedor, vas a recolectar toda clase de información que apoye a esas etiquetas y vas a rechazar toda la información que las contradiga. Vas a poner tu "radar de información" en modo de confirmación y solamente va a buscar ejemplos para interpretar comportamientos e interacciones de forma tal que mantengan una etiqueta y categorización relevante. Tú haces exactamente lo mismo, ya sea con una etiqueta tuya o de cualquier otra persona.

Al igual que con algunas de las anteriores reinas de belleza de mi reunión, si tu etiqueta era y sigue siendo la de la niña más linda del salón, cuando envejezcas y tu belleza desparezca, vas a tener que evitar los espejos y a las personas que te digan la verdad y vas a vivir muy angustiada. Si te etiquetaste a ti misma como la mejor madre, cuando tus hijos abandonen el nido y se vayan a la universidad, tu etiqueta ya no te va a servir de mucho. Si cuando percibes y juzgas a alguien más, te dices a ti mismo, ese tipo es un idiota, vas a dejar de procesar información, porque ya decidiste que lo es. El jurado decide que es un idiota. No hay más preguntas. Si la etiqueta es: "Soy un perdedor", mantienes la etiqueta frente a ti, todos los días. Puedes mostrar numerosos comportamientos "ganadores", pero tu etiqueta se va a convertir en una profecía autorealizada.

Te garantizo que si has comprado un montón de etiquetas, tu radar va a "escasear" hasta encontrar la forma de sostenerlas. Tú vas a vivir con tu etiqueta. Y como la mayoría de las personas, vas a apagar la ventana de procesamiento de información para poder vivir con esa etiqueta. ¿Por qué? Porque, una vez más, si eres como la mayoría de las personas, prefieres tener la razón a ser feliz y tus recompensas, aunque ilógicas, son valiosas.

Ejercicios

Llegó la hora de un poco de autodiagnóstico. ¿Cómo te etiquetas a ti mismo? ¿Te dijo alguien que eras un perdedor? ¿Te has etiquetado a ti mismo como un perdedor? A lo largo del camino, ¿aceptaste una etiqueta para ser aceptado por un grupo? ¿Has etiquetado tu vida como un callejón sin salida? En caso de que así sea, ¿qué haces por tu vida?

Para liberarte de tu *yo* ficticio, debes de tomar con ambas manos las etiquetas que te han atrapado; evaluarlas; eliminarlas. Los siguientes ejercicios te van a ayudar a hacer justo eso.

Ejercicio 1
En un papel, enlista todas las etiquetas que hayas recibido. Empezando tan atrás en tu vida como recuerdes, escribe cada una de las etiquetas de las que te acuerdes. Tu lista debe incluir las etiquetas que han influido en el concepto de ti mismo y algunas que has rechazado.

Ejercicio 2
Copia el siguiente cuadro en tu diario. Después de que hayas enlistado todas las etiquetas que recuerdes para el Ejercicio 1, regresa a tu lista y circula las que crees que te fueron impuestas por tus padres.

Muchas de las etiquetas vienen desde hace tanto tiempo que es posible que no recuerdes la primera vez que las escuchaste, pero trata de recordar la primera vez que sentiste el piquete de una de estas etiquetas y lo que estabas haciendo en ese momento. Llena tu cuadro de la manera más detallada posible.

Etiqueta	Primera mención	Comportamiento
_____	_____	_____
_____	_____	_____
_____	_____	_____

Ejercicio 3

Regresa al cuadro del Ejercicio 2 y palomea al lado de cualquier etiqueta que intuyas que sigue siendo parte de tu vida. ¿Estás operando bajo la creencia de que esa etiqueta sigue siendo verdadera y refleja lo que eres?

Ejercicio 4

Ahora copia los siguientes encabezados en tu diario.

Vuelve a revisar tu lista original del Ejercicio 1. ¿Cuáles de estas etiquetas te fueron impuestas por otras personas que no sean tus padres? ¿Recuerdas lo que estabas haciendo cuando recibiste esa etiqueta? Completa el cuadro con esta información.

Etiqueta	Persona	1a. mención	Comportamiento
_____	_____	_____	_____
_____	_____	_____	_____
_____	_____	_____	_____

Ejercicio 5

Este ejercicio requiere de tres columnas. Identifica cada una de las columnas como se muestra a continuación.

Es tiempo de que recuerdes qué etiquetas de tu lista se han convertido en parte de tus propias etiquetas. Ya que por lo general, nuestras etiquetas internas radican debajo de nuestro consciente, este ejercicio requiere de tu máxima concentración. Lo que vas a enlistar son las etiquetas que *te apliscaste a ti mismo* después de algún evento.

Ejemplos: Si te lastimaron y te rechazaron cuando terminaste una relación, ¿te etiquetaste y te sigues etiquetando como un perdedor?

Si sufriste un mal divorcio, ¿te etiquetaste y te sigues etiquetando como un fracaso?

Si reprobaste un examen, ¿te etiquetaste como un tonto?

¿Hay algún incidente relacionado con tu carrera o tu trabajo que ocasionó que te asignaras alguna etiqueta en particular? ¿Cuál fue el incidente y cuál la marca que te pusiste?

¿Cuáles son las etiquetas de ti mismo que cargas contigo?

Para cada una de estas etiquetas, trata de recordar las veces que te identificaste con éstas: en otras palabras, ¿cuando aceptaste esta etiqueta como un enunciado verdadero? ¿Cuál era la situación?

Utiliza el cuadro para registrar la información.

Etiqueta	Momento en que ocurrió	Comportamiento
_____	_____	_____
_____	_____	_____
_____	_____	_____
_____	_____	_____
_____	_____	_____
_____	_____	_____

Atando Cabos

Más adelante vamos a trabajar con detalle tus respuestas. Ahora, lo que quiero es que revises las etiquetas que te has puesto a ti mismo. Imagina que están enlistadas en tu currículo. Ahora supón que lo estás viendo como si fueras un futuro patrón. ¿Dice algunas de las siguientes cosas?

"Vamos a ver qué tenemos aquí. Okay: un gordo y flojo zángano, abeja trabajadora sin ambición. Ésto está súper. Vamos a contratar a *un montón* de esos."

Absurdo, ¿no te parece? Si *no* quieres que tu contratante te ponga esas etiquetas, ¿entonces por qué tú lo haces? Decide que ya no vas a conspirar con el mundo asignándote etiquetas limitantes. Cualquiera que sea la recompensa que recibes por vivir tus etiquetas, salte de esa zona de comodidad, de una vez por todas.

10

GUIONES DE VIDA

Habrá dos fechas en tu lápida y todos tus amigos las van a leer, pero lo único que va importar es el pequeño guión en medio de ellas.

KEVIN WELCH

En el capítulo que habla del diálogo interno aprendiste que estás comprometido en una interminable conversación que se lleva a cabo en tiempo real contigo mismo. Has aprendido que este diálogo tiene consecuencias concretas e inmediatas. Si el diálogo interno es racionalmente positivo, te da energía y fuerza; tanto tu mente como tu cuerpo funcionan dentro de una "zona" que abre nuevas posibilidades de éxito. Si tu diálogo interno es negativo, lo sientes, incluso a un nivel celular. Engloba y refleja tu verdad y, por lo tanto, el concepto de ti mismo. Con todo lo que sientes, dices y haces, ese contaminado concepto de ti mismo se presenta cuando tú le muestras al mundo una serie de mensajes negativos. El mundo, por supuesto, va a responder en consecuencia.

Al hacer un inventario de tu diálogo contigo mismo puede que hayas tomado conciencia de que hay cierto tipo de plática que no se parece a ninguna otra. Es una conversación contigo mismo, pero hay una distinción: mientras que tienes la sensación de que está llena de notas desagradables de tu pasado, parece ser que sucede tan rápido que es borrosa. A diferencia del resto de tu diálogo interno, el que sucede en tiempo real y puede ser escuchado a voluntad, esta enclavada actividad mental es difícil de manejar. Sucede increíblemente rápido y es especialmente maligna. Por esas sencillas razones, demanda una discusión aparte y atención especial. Este tipo de diálogo, especialmente peligroso, es a lo que yo llamo una cinta.

Una cinta es un diálogo negativo contigo mismo que has ensayado y repetido durante tanto tiempo y de forma tan continua que se ha convertido en "sobreestudiado". Ha taladrado tu cabeza, hora tras hora, día tras día, mes tras mes y año tras año. Finalmente, una cinta se queda grabada tan profundamente que se convierte en una respuesta automática: puede desatarse sin que te des cuenta de que ha sucedido algo en tu vida que la active. Recuerda nuestro ejemplo anterior de cómo las personas que le tienen fobia a las víboras pueden reaccionar tan rápido cuando alguien grita "¡víbora!" Cuando tu cinta se activa, puede ser poderosamente dramática o puede prevalecer en tu conciencia, dominándote silenciosamente. Es una reacción tan poderosa y tan rápida que ningún otro razonamiento llega a ver la luz del día.

Si un titiritero estuviera parado detrás de ti, controlando cada uno de tus movimientos, a ti te gustaría saberlo, y saberlo ahora. Te conmociona y aterra saber que no eres el capitán de tu vida, que no eres quien está eligiendo lo que haces y cuándo lo haces. Bueno, pues ésta es la premisa de este capítulo. Primero, te quiero ayudar a comprender cómo funcionan las cintas y ayudarte a identificar tus propias cintas. Después, veremos las creencias fijas y limitantes que conforman tus cintas. Finalmente, hablaremos acerca de cómo esas cintas producen un guión de vida que, como un titiritero, dicta los resultados de tu vida.

Cintas

Las llamo cintas porque crecí en una época en la que las gigantescas computadoras eran dirigidas por enormes cintas magnéticas que le "decían" a la maquina qué hacer. La cinta corría y la computadora ejecutaba lo que el programa de la cinta le decía que tenía que hacer. Aquí sucede lo mismo: tú también puedes ser dirigido por tus "cintas" sin una mente independiente y propia. Cuando termines esta sección del libro, yo creo que es muy probable que pienses: "Oh, ahora entiendo; ¡ahora ya sé por qué siempre termino en un lugar donde no quiero estar! Estaba programado para comportarme de ese modo y para generar esos resultados, porque estaba siendo programado por poderosos pensamientos de los que ni siquiera estaba consciente."

Quiero asegurarme de que tengas completamente claro lo que son las cintas. Son tan naturales e incontrolables como un reflejo y funcionan de forma tan independiente como tus órganos. Al igual que tu corazón bombea sangre y tus pulmones aspiran oxígeno y eliminan bióxido de carbono, las cintas corren por su cuenta y sin que estés consciente de ello. Como sugerí anteriormente, aunque tienen cierto parentesco con el diálogo interno, las cintas pertenecen a una especie única. Las cintas son pensamientos arraigados, sobre estudiados, ultra veloces que:

1. Ignoran por completo la información actual; y
2. Te programan para resultados específicos; muchas veces, sin que estés consciente de ello.

Supongamos, por ejemplo, que conoces a un tipo y después de hablar con él un rato te dices: este tipo es un completo zopenco. Es tan aburrido. Preferiría estar en mi casita calientita comiendo crema de cacahuate directito del frasco. Lo que te acabas de decir constituye el diálogo interno. Es una conversación *en tiempo real* que reacciona al *estímulo actual*. Todo sucede en el aquí y el ahora. Tú estás ahí, él está ahí y tú reaccionas a lo que está sucediendo en el momento. Basándote en tus reacciones actuales, puedes decidir: "Oye, ya me voy, adiós."

Una cinta es diferente porque está *basada en experiencias pasadas*. Te lleva a ignorar lo que está pasando en el aquí y el ahora. En nuestro ejemplo, si hubiera sido tu cinta la causante de que te le escaparas al tipo con el que estabas contemplando pasar un rato, esa decisión hubiera estado basada en un reflejo pregrabado que ocurrió independientemente de cualquier cosa que él haya hecho o dejado de hacer. Digamos, por ejemplo, que has salido con siete tipejos seguidos. El último era un tipo increíblemente insufrible que se bebía todo tu vino, se comía toda tu comida y se acostó con tu hermanita. Es muy probable que tengas un equipaje bastante pesado, particularmente cuando a esto le sumas las seis malas experiencias previas. Estas experiencias y los temas que generaron en tu concepto de ti serían los ladrillos de tus cintas. Puede ser que tengas toda una colección de cintas, que incluyan:

• Los hombres son tan egoístas cuando se trata de relaciones.

• Siempre elijo a los perdedores, ¿así que cuál es el sentido?

• Los hombres me utilizan, debo merecérmelo.

• Si no los "agarro" yo primero, ellos me van a "agarrar" eventualmente.

Date cuenta que cada cinta:

1. Incluye un juicio sobre ti mismo o el otro: "Los hombres son…" o "yo elijo…"

2. Involucran un contexto específico: "Cuando se trata de relaciones…" o "… siempre me utilizan".

3. Predicen un resultado: "Todas las veces" o "me van a agarrar".

Bajo estas circunstancias, me da pena el pobre tipo que está parado en la entrada de tu casa todo arregladito, con el automóvil lavado y listo para pasar un buen rato. Ese hombre está muerto en el agua antes de ni siquiera abrir la boca. No habría diferencia alguna así fuera más dulce que el señor Rogers o más guapo que Tom Cruise. ¡Está frito! ¿Por qué? Porque en el corazón del concepto de ti misma estás corriendo estas cintas, en lugar de estar manejando el aquí y el ahora. Puede ser que no estés consciente de la existencia o del contenido de estas cintas, pero en el corazón del concepto de ti misma, *sí* eres consciente y el mensaje es: ¡Peligro! ¡Protégete, hazte para atrás, protégete! Todo tu comportamiento y, por ende, el resultado de esta relación, está siendo históricamente determinado. Tú estás en el pasado, ignorando el presente. Lo que es más, la determinación está sucediendo tan rápido gracias a estas ultraveloces, sobre estudiadas cintas automáticas, que no serías capaz de reconocer que ya lo mandaste a volar antes de abrir la puerta. Ni siquiera puedes ver al tipo que está parado frente a ti, porque estás muy ocupada viendo sobre tu hombro lo que sucedió anteriormente.

Entiende que ser controlado por tus cintas es diferente a aprender de tus errores. Si has aprendido de tus errores, vas a tomar decisiones *conscientemente* más informadas. Cuando una cinta tiene el control, tú eres un pasajero. Así es como funcionan las cintas y ésa es la razón por la que son tan peligrosas.

Otro buen ejemplo. Supongamos que, durante una entrevista para un trabajo muy bueno, uno que te encantaría tener, te enteras que eres uno de los candidatos finalistas. Ya sobreviviste varias rondas de entrevistas y todo lo que te han dicho hasta el momento es muy positivo. Te das cuenta de que aunque jamás creíste que podrías conseguir el trabajo, aquí estás, sigues en la carrera. Una conclusión racional puede ser: "¿Sabes?, creo que puedo lograrlo; necesito mantenerme concentrado y hacer que esto suceda."

Aquí viene la maldita cinta. Todo empezó cuando te despidieron del puesto de asistente del comisionado encargado de atrapar perros hace 40 años, cuando ibas en preparatoria. Tú estabas muy orgulloso de ese trabajo y te dolió, te dolió mucho cuando te despidieron. Habías estado tan orgulloso de que todos tus amigos te vieran portando tu uniforme. Y el dinero era bueno, para ese entonces. Fue la primera vez que fracasaste en algo que te importaba y te cambió en alguna forma. Basada en esta historia, tu cinta de 40 años te puede estar diciendo: "No eres a prueba de balas, has estado fracasando desde que eras muy pequeño. Enfréntalo: aquí estás, tienes 55 años y tienes que empezar con un trabajo nuevo. Eres el típico hombre al que despiden de los trabajos. Te van a ver tal cual eres." Entonces tu cinta predice un resultado: date por vencido. Nunca te van a dar el trabajo.

Si esa cinta se "enciende" justo cuando vas a la siguiente entrevista, puede ser que te encuentres a ti mismo haciendo y diciendo las cosas que sabotean tus esfuerzos por crear una buena impresión. Con tu forma de hablar, postura, gestos y ademanes, proyectas una persona que le dice al entrevistador: "Cielos, no puedo creer que realmente me estés considerando para este trabajo. Realmente no planeas contratarme, ¿o sí?" Y el entrevistador puede estar pensando: "Pues caray, si *tú* tienes dudas, ¿quién soy yo para discutirlas?"

De nuevo, en contraste con el resto de tu diálogo interno, que es reactivo a lo que sucede en el aquí y el ahora, las cintas operan y afectan los tres tiempos de tu vida: tu presente, tu pasado y tu futuro. Esto es lo que quiero decir:

Una cinta ve hacia el pasado.

Las cintas son reacciones temáticas orientadas hacia el pasado, hacia un momento en particular o una autobservación sobre tu historia personal. Es un mensaje pregrabado con una fuerte carga emocional. Es una memoria codificada a largo plazo, altamente resistente al cambio. Un evento doloroso sucede y tú evalúas tu reacción en respuesta a ese evento; se graba la cinta. Años después, no te reevalúas cada vez que te metes en una situación que requiere una autoevaluación. Tu cinta está ahí, disponible, lista para decirte inmediatamente cómo reaccionar.

Una cinta se expresa como un juicio acerca de quién eres en el presente.

La cinta codifica esa percepción del pasado, justo por debajo de tu nivel de conciencia, donde se repite una y otra vez hasta que está tan sobreestudiada que se convierte en automática. Está calibrada para tomar el control cuando surja una situación relevante. La información pregrabada de una cinta tiene que ver con cada aspecto imaginable del concepto de ti mismo: tu inteligencia, tu valor, tu dignidad, tus fortalezas y tu potencial. Y ya que tiendes a tratar a esa cinta como un evangelio de la verdad, el juicio que sea se convierte en tu realidad.

Una cinta predice el resultado que vas a obtener en el futuro.

Basándose en ese juicio, la cinta predice y, por lo tanto, controla tus pensamientos, comportamiento y, por ende, el resultado que vas a obtener. Tomas decisiones sobre el presente y predices el futuro con base en estas cintas.

Tomemos, por ejemplo, el juicio "soy un estúpido". Como hemos visto, las cintas están basadas en la historia, así que en algún punto del camino, en reacción a un evento en particular de tu vida, tú, en un diálogo interno en tiempo real, te comenzaste a decir que eras un estúpido. La práctica hace al maestro y tú repetiste este juicio tan fuertemente y por tanto tiempo que se quedó grabado en tu mente.

Adelantémonos al presente. En el contexto de una entrevista de trabajo o de un examen, la cinta corre a la velocidad de un rayo, justo debajo de tu nivel consciente; ésta puede ser: "Soy un estúpido; *por lo tanto*, no me van a elegir para el trabajo", o: "Soy un estúpido; *por lo tanto* no hay manera de que yo pase el examen." La cinta anticipa un resultado y el resultado siempre es negativo: Soy un estúpido; por lo tanto ésto (lo que sea el evento) no va a resultar favorable. Y recuerda, para cada pensamiento, veloz como un rayo o no, hay un evento fisiológico correspondiente. Justo cuando empiezas a molestarte mentalmente, tu cuerpo y energía rápidamente siguen el ejemplo.

Puedes estar pensando: "¡Oye, espera un minuto! ¿Qué hay de las cintas positivas? ¿Qué tal si mi historia es positiva y mis cintas me han programado a creer que no puedo fallar, que siempre salgo vencedor?" Lo siento, pero si tú estás pensando que eso es bueno, tenemos dos problemas: estás equivocado y yo no he hecho un buen trabajo al enseñarte lo que son las cintas. No existe una cinta positiva. Tú puedes pensar:

"¿Cómo va a ser negativa una cinta que dice cosas positivas? ¿Qué hay con todo aquello del poder del pensamiento positivo y demás cosas?"

Piénsalo en una situación real. Imagina que estás sentado en un avión que está al principio de la pista de despegue a finales de enero en el aeropuerto de la ciudad de Nueva York. Hace mucho viento, hay hielo y nieve, y el piloto debe tomar una decisión: ¿despegamos o no?

Supónte que en lugar de evaluar las *condiciones actuales*, el piloto decide despegar porque cree en sí mismo y porque le ha ido bien en todos sus demás despegues; su cinta puede ser: "Oye, a mí siempre me ha ido bien, ¡siempre aterrizo parado!"

Dado que la cinta lo controla, el piloto ignora las señales de peligro y el hecho de que por fin se ha topado con una serie de circunstancias que sus habilidades no van a poder superar. Mi primer instructor de vuelo me dijo algo que yo nunca he olvidado: "Yo he conocido a muchos pilotos atrevidos y he conocido a muchos pilotos viejos, pero nunca he conocido a un viejo piloto atrevido." Si en estas circunstancias el piloto se envalentona por su cinta histórica, tú puedes terminar muerto. Su cinta puede ser "positiva" en el sentido que el mensaje es afirmante, pero *no está basada en el aquí y el ahora*, y, por lo tanto, *no puede* ser positiva en el sentido total de la palabra. Cada vez que me subo a un avión, quiero que mi piloto esté evaluando las circunstancias actuales y tomando decisiones en el tiempo real, no eligiendo su curso de acción con base en algo que sucedió hace uno, dos o cinco años.

La conclusión: cualquiera que sea la situación en la que te encuentres, las preguntas apropiadas son: "¿Puedo o no puedo enfrentar esto? ¿Esto es algo que quiero o no?" Si estás a merced de una cinta, simple y sencillamente no sostienes un diálogo contigo mismo. En vez de eso, tu reacción pregrabada a esa situación dicta el resultado. Se convierte en una reacción de reflejo.

Pensar en las cintas me recordó un reportaje en vivo que pasó en la televisión hace años, justo antes de la fecha programada para la inauguración de un rodeo en Texas. El reportero acababa de acorralar a Gus, el capataz de los corrales de ganado. Arrugando la nariz y sonriendo, el reportero dijo: "Vaya, Gus, ¿cómo le haces para soportar el olor?"

Gus volteó a ver al reportero y le respondió: "¿Cuál olor?" Él estaba tan acostumbrado a sus "condiciones ambientales" que no registraba el mal olor. Aunque el olor estaba golpeando a Gus, él estaba inerme ante el mismo. Se había adaptado. Así es como funciona tu cinta. Quizá una vez la escuchaste de forma consciente, pero con el tiempo te has adaptado tan bien que ya ni siquiera la notas. El mal olor se ha convertido en parte de tu rutina. Bueno, pues aquí está una oportunidad para dar un paso hacia atrás y notar el olor. Quiero que tomes conciencia de tus mensajes, para que puedas empezar a tomar decisiones en el aquí y el ahora.

Al igual que cualquier otro diálogo interno, tus cintas son tan únicas como tu ADN. Sin embargo, para estimular tus pensamientos respecto a ellas, te puede ser de utilidad ver una lista de las cintas más comunes; mensajes que, estoy convencido, están corriendo de una u otra forma dentro de la cabeza de las personas. ¿Te suena familiar alguna de las siguientes diez cintas?

1. Nunca voy a tener una buena experiencia; mi familia era tan disfuncional que nunca aprendimos a divertirnos.

2. Soy tan fea; mi cuerpo y cara son tan diferentes de las personas populares que me voy a tener que conformar con una tercera clase.

3. Mi futuro va a ser como mi pasado: poco productivo y desafortunado. No debo jamás esperar que vaya a ser exitoso, porque no es mi destino.

4. He hecho algunas cosas malas y nunca voy a ser perdonado. La culpa es la cruz que debo cargar. Las personas siempre me van a decepcionar y a lastimar.

5. Abusaron de mí de niña. Todos los hombres me van a utilizar para lo que quieren y van a ser insensibles a lo que yo siento.

6. Mi familia era de clase baja. Yo voy a ser de clase baja. No hay nada que pueda hacer para cambiarlo.

7. Mi padre era un perdedor; yo voy a ser un perdedor, no importa lo que suceda.

8. Yo soy un líder. Las personas esperan que sea fuerte y que ponga el ejemplo. No debo mostrar mis debilidades. Debo ser siempre fuerte, nunca mostrar mi ser verdadero, nunca en mi vida.

9. La flojera es un pecado, así que nunca debo relajarme.

10. No merezco el respeto y la consideración de los demás.

Una o más de estas cintas, o alguna versión de las mismas, puede estar funcionando en tu vida. Te animo a que, conforme avancemos, vayas pensando en lo que incluyen tus cintas.

Creencias Fijas

Para aprender más acerca del contenido de tus cintas es necesario que te familiarices con lo que llamo las creencias fijas. Hablando en términos generales, cuando una cinta automáticamente corre en tu cabeza, llevándote a una conclusión y un resultado en particular, esa cinta está "siguiendo las órdenes" de tus más altas, poderosas y organizadas percepciones acerca de cómo se *supone* que deben funcionar las cosas. Estas percepciones o visiones del mundo son tus creencias fijas.

Las creencias fijas reflejan tu entendimiento global de tu lugar en el mundo. Están "fijas" en el sentido que tú ya no les agregas ni les restas información nueva: son percepciones rígidas e inmutables. Las creencias fijas van contigo a donde quiera que vayas y son básicas en cada parte de tu vida. Ellas influyen sobre cada valor que tienes, la percepción del valor básico como ser humano, los rasgos y características esenciales. Te dicen dónde están tus límites. Contienen las expectativas de lo que debería suceder con tu vida. Ya sea que el asunto sean las relaciones con el sexo opuesto, la plenitud en el ámbito laboral o las interacciones con los hijos y la pareja, las creencias fijas ejercen una influencia poderosa.

Las creencias fijas se expresan por medio de conceptos como "deberías" y "debes". Son, en verdad, demandas; demandas para tu complacencia con una visión particular de lo que es la vida, demandas para que no hagas olas o irrumpas el papel que los demás interpretan. Si tus creencias no fueran fijas, entonces estarías haciendo preguntas y formando nuevas expectativas que irrumpirían el orden asignado a tu vida. En contraste, estas creencias fijas están ahí para mantenerte sobre "la tarea". Una creencia fija te mantiene en tu lugar asignado en el mundo. Establece los límites de lo que estás dispuesto a aceptar de la vida.

Quizá la forma más fácil de manejar las creencias fijas es, sencillamente, comprender que ellas *definen los papeles que desarrollas en tu vida*. En otras palabras, una vez que sabes cuáles son tus creencias fijas sabes un poco acerca del guión que está dirigiendo tu vida.

Como has notado al ver las noticias nocturnas en la televisión, el comentarista tiene un audífono electrónico en la oreja, un pequeño radio a través del cual sigue las instrucciones del director que se encuentra fuera de pantalla. Si es necesario hacer una pregunta en particular, si el programa se está descarrilando, si viene un anuncio, el director ladra órdenes que nadie más puede escuchar. Gracias a ese pequeño audífono, el comentarista sigue el guión.

De forma similar, tú estás sujeto a un guión de vida, una serie de instrucciones que te dicen cómo vivir tu vida.

¿Qué es un guión? En un juego de asociación de palabras, ¿cuál sería tu respuesta a esa palabra? Si yo dijera "guión" tú podrías responder con cualquiera de los siguientes enunciados:

- Un guión son las palabras de una obra de teatro o una película.

- Un guión nos dice todo lo que va a suceder.

- Contiene el principio, la mitad y el final de la producción.

- Cuando conoces el guión, sabes exactamente qué es lo que va a pasar.

- Un guión es como una receta que te dice cómo se juntan todos los ingredientes.

• Guía todas las tareas relacionadas con la obra.

• Es lo que memorizan los actores.

• Es el plan global al que todos se deben apegar.

• Cuando los actores se pierden, el guión los ayuda a regresar al camino.

Probablemente estaríamos de acuerdo en que el guión es lo que le da el significado a la obra. Estaríamos de acuerdo en que el guión afecta las decisiones de toda la producción: diálogo, vestuario, elenco, locaciones y escenarios. Además, después de cierto número de ensayos, los actores pueden dejar su guión y simplemente "convertirse" en el personaje. A partir de ese momento, el guión deja de ser palabras sobre un papel para vivir en la cabeza del actor. Aunque ya no lo están leyendo, está vivo y activo, guiándolos en lo que hay que hacer y decir. No hay improvisación; no hay creatividad, porque cada actor debe apegarse al guión para que funcionen todas las líneas, acciones, actitudes y posiciones de los otros actores. Si uno de los actores de nuestra obra empezara a improvisar, sería muy mal visto, ya que interrumpiría el flujo esperado y eso, por supuesto, sería altamente inconveniente. Entonces, ¿qué pasa contigo? ¿Vives tu vida conforme a un guión? ¿Tienes un papel asignado; un papel con ciertos diálogos, ciertas acciones que deben ser llevadas a cabo? ¿Hay otros actores en la obra de tu vida esperando que seas y que hagas ciertas cosas, de tal forma que tú sientes que no puedes improvisar, que no se te pueden ocurrir diálogos nuevos? ¿Tienes miedo a que la inconveniencia que crearías al improvisar sería inaceptable?

Si tú estás viviendo conforme a un guión, quizá escrito por ti hace años, quizá escrito por alguien más, ¿sabes cuál es? ¿Estás viviendo tus diálogos y siguiendo tu guión? ¿Sería lo que escribirías hoy por hoy si lo tuvieras que volver a escribir? ¿Estás pasando tus días haciendo lo que escribirías en tu guión si pudieras? ¿Estás haciendo lo que estás haciendo, donde eliges estarlo haciendo y con quien quieres hacerlo? ¿Tu guión te hace pasar la vida persiguiendo lo que realmente quieres o eso se quedó fuera del guión hace años? ¿Ya evolucionaste más allá de tu guión?

Como sugerí anteriormente, el guión de vida que estás viviendo construye y adquiere su fuerza de ciertas piedras fundamentales llamadas creencias fijas. Tus creencias fijas te dicen el papel que estás desempeñando. Tú has practicado el guión tantas veces y durante tanto tiempo que tus creencias acerca de tus posibilidades y responsabilidades de hecho se han fijado. Como talladas en piedra, una piedra que tengo la intención de desmoronar.

Vamos a ver un poco más lo mucho que depende tu guión de tus creencias fijas. Las creencias fijas describen la "acción". Ellas te proveen con el marco para comprender los eventos de tu vida e influyen en tus propias reacciones ante esos eventos.

Las creencias fijas te proveen de las palabras que debes decir. Justo como tu diálogo interno te provee las "líneas", la creencia fija es el censor de estas líneas, asegurándose de que no te alejes mucho del campo.

Las creencias fijas te dicen cómo van a resultar las cosas. Forman tus expectativas acerca de los resultados. Anestesian tu miedo a lo desconocido empujándote en dirección de lo conocido y familiar, aunque poco satisfactorio.

Cuando te empiezas a sentir descarriado o fuera de control, tus creencias fijas te proveen de un refugio. Como un actor que retoma el guión, tú retomas tus creencias fijas.

Cuando te dicen qué decir y qué hacer, inmediatamente te sientes reconfortado. El equilibrio ha sido restaurado.

Las creencias fijas influyen el "reparto" de tu vida: determinan la decisión de quién va a formar parte de tu vida. Influyen en el escenario: los lugares y las situaciones sobre los cuales tu vida va a desarrollarse. Incluso, tienen la palabra en cuanto al vestuario y las máscaras: la apariencia física, ropa y estilo que eliges para presentarte ante el mundo.

Ésta es la clave para que comprendas las creencias fijas: cuando estás a merced de una creencia fija —en otras palabras, cuando estás viviendo un guión— *vas a soportar cualquier cambio al guión*. Cuando los eventos confrontan tus creencias fijas, aunque reconozcas que nunca has estado tan contento o más en paz, un sentido de destino interfiere. Te dan náuseas, aprensión de que las cosas de alguna manera no estén bien. Tu diálogo interno se convierte en algo así como: "¡Oh, por Dios! En cualquier segundo me va a caer un rayo. Éste no es mi destino. Éste no es mi papel". Lo que sucede es que no puedes ser feliz siendo infeliz. Vas a ser miserable si tu guión es ser miserable, porque ése es tu auto-decretado destino. Puedes ser miserable incluso si estás empezando a ser feliz, porque la "felicidad" no era parte de tu guión. La felicidad le pertenece a otro personaje, no a ti. Así que en lugar de disfrutar los sentimientos, temes que algo esté mal o que sea la calma chicha antes de la tormenta, porque conoces el guión y sabes que la felicidad no es parte de él.

Una vez trabajé con una paciente que estaba a punto de cumplir los 35 años. Nancy estaba casada con un hombre abusivo e iba a cumplir diez años en un trabajo que odiaba. Con una sonrisa cínica me dijo el título que le había puesto a sus guiones: *Imbécil de tercera clase*. Era la actitud que motivaba cada uno de sus movimientos. Desde muy temprana edad, había adoptado la cinta de que ella iba a ser de tercera clase en todos los aspectos de su vida y, debido a que su cinta estaba grabada tan profundamente en el concepto de sí misma, estaba programada para pelear cualquier cosa que no tuviera cabida dentro de su guión. Siendo una buena "oveja", ella se conformó con un guión que requería que se comportara como si fuera de tercera clase. Las piedras fundamentales de ese guión, sus creencias fijas, no le permitían tener cualquier tipo de distanciamiento del guión. En algún punto del camino, ella había adoptado los deberes y obligaciones de esas creencias y se había aprendido las líneas del guión de vida: un guión basado en las creencias fijas de que ella nunca iba a tener nada más de lo que ya tenía y que necesitaba aceptar lo que se le estaba ofreciendo. La ironía en este caso era que nada en este guión de vida reflejaba con precisión quién era ella en realidad: una mujer inteligente y atractiva, bien educada y muy sofisticada en muchos campos, con una apasionada apreciación de las artes.

Poco tiempo después de haber salido de la universidad, se le había acercado un hombre a quien ella me describió como muy deseable (me lo describió como si fuera "¡todo un Baldwin!") con una exitosa carrera ya establecida. Pero ella se dijo a sí misma: "Es demasiado bueno para mí. Va a perder el interés más tarde que temprano. Probablemente me va a dejar por una mujer más bonita." El resultado: se casó con "Joe Six-Pack" alguien que ella sabía que iba a ser mentiroso y abusivo, todo porque su guión interior le dijo que ella no merecía nada más.

Aunque tenía el potencial de ser una maestra talentosa en la universidad, cuando vio sus opciones laborales se dijo a sí misma: "No soy lo suficientemente inteligente para competir por algo que valga la pena; más vale que acepte un trabajo servil para estar segura." (Me resulta increíble pensar acerca de todos los trabajos que realizan las personas que nada más no van con ellos: trabajos que atentan contra su estabilidad mental, su bienestar emocional y, como resultado, su salud física; trabajos que aceptaron para estar "seguros".) Ahora, incluso el trabajo más servil puede hacerse con pasión y propósito, pero conformarse con un trabajo bajo la dirección de tu *yo* ficticio no está bien. Es declarar la derrota. En cierto grado, Nancy sabía esto.

Desafortunadamente, el poder del guión de vida de Nancy era tal que no pudo superarlo. Mientras más hablábamos y más vívidamente se desarrollaba ante sus ojos una vida plena de emoción y sentido, Nancy se ponía más ansiosa. La posibilidad de "salirse del guión" en búsqueda de la auténtica Nancy era más de lo que ella podía tolerar. Ella insistía en quedarse con su marido de tercera, en una colonia de tercera, haciendo su trabajo de tercera. Yo, desafortunadamente, con todas mis preguntas inquisitivas y retadoras, no era parte de su guión. Al poco tiempo, Nancy empezó a inventar excusas y dejó de venir a verme. Yo le fallé y ella se falló a sí misma. Hoy en día, sigue segura dentro de su propio mundo, limitante y pequeño. Su "trabajo" en la vida, como ella lo ve, es ser de tercera clase. Yo supongo que ese guión va a continuar limitándola de por vida. Yo no tengo la intención de fallarte, ni de que tú te falles a ti mismo.

El miedo al cambio, incluso a un cambio positivo, es un freno poderoso. La idea de desviarte del angosto camino de tus creencias fijas y los guiones de vida que las contienen puede ser intolerable para muchas personas.

En uno de los lugares donde crecí, había un enorme campo vacío detrás de nuestra casa. Como niño de diez u once años, me veía ahí con mis amigos para hacer carreras de bicis, guerras de lodo, en fin. Un profundo surco corría de un extremo del campo hacia el otro, como de dos metros de ancho y uno de profundidad.

Un reto que nos poníamos era cruzar este surco, al cual llamábamos el "Valle de la Muerte": arrancábamos a toda velocidad con nuestras bicis cruzando un "puente" que consistía en una viga de madera de dos por seis. Lo que aprendí muy al principio fue que si me acercaba al puente con un pensamiento desastroso, como resbalarme de la madera o no atinarle, eso es lo que sucedía. Si me enfocaba en cruzar hacia el otro lado, eso es lo que sucedía. Era como si al evocar las imágenes correctas en mi mente, pudiera dirigir mis músculos y, en consecuencia, la bicicleta, y deslizarme a través del Valle de la Muerte. Por lo tanto, cada vez que me aproximaba a la tabla de madera trataba de enfocarme en un solo punto: el extremo de la tabla. Trataba de apagar toda la demás "información" creyendo que ésta iba a hacer que me cayera de cabeza dentro de la zanja.

Ahora, enfocarnos en una meta que vale la pena es una buena idea. Pero supongamos que no hubiera habido zanja alguna, sólo una tabla en el piso. Cuando las personas adoptan creencias fijas, cuando se clavan en un cierto punto en la vida, es porque que creen que no tienen otra elección. Ellos están clavados en el centro de la angosta tabla, *incluso cuando no hay zanja*. Ellos no están dispuestos a desviarse de su creencia fija, porque creen que no pueden. Incluso cuando un agradable paseo está a su alcance, van a aferrarse a la ruta guiada por la vida, simplemente porque parece más segura. ¿Estás caminando sobre una cuerda floja "imaginaria" cuando en verdad fácilmente podrías dar un paso a cualquiera de los lados y estar bien? Yo pasé por mi Valle de la Muerte cuando niño y por pura diversión. Si lo estás haciendo en tu vida adulta, te apuesto a que no es muy divertido.

Recuerdo un grupo de abogados de Georgia que estaba programado para visitar nuestras oficinas para hablar de las estrategias pertinentes en un enorme y complicado juicio que se aproximaba. Como es nuestra costumbre, los alojamos en un conveniente y lujoso hotel con todas las comodidades imaginables. Los cuartos eran grandes, con mucho espacio para sesiones de trabajo en la tarde, servicio a la habitación las 24 horas y mucho silencio y privacidad. Cuando les mandamos un automóvil a recogerlos al día siguiente de su llegada, no pudimos encontrar a ninguno de los abogados. En la recepción nos dijeron que se habían ido del hotel.

Un rato después, el grupo entero apareció en nuestra sala de conferencias: parecía como si unos perros los hubieran tenido acorralados debajo del pórtico durante toda la noche. Cuando se calmó el alboroto, les preguntamos por qué no estuvieron en el hotel. Resulta que se habían salido del hotel lujoso para irse a uno que apenas hubiera pasado los estándares de unas barracas del ejército. No tenía aire acondicionado y estaba junto al ruidoso periférico que sería capaz de ensordecer hasta a una víbora. Resultado: tuvieron que dormir con las ventanas abiertas y vérselas con el escándalo y el viento. Porque los cuartos eran tan pequeños, tuvieron que dejar la mayor parte de su ropa y material de trabajo en el coche que habían rentado.

Conforme iban hablando, era cada vez más claro que estos abogados se sentían más a gusto en su hotelito de quinta, aunque a ellos no les hubiera costado un quinto quedarse en un mejor lugar. El punto de su explicación era que ellos no se podían quedar en un hotel de lujo porque era demasiado amplio y silencioso. La conclusión: se sentían fuera de lugar en cualquier ambiente que estuviera más allá de su experiencia personal. Sus creencias fijas y guiones de vida no incluían un tratamiento y alojamiento de primera clase y ellos no podían alejarse de su guión ni por un instante.

¿Te estás aproximando a la vida de esta forma? ¿Se parece tu diálogo interno a alguno de éstos?:

- Esto es "menos que" y "menos que" es lo suficientemente bueno para mí.

- Yo no puedo hacer esto.

- Yo nunca voy a lograr lo que creo que esa persona ha logrado.

- Yo no merezco lo que ellos tienen.

- Sé que me están viendo la cara, pero se supone que debo ser amable. Así que mejor voy a ser amable en vez de quejarme.

- Todo el tiempo yo he sido la segunda persona en esta relación, yo soy el que apoya; me va mejor cuando alguien más toma las decisiones. Yo las ejecuto, porque simplemente no tengo las cualidades de líder.

El punto es que la mayoría de las creencias fijas son, también, creencias limitantes. Las cosas que creemos acerca de nosotros mismos son normalmente negativas y entonces nos decimos a nosotros mismos "esto" lo que sea que "esto" sea, es algo que no podemos hacer, que no merecemos o para lo que no estamos calificados.

Al igual que para Nancy, las creencias fijas nos imponen tales restricciones que la posibilidad de ser libres, de ser liberados del tren de la infelicidad rutinaria, nos parece de alguna forma amenazante. Ya sea que tus creencias limitantes sean como las enlistadas o algo completamente diferente, cualquier cosa que ponga en duda tus creencias limitantes puede parecer una amenaza. Las personas se limitan a sí mismas de forma tan dramática que es increíble.

No imaginamos lo que nuestras vidas van a ser, sin importar los problemas que tengamos o la incomodidad física que esto conlleve. Seleccionamos nuestro ambiente con base en nuestros guiones. Las personas escriben un guión de vida con un cierto ingreso, ciertas relaciones y un cierto estilo de vida, y aunque decimos que queremos más, nos incomoda mucho dar los pasos necesarios hacia el cambio. Sorprendentemente, las personas optan por un estilo de vida que les resulte familiar aunque insatisfactorio, en lugar de uno alternativo y poco familiar, aunque la alternativa sea claramente superior.

Recuerda que no eres el único que está viviendo su vida a partir de un juego de creencias fijas. Puede ser que otras personas también estén operando desde un guión o una serie de expectativas acerca de cómo debes de comportarte, lo que debes decir y hacer. Cuando tomas la decisión de salirte del guión, ellos pueden sentirse ansiosos y amenazados.

Por poner un ejemplo, recuerdo un incidente que se repetía constantemente, de alguna u otra forma, después de muchos de los seminarios de habilidades para la vida que conduje hace años. En el transcurso de cada seminario, las personas hacían una serie de ejercicios dirigidos directamente hacia las creencias fijas que tenían acerca de sí mismas. Estos "calentamientos" estaban diseñados para sacar a los participantes de los rígidos papeles que estaban viviendo. Por ejemplo, hacia el final del seminario, podíamos asignarle a un contador considerablemente gris la tarea de intercambio de papeles, pidiéndole que nos diera un

concierto, en el escenario como si fuera Tina Turner o Elvis
Presley (¡créeme, tendrías que haber estado ahí!) Cantaba
a todo pulmón, moviendo la peluca mientras el resto del
grupo bailaba y le gritaba: "¡Eres un salvaje!" Invariablemente se iba a su casa súper inflado, viendo las cosas de
forma realmente diferente. Pero más de una vez, las esposas me llamaban, después de que sus esposos llegaban a
casa después del seminario, llorando: "¿Qué le hiciste a mi
marido?"

Yo decía, "Pues, ¿qué pasó?"

"Pues Dave ha estado en casa durante dos semanas, abrazando a los niños, cantándoles y platicándoles, ¿qué le hiciste?" En otras palabras, el cambio en Dave había sido tan
dramático que su esposa lo encontraba incómodo. Su posición era: "No me gusta esto, no me importa si es positivo,
no me importa si es constructivo, no me gusta."

Y cuando yo les preguntaba: "¿Qué del cambio de tu marido no te gusta?", por lo general, la respuesta era algo así
como: "Pues es que es tan *diferente*. ¿Está loco o algo?"

"¿Está haciendo cosas destructivas?"

"No."

"¿Está lastimando a los niños?"

"No."

"¿Está siendo amable y dadivoso?"

"Sí."

"¿Parece que está feliz y en paz?"

"Pues sí, yo creo que sí."

"¿Ha hecho algo estúpido como largarse con la niñera?"

"No."

"¿Te gustaría venir al seminario el mes que entra?"

"¡Sí! ¡Digo, no! Quiero decir, no sé, te vuelvo a llamar, y
gracias, creo."

El problema era que Dave se había alejado de sus creencias fijas acerca de Dave, pero *su esposa* no, En su entendimiento de cómo "debían funcionar las cosas", se suponía que Dave debía seguir jugando el papel del compañero de casa ausente, no el del energético y vibrante esposo y padre. Esto sucedió mucho. Mientras más se liberaban de sus creencias fijas los participantes del seminario, era más probable que recibieran una llamada de atención de su pareja. La lección aquí, simplemente es: la decisión de botar las creencias fijas puede que no sea aplaudida por las otras personas de tu vida, ya que probablemente va a afectar sus propias creencias fijas acerca de ti. El cambio puede ser doloroso, incluso cuando el cambio es para mejorar.

Si alguien te preguntara hoy: "¿Qué guión estás interpretando en tu vida?", ¿qué dirías? Dirías: "¿Soy una mamá?", "¿Soy un padre amoroso?", "¿Soy una esposa abnegada o un marido respetado?", "¿Profesionista exitoso?", "¿El rey del dinero?"

O te identificarías por tu herencia: "Soy la hija de John y Mary Smith." Si es así, ¿estás siguiendo el guión familiar?

Identifica tus propias cintas

Al principio de este capítulo aprendiste que tus cintas están sobreaprendidas y que corren a la velocidad de un rayo. La buena noticia es que puedes hacerlas disminuir de velocidad. Puedes disminuir su velocidad a una que pueda ser escuchada y analizada. Esto lo haces al escucharte conscientemente y plantearte preguntas clave acerca de lo que crees en diferentes momentos de tu vida. ¿Cuáles son las cintas de tu vida?

Ten paciencia mientras escuchas tus cintas. Detente y respira profundo antes de asumir cualquier cosa. Tómate el tiempo que requieras para cuestionarte y anota tus pensamientos. Los siguientes ejercicios pueden tomar días de escuchar, analizar y registrar la información. (Usa tu diario para cada uno de los siguientes ejercicios.)

Ejercicio 1

Asume que vas a ver a alguien a quien respetas enormemente, quizá una celebridad, una persona muy rica y poderosa o alguien cuyos valores y creencias tienes en alta estima. Esta persona puede ser cualquier persona que admires. Normalmente no te interrogas a ti mismo antes de un encuentro; simplemente lo tienes. Puede ser que estés incómodo, pero lo haces. Esta vez, mientras consideras este encuentro hipotético, quiero que te cuestiones muy bien a ti mismo y con mucho cuidado. Es importante que seas absolutamente honesto y cabal. Si sabes que te sentirías intimidado, reconócelo. Si sabes que sentirías miedo o ansiedad, entonces admítelo.

Anticipando esta reunión, ¿qué te dices *de manera específica*? Tómate el tiempo necesario para pensar y escribir, las palabras que subyacen y describen lo que sentirías conforme se aproximara este encuentro. Lo que escribas es un contenido muy importante de las cintas acerca de ti, tu adecuación, tu valor y tu estima.

Ejercicio 2

Cada día, durante la siguiente semana, cuando te despiertes en la mañana, voltéate y escribe tus actitudes y expectativas del día. ¿Eres optimista? ¿Te sientes asustado o ansioso? ¿Estás amargado y resentido?

¿Se parecerían a esto?: "Siempre estás por debajo de la curva del poder. Nunca puedes estar encima de las cosas.

Hoy puede ser el día en que te atrapen." Recuerda, no estoy hablando de tu diálogo interno, éste puede incluir una animosa plática consciente, simultáneamente a tu no tan optimista cinta. Recordarás que una cinta predice el resultado específico. Quiero que te sumerjas en ti mismo y te preguntes cómo esperas que te vaya durante el día de hoy.

EJERCICIO 3

Asume que tu jefe te citó hoy a las 4:00 p.m. (Quizá sea más apropiado que, en lugar de tu jefe, sea una persona en un puesto de autoridad respecto a ti, como tu casero, el sacerdote de tu parroquia o el jefe de tu pareja.)

Realiza este ejercicio cuatro veces, utilizando las siguientes variantes:

• Has cometido un error.

• Te enteras de que es inminente un recorte de personal.

• No tienes la menor idea del motivo de la junta.

• Sabes que han evaluado tu desempeño.

Me gustaría que volvieras a hacer este ejercicio, pero que la situación involucre a alguien más con quien estés relacionado; imagina que es tu pareja, un pariente, un amigo, o tu hijo que te ha pedido si puede sentarse a platicar contigo en la tarde.

De nuevo, repite el ejercicio cuatro veces, utilizando estas circunstancias:

• Hay un problema en la relación.

• Algo malo o trágico acaba de suceder.

• No tienes ni la menor idea del motivo de la reunión.

- No has hablado íntimamente con esta persona en mucho tiempo.

Escribe todos los pensamientos que puedas identificar que se encuentren debajo de tu nivel de plática consciente: esto es, todos los pensamientos que sólo te lleguen a la mente cuando te estás haciendo estas preguntas y trata de identificar tus predicciones.

Evaluación de las cintas

Al revisar tus cintas, ¿encuentras similitudes o patrones? ¿Hay escenarios que asocies con este tipo de diálogo personal negativo? Por ejemplo, ¿tus cintas tienen que ver con encuentros laborales? ¿Tienen que ver con un miembro en particular de tu familia o un conocido? Quizá puede ser que identificas más fácilmente las cintas en algún momento en particular del día, tal como los primeros pensamientos en la mañana acerca del resto del día. Es posible que estuvieras más consciente de tus cintas en el contexto de una tarea en particular, tal como cuando te preparas para dar un discurso. Usa tu diario para identificar los hilos y patrones comunes.

Evaluación de los guiones

Vamos a evaluar tus guiones y creencias fijas.

Ejercicio 1
Tómate un poco de tiempo para considerar los guiones que has tenido en la vida. Probablemente has tenido muchos: pueden incluir a amigos, compañeros de trabajo, un padre amoroso, una porrista, una bailarina, un maestro, un atleta, una

pareja, un inválido, el hijo/hija de (nombres de los padres), etcétera.

Recuerda que un guión gobierna lo que dices y haces; también impone expectativas o papeles a otras personas. Así que, pensando en tu guión, trata primero de recordar los papeles que has desempeñado. Trata de recordar los escenarios y circunstancias en las que tu papel influyó o determinó las respuestas de los demás. El guión va a mostrar la evidencia de algunos de los factores internos de los que hemos hablado. Por ejemplo, vas a encontrar cierto número de etiquetas dentro de tu guión, un centro de control que lo anima y una cinta que provee el contenido automático. Usa estos conceptos para identificar el guión detalladamente. De nuevo, utiliza tu diario para realizar este trabajo.

Primero, simplemente ponle nombre al guión, identificándolo por el papel que desempeñas (madre, esposa de un alcohólico, golfa, *nerd*).

Después, en términos sencillos, enlista las actividades y los comportamientos que tu guión requiere. El propósito es recordar lo que realmente *hiciste* como resultado del papel que desempeñaste en ese guión.

Ahora, en un párrafo o dos, describe cómo respondieron o reaccionaron las personas como consecuencia de tu papel. ¿Cuál es el papel de los otros participantes de este guión?

Cuando termines el ejercicio para un guión, toma cualquier otro guión que hayas desempeñado y, uno a uno, escribe acerca de ellos, siguiendo las mismas instrucciones.

Ejercicio 2
Una vez que ya identificaste algunos de los guiones en los que has participado, puedes proseguir con lo siguiente:

1. Circula los papeles que sientes que son los más congruentes con lo que quieres que sea tu vida. Si te estuvieras describiendo, ¿qué guiones te daría orgullo compartir? ¿Qué papeles disfrutaste? Enciérralos con un círculo.

2. De forma similar, si te estuvieras describiendo, ¿qué papeles te darían pena compartir? Palomea aquellos papeles que detestaste desempeñar.

3. Por cada guión que has identificado, positivo o negativo, escribe dos párrafos acerca de quién ha tenido la mayor responsabilidad al imponerte un guión en particular. Ahora escribe dos párrafos acerca de por qué crees que esa persona te dio ese papel y lo que obtuvo de la situación.

La conexión entre los puntos

Justo como discutimos en el capítulo anterior, hay que evaluar este grupo de papeles y guiones y decidir cuál es la conexión entre ellos. Vas a querer averiguar cómo se han unido para definir lo que eres y cuál ha sido su contribución a tu *yo* auténtico. Es extremadamente importante que identifiques cuáles son consistentes con tu *yo* auténtico y cuáles no. Las respuestas te van a dar pistas vitales al respecto.

Tengo un amigo que tenía un importante papel y guión de vida como atleta. En específico, adoraba el futbol. Jugó en la secundaria, preparatoria, la universidad y en ligas profesionales. Pero, como es inevitable, pasó su mejor momento y se vio forzado a abandonarlo. Un día, cuando se estaba quejando conmigo de estar cansado y viejo, le pedí que recordara los días cuando jugaba. Le dije que actuara su guión hasta el punto en el que tenía puesto el uniforme. Incluso me asustó a mí, que estaba esperando el resultado, verlo cambiar físicamente ante mis ojos. La energía regresó, sus ojos brillaron, estaba sentado más derecho. Su voz se volvió vibrante y enérgica. En su mente y corazón, estaba experimentando los sentimientos y las memorias musculares de cuando había desempeñado ese papel que había amado tanto. En un lapso muy pequeño, las emociones de ese papel lo transformaron.

Las emociones asociadas con los papeles que desempeñamos son muy poderosas. Y esto va a ser cierto ya sean positivas, como en el caso de mi amigo, o negativas, tal como cuando el papel es uno que ha generado dolor. Es importante que identifiques qué papeles generan cuáles emociones en tu vida. Así que:

Usando la lista de los guiones que has hecho, ahora quiero que te "proyectes" en cada uno de los guiones, uno por uno, hablando como el personaje por unos minutos. Utiliza las palabras que dirías en ese papel en particular; dilas en voz alta. Por ejemplo, podrías decir: "Asegúrate de taparte bien, no quiero que te vayas a resfriar. Recuerda, mamá te ama y ella no se quiere preocupar por ti. Ven, tápate bien y sal a jugar. Ten cuidado. A ver, no, no lo estás haciendo bien; déjame arreglarlo. Repórtate conmigo cada hora, más o menos."

No quiero decir que éste sea el primer guión que examines o que cualquier otro guión sea inherentemente malo o bueno. Pero cada guión contiene sentimientos y quiero que pongas atención a cómo te sientes cuando estás en ese papel. Así que habla todo lo que necesites hasta que puedas identificar los sentimientos y las emociones. Estos sentimientos pueden ser positivos y tranquilizantes o pueden ser de ansiedad y enojo. Eso es lo que quiero que notes. Cualquiera que tu experiencia sea, es probable que los sentimientos sean significativos y quiero que los identifiques.

Por último, *escribe con el mayor detalle que te sea posible ese guión de vida que escribirías para ti mismo.* No trates de agradar a nadie o de pensar si es apropiado o no. Date permiso de soñar un poco. ¿Qué guión elegirías si pudieras hacer lo que quisieras? ¿Qué emoción sentirías y con quién la compartirías? Esto es, de nuevo, un trabajo que merece tu completa atención y un espíritu dispuesto. Otórgale a este "guión de sueños" todo el tiempo, la energía y la creatividad para que tome un significado real. (Por cierto: si no te diverte hacer este ejercicio, lo estás haciendo mal. Vuelve a empezar.)

Espero que para este momento estés explorando, honestamente, qué historia quieres escribirte a ti mismo y qué papel quieres desempeñar en ella. También espero que sepas cómo se siente cuando tienes el guión correcto en tu corazón. Puede ser que no sea un guión popular, ya que puede contradecir las expectativas de aquellos que te rodean. Pero será tu guión, de nadie más.

Lo que tú vas a hacer con el guión que escribiste es cosa tuya. Sigue leyendo.

Introducción al plan de acción de cinco etapas

Volando, he aprendido que la falta de cuidado y el exceso de confianza son, por lo general, más peligrosos que los riesgos normalmente aceptados.

Wilbur Wright, en una carta a su padre
fechada en septiembre de 1950

Anteriormente, sugerí que la vida podía ser pensada como una cadena, una serie de eslabones conectados. Tú trabajando duro para identificar muchos de esos eslabones. Ya llegó el momento de unir todo tu trabajo, evaluar lo que significa para ti y hacer un plan de acción al respecto.

Habiendo crecido cerca de mi padre, que trabajaba en complejos petroleros de Texas, Oklahoma y Colorado, recuerdo vívidamente que las primeras cadenas que vi eran las que estaban alrededor de los equipos de excavación. Abultadas, grasosas y oscuras, algunas tenían eslabones individuales que apenas se podían ver. Trabajar alrededor de esas cadenas era una forma dura, peligrosa y sucia de ganarse la vida. De niño, cuando escuchaba historias de prisioneros encadenados en un calabozo, siempre pensaba en esas enormes y espeluznantes cadenas, envolviéndose alrededor del cuello y los tobillos de una pobre alma, Representaban para mí una fuerza confinante. Las cadenas te controlaban, te restringían y te robaban tu libertad. Me imagino que esto te da una idea de cómo veo tus cadenas de vida personales. No es una linda imagen, pero, sin embargo, es representativa. Yo creo que con demasiada frecuencia lo que hacemos en nuestras vidas es el producto de una inercia negativa, de nuestra cadena de vida ligando a nuestro pasado, a nuestro presente y futuro.

El concepto de ti mismo, ya sea ficticio o auténtico, es producto de esta liga. Esta continuidad puede ser positiva o negativa, de cualquier forma la conexión es innegable. Cómo se crea y evoluciona esa cadena en quién eres, ha sido el tema de este libro. Creando o recreando exactamente la cadena y el concepto de ti mismo que deseas, es el tema de éste y el siguiente capítulo.

Comencé este proceso pidiéndote que vieras tu vida pasada, porque yo considero que el mejor indicador del comportamiento futuro es el comportamiento pasado. Siendo esto verdadero, los eslabones de tu cadena histórica predicen tu futuro. Para la mayoría de las personas, esto significa que si en el pasado su vida ha sido un desastre, probablemente sea un desastre en el futuro. Esto no tiene que aplicarse a ti. Ahora tienes con qué romper la cadena y construir una nueva. Una vez que has identificado qué eslabones controlan cuáles experiencias de tu vida actual, ya sabes donde tienes que enfocar la energía. Si tu historia predice tu futuro y tú quieres un futuro nuevo, entonces comienza por crear una nueva historia.

Al principio, quizá, sea sólo un día de historia nueva, después una semana, luego un mes y después un año. Pronto vas a tener toda una nueva historia, prediciendo un futuro completamente nuevo. Si has sido un borracho o un glotón todos los días durante años, entonces la mejor predicción es que vas a ser un borracho o un glotón este año. Pero en cuanto comiences a comportarte de forma diferente, así sea por un día, tu vida entra en alerta: "Oye, ¿de qué se trata este asunto?" Una nueva predicción se está creando. Conforme se apilan los días de comportamiento nuevo, esa predicción se fortalece más y más y se vuelve más precisa. El reto es romper las cadenas viejas y crear nuevas. La razón por la que hemos pasado tanto tiempo con lo viejo, fue para asegurarnos de que te habías quitado la venda de los ojos y sabías exactamente qué partes de tu pasado estaban anudadas con qué partes de tu presente. Ahora ya lo sabes.

Tus experiencias externas de la vida y tus reacciones internas a ellas, han martillado un concepto de ti mismo que te ha definido a lo largo de la vida. Tal y como un herrero martillea y forja un metal caliente en un yunque, tú has moldeado el concepto de ti mismo, no ha habido diferencia. Te has golpeado con tus percepciones y diálogo interno, has sido golpeado y moldeado por el comportamiento y los mensajes de aquellos con quienes te has encontrado en la vida. Tus momentos determinantes, decisiones críticas y personas clave, se encuentran entre los martillos que han golpeado el metal del concepto de ti mismo.

Gran parte de ese golpeteo y moldeamiento ocurrió sin que estuvieras consciente de que sucedía. Viendo hacia atrás, puedes sentir como si tu "cadena de vida" te hubiera ahorcado desde antes de que hablaras. Puede ser que la tuya te tenga atado, que te sientas sofocado y "atrapado". Como ya he dicho, no puedes cambiar lo que no reconoces. Pero la otra parte también es cierta: tú *puedes* cambiar lo que *sí* reconoces. Reconoce los eslabones de tu cadena de vida y aquellos que necesites romper y tirar van a ceder ante la voluntad de tu *yo* auténtico.

Con ese fin, tengo un plan nuevo y atrevido. Es tiempo de que te conviertas en el herrero de tu vida. Es tiempo de que dejes de ser moldeado pasivamente por las fuerzas externas e internas de tu vida. Es tiempo de comenzar a retar y a dirigir consciente y activamente esas mismas fuerzas. Hacerlo va a alejar el concepto de ti mismo de la ficción definida por el mundo y lo va a acercar hacia tu ser auténtico y autodefinido. Es momento de que comiences a moverte en una nueva dirección, fundamentada en el vibrante aquí y ahora, en lugar de continuar en la vieja dirección fundamentada en una cansada, pasada e irrelevante historia. Puedes crear la inercia que te va a permitir ser y hacer aquello que *tú* realmente valoras y quieres.

Para redefinir tu vida y el concepto de ti mismo, debes hacer dos cosas. Primero, adquirir un juego de herramientas especial. Segundo, comprometerte a ser totalmente valiente y honesto al evaluar y utilizar la información que has recolectado hasta el momento. Algunas de las cosas que has identificado aquí han sido desagradables y difíciles de aceptar y ahora es el momento de que hagas algo al respecto. Discernimiento sin acción es peor que estar totalmente dormido. Por lo menos cuando estás dormido, puedes aferrarte al viejo argumento "la ignorancia es felicidad". Hacer el trabajo duro necesario para desenterrar tu vida con todos sus porqués, y después estancarte y regresar al mismo viejo teje y maneje de las cosas, no está bien. Debes de ser responsable y dedicarte a manejar de forma efectiva la verdad y realizar los cambios importantes. Hacer cualquier cosa menor a ésta, es una pérdida de tiempo. Lo que estoy diciendo es que si quieres maximizar tu calidad de vida y escapar de las trampas que hasta el momento te han atrapado, vas a tener que encontrar el valor de continuar siendo honesto y vas a tener que ser proactivo en cambiar tus patrones de vida tanto internos como externos. Sin engaños, sin excusas, sin culpar a otros por tus decisiones. Debes decidir qué elementos de tu concepto de ti mismo valoras y por lo tanto quieres mantener, y cuáles no. Es tiempo de separar la mierda ficticia de la verdad auténtica, para que finalmente la puedas rechazar y vivir consistentemente con quien en verdad eres. Como he dicho, se ha requerido mucho valor en esta fase de identificación y la fase de implementación va a requerir el mismo valor.

Recuerda que no todos van a estar entusiasmados de que rechaces los papeles que pasivamente representabas a cambio de los que verdadera y activamente eliges.

Para acelerar el proceso, vamos a repasar rápidamente lo que has aprendido acerca de cómo formaste el concepto de ti mismo para que el acercamiento sea organizado.

Punto uno

Tú comenzaste esta vida con una constelación de dones, habilidades, destrezas, rasgos y características que únicamente te definen a ti. Tienes dentro de ti, toda la destreza, capacidad, discernimiento y sabiduría necesaria para realizar tu misión en la vida. Si tu viaje a lo largo de ésta ha desarrollado y nutrido tu condición de ser único y te has mantenido enfocado, entonces has vivido una vida consistente con tu *ser auténtico*. Si no, un ser ficticio y definido por el mundo te ha dominado.

Punto dos

Tu viaje a través de la vida, ya sea que haya durado veinte o 60 años, está caracterizado, en parte, por una *historia de aprendizaje* que ha incidido enormemente en la condición de ser único con la que naciste. Has aprendido y has cambiado por tus experiencias que te han llevado a sentir paz, alegría, ansiedad y tristeza, y también alguna combinación de ambas.

Punto tres

Aunque tu historia comprende, literalmente, millones de experiencias internas y externas, un sorprendentemente pequeño número de estos eventos se han conjuntado para formar el concepto de ti mismo. Como hemos visto, tres tipos básicos de *factores externos* han formado lo que tú crees acerca de ti mismo; diez momentos determinantes, siete decisiones críticas y cinco personas clave con las que te has encontrado. Los diez momentos determinantes son esas experiencias que han sido tan poderosas que te marcaron, para bien o para mal, de forma duradera. Algunos momentos determinantes pueden haber afirmado tu autenticidad, mientras que otros pueden haber distorsionado el concepto de ti mismo alejándote de tu *yo* auténtico y acercándote a unas expectativas ficticias acerca de quién "debías" ser.

Tus siete decisiones críticas, fueron aquellas decisiones importantes que te llevaron a mantener a tu ser auténtico generando resultados que afirmaron tu condición de ser único o que te llevaron a cuestionar quién eras, llevándote a fabricar mitos que contaminaron el concepto de ti mismo. Estos resultados —afirmativos o negativos— también estuvieron afectados por tus interacciones con cinco personas clave. Tus interacciones con estas personas, de nuevo, o apoyaron tu autenticidad o te dieron información falsa que se convirtió en una parte central del concepto de ti mismo.

PUNTO CUATRO

Como un individuo que piensa y siente, has interpretado y reaccionado ante cada evento, grande o pequeño, que ha sucedido en tu vida. Específicamente, como aprendiste en la segunda parte de este libro, cinco factores internos, influyeron en la forma en la que tú interiorizaste estos eventos externos. Estos cinco factores son tu *centro de control, etiquetas, diálogo interno, cintas y creencias fijas.*

Como repaso, tu *centro de control* identifica cómo percibes y asignas responsabilidad a las causas de lo que te sucede. Las *etiquetas* asignan juicios duraderos, incorporados al concepto de ti mismo, que clasifican quién eres para ti. El *diálogo interno* es la ventana de percepción a través de la cual te ves y comprendes el mundo. Es el diálogo que tienes en tiempo real, contigo mismo, mientras la vida se desarrolla a tu alrededor. Las *cintas* son los juicios y profecías autorealizadas y sobreestudiadas que se convierten en mensajes automáticos que corren por tu cabeza a la velocidad de la luz: mensajes que predicen los resultados de tu vida y tu lucha por ser exitoso. Las *creencias fijas* son posturas resistentes al cambio a las que te has aferrado y que has utilizado para organizar tu mundo y predecir lo que crees que tú y los demás son propensos a hacer. Ellas son las piedras angulares de tu guión de vida, creando límites y barreras en torno a quién puedes ser o qué puedes hacer.

A través de este quíntuple "centro de procesamiento interno" le has mandado mensajes al concepto de ti mismo en formas que han afirmado o sepultado a tu ser auténtico.

Punto cinco

Vivir de forma incongruente con tu auténtico ser, te merma mental, emocional, física y espiritualmente. Permite que la cadena de vida te sofoque y estrangule, drenándote y desviando tu energía de vida. Si suprimes tu ser auténtico y niegas su necesidad de expresión, y vives una vida que no te apasiona, desperdicias cantidades enormes de energía que podría utilizarse para crear lo que sí quieres.

Hay una oración que requiere de sabiduría para comprender la diferencia entre las cosas que pueden ser cambiadas y las que no. Yo te digo que, conforme vayamos desarrollando tu plan de acción —el plan para ser quien eres auténticamente— tus factores internos se van a convertir en los elementos centrales del plan. Porque *si puedes conocer lo eventos que han dirigido el concepto de ti mismo y puedes identificar las reacciones que has tenido a esos eventos, entonces ya sabes cuáles son las palancas que hay que jalar para cambiarlos.* Esas palancas son tus factores internos.

Los eventos externos son importantes, porque pueden ser el primer eslabón en la cadena de vida. Cambiar la dirección de tu vida y retomar el contacto con tu ser auténtico, va a ser una función de cambiar tus acciones y reacciones internas. La sencilla razón es que no puedes cambiar tus diez momentos determinantes, las siete decisiones críticas y a las cinco personas clave, en cambio, sí puedes alterar la forma en la que percibes esos eventos externos. Puedes usar el poder de los factores internos que han estado controlando tu vida, para reinterpretar y reorientar esos eventos y así crear nuevas reacciones que son consistentes con tu ser auténtico. Mientras tengas el poder de elegir, tienes el poder de cambiar. Yo pronostico que con el conocimiento y las herramientas que has adquirido en estas páginas, una nueva visión de tu vida, historia y potencial, va a florecer.

Esto no es decir que vamos a desestimar tu comportamiento externo. Hay una fuerte controversia en la psicología acerca de cómo sacar lo "mejor" de las personas para generar cambios positivos. La controversia se resume en: ¿cambiamos las emociones y los sentimientos primero, o dejamos que el cambio de comportamiento acontezca posteriormente? O: ¿Cambiamos primero el comportamiento, esperando que en cuanto las personas *hagan* las cosas de forma diferente, se *sientan* diferentes? He escuchado a miles de "cerebritos" académicos hablar y hablar de esto hasta la náusea, acerca de quién, en ese debate, tiene la razón; mientras tanto, las personas que necesitan un cambio están sentadas pensando: "Demonios, a mí no me importa, sólo denme un plan."

Como dicen los políticos: "Yo creo en *ambas* formas." Pero, ¿a quién le importa el resultado del debate? ¿Por qué no trabajar con las dos al mismo tiempo, para cambiar tu manera de sentir y pensar, mientras que te diriges al éxito?

El plan que estás a punto de aprender, fue diseñado para ayudarte a hacer justamente eso. Te va a ayudar a realizar los cambios internos que requieres, enfocándose en los cinco factores de los que ya hemos hablado y, al mismo tiempo, a cambiar la forma en la que te relaciones con el mundo exterior. Conforme piensas, sientes y te comportas de forma diferente, vas a alimentar al concepto de ti mismo con nueva y certera información. Aprendiste de ti, observándote, al igual que observarías a otra persona. Conforme te comportes de manera distinta, auténticamente y fiel contigo mismo, tanto interna como externamente, vas a estar creando una nueva historia que va a predecir un futuro nuevo.

En términos más sencillos, el plan funciona de la siguiente manera: te voy a pedir que repases las "auditorías de vida" externas e internas que has realizado en los capítulos anteriores. Vas a identificar cuáles de los eventos externos de tu vida han contaminado en lugar de contribuir a que vivas de forma consistente con tu *yo* auténtico. Vas a examinar los factores internos y cómo te has enganchado a estos eventos "tóxicos". Entonces, vas a saber qué áreas necesitan ser "limpiadas" para que puedas maximizar tu vida. Finalmente, vas a utilizar herramientas especiales para hacer esa limpieza, que te va a poner en el camino de regreso hacia tu *yo* auténtico.

Como ya dije anteriormente, puede ser que no podamos cambiar lo que ha sucedido en tu vida, pero definitivamente podemos cambiar los mensajes que han emanado de estos eventos. Podemos cambiar tu respuesta y, por lo tanto, cambiar el poder que tienen esos eventos sobre tu vida diaria. Lo que este plan te reta a hacer, es a recoger un "eslabón" en particular de tu cadena de vida, examinarlo, probar tus respuestas a él, entonces y ahora, cuestionar las conclusiones a las que llegaste y los comportamientos en los que te enganchaste como resultado. Tengo la intención de confrontar los pensamientos, sentimientos y reacciones que has aceptado pasivamente durante años y años. Quizá no lo sabías entonces, pero ahora ya lo sabes. Te vas a sorprender de tu poder. No tienes por qué ser un prisionero de tu pasado. No tienes que caminar por el mundo con las heridas abiertas. Puedes sanar, pero eso va a ocurrir de adentro hacia fuera. Va a ser el producto de lo que tú haces por ti, no de lo que otros hacen por ti.

El Plan

Veamos los puntos específicos del plan. En este capítulo, voy a introducir cada paso con una breve discusión del concepto. Una vez que hable brevemente de los cinco pasos del plan, voy a compartir contigo, en el próximo capítulo, la historia, la cadena de vida, de un antiguo paciente. Vamos a considerar cómo ella puede poner a trabajar cada uno de estos pasos en su vida. Después va a ser tu turno.

Paso uno: selecciona el evento

Para poner el plan en acción, es importante que comprendas los primeros y más poderosos eslabones en la cadena causal que finalmente crearon el concepto de ti mismo tal cual es hoy. Los primeros eslabones de esa cadena son los factores externos con los que ya hemos trabajado: momentos determinantes, decisiones críticas o personas clave.

Como ya he dicho, no puedes cambiar lo eventos externos, porque ya sucedieron. Ya sea que hayan sucedido ayer o hace 30 años, son historia. No puedes alterar los momentos, "desdecidir" tus decisiones o cambiar a tus personas clave. Incluso, un primer paso crucial es identificar estos eventos externos que han tenido efectos de forma tan profunda al actual concepto de ti mismo. No te desesperes de no poder cambiar lo sucedido, porque *el verdadero poder radica en los factores internos*. Es dentro de las cinco áreas de respuestas internas donde vas a encontrar las herramientas y las oportunidades de redefinir el concepto de ti mismo de manera congruente con quien eres en realidad.

Paso dos: audita tus respuestas internas a ese evento

Una vez que hayas seleccionado el evento, vas a tener que otorgarle tu completa atención y concentración para determinar cómo respondiste e interiorizaste ese evento. Puede ser realmente abrumador tratar de pensar toda tu vida de una sentada. Incluso puede ser abrumador tratar de pensar tu lista de momentos determinantes, decisiones críticas y personas clave de un jalón. Pero vamos a realizar esta auditoría y análisis personal de un paso a la vez. Es como la vieja analogía: "¿Cómo te comes a un elefante?" La respuesta es: "De una mordida a la vez." Olvídate que tienes todo un elefante que digerir; eso intimidaría a cualquiera. Lo que hay que hacer es agarrar una oreja y empezar a masticar. Antes de que te des cuenta, habrás logrado mucho. Aquí es lo mismo: un evento a la vez, vamos a deconstruir tu historia y desmitificar el cómo te has convertido en la persona que eres. Habiendo aislado un evento, vamos a mirar con lupa lo que sucedió dentro de ti cuando ocurrió dicho evento. ¿Cómo cambió el concepto de ti mismo? ¿Sacudió tu fe; te robó la confianza en ti mismo; fue el fin de tu inocencia?

Aquí es donde entran en juego tus factores internos. Te reto a evaluar cómo ese momento determinante, por ejemplo, afecta hoy tu diálogo interno. Si fue un momento en verdad determinante sigues hablando de él, incluso conforme vamos haciendo este trabajo. El diálogo interno puede influir indirectamente, incluso cuando no piensas en ese momento en especial.

De igual manera, ¿está dictando tu centro de control el lugar donde adjudicas la culpa y la responsabilidad de lo sucedido en ese evento? ¿Qué etiquetas generaste en relación a ese momento determinante? ¿Qué cintas ha generado o a cuáles ha contribuido este evento? ¿Cuáles son las creencias fijas que has construido como resultado de este momento determinante y cómo se han transformado en un guión de vida que has vivido desde el momento preciso en que se desató ese evento? Vas a revisar lo que has escrito acerca de cada uno de estos procesos internos, para que puedas ver cuál ha sido el impacto y exactamente dónde tienes que hacer los ajustes.

Paso tres: prueba la autenticidad de tu respuesta interna

Una vez que hayas identificado tu evento y aprendido lo que fueron y siguen siendo tus respuestas, ¿ahora qué? Necesitas una prueba definitiva, un estándar contra el que vas a probar esas percepciones de ti mismo para ver si vale la pena que las mantengas, o si te has estado haciendo el tonto durante todo este tiempo. Necesitas medirlas ante un estándar de racionalidad, verdad y autenticidad. Conocer y aplicar ese estándar, con el fin de retar la aceptabilidad de tus reacciones internas, va a ser el objetivo de este tercer paso. Pronto te voy a dar esta prueba definitiva en términos claros y manejables.

Paso cuatro: genera una respuesta "Alternativa, Auténtica y Precisa" (AAP)

Cualquier respuesta interna que repruebe el paso tres —que repruebe la prueba de "hacerse tonto"— necesita ser descartada. Cuando examines tus percepciones, diálogo interno, creencias fijas y demás, y encuentres que son irracionales, mentirosas y cualquier cosa menos auténticas, entonces necesitas deshacerte de ellas; necesitas romper ese hábito interno. "Romper" es de hecho un término equivocado, porque en realidad no "rompemos" hábitos. Para eliminar un comportamiento habitual, sólo necesitas *reemplazarlo* con un nuevo comportamiento que sea incompatible con el que quieres eliminar. Generar este nuevo patrón de respuesta interna es de lo que trata este paso. El paso cuatro te reta a comprometerte con lo que yo llamo "Pensamiento AAP": Esto es, generar una respuesta Alternativa, Auténtica y Precisa, una que *sí* pase la prueba de la autenticidad. Sustituye cualquier respuesta que no apoye a tu *yo* auténtico por una que sí lo apoye. Sustituye cualquier respuesta que te cause problemas y dolor por una que te acerque a lo que quieres, necesitas y mereces.

Paso cinco: identifica y ejecuta tu "Respuesta Efectiva Mínima" (REM)

Este último paso reconoce que la *acción* —un comportamiento externo— es generalmente necesaria para obtener un quiebre emocional. La pregunta es, ¿qué es lo que va a requerir? ¿Qué comportamiento va a ser el más efectivo para darte el quiebre emocional, *con el menor costo para ti* en términos de energía, riesgo y demás? El hecho de que estemos buscando la respuesta menos demandante pero más efectiva, es por lo que yo la llamo tu REM. ¿Qué pasos reales puedes dar para resolver el dolor, liberarte y permitirte crear más de lo que quieres y menos de lo que no quieres sin ponerte en mayor riesgo?

Esto es, a grandes rasgos, tu plan de acción. Ahora es momento de hacerlo trabajar para ti.

11

PONER EL PLAN EN ACCIÓN

O nos hacemos miserables o nos hacemos fuertes.
La cantidad de trabajo es la misma.

CARLOS CASTANEDA

Conforme adoptes este plan, permite que te anime a reconocer todo el trabajo que ya has realizado. Es perfectamente aceptable, es más, de hecho, una buena idea, usar tu diario como un estímulo o "apuntador" para los siguientes ejercicios. Quizá te ayude reexaminar el diálogo interno que registraste, o volver a hojear las pruebas que completaste respecto a tu centro de control. El punto es que este plan de cinco pasos está diseñado para construir e incorporar los cimientos que ya colocaste. No necesitas sentir que tienes que volver a empezar de cero.

Si ejecutaste al pie de la letra los ejercicios de los capítulos anteriores, algunas de las mecánicas de este plan te van a resultar familiares. Por ejemplo, los capítulos referentes a los factores internos te pidieron que realizaras auditorías acerca de cómo has respondido ante algunos eventos externos. Como resultado —siempre y cuando hayas completado los ejercicios de forma honesta— sería justo decir que ya eres una persona diferente a la que eras cuando comenzaste este libro: el conocimiento de ti ha avanzado del punto "A" al punto "B". Yo espero, y confío, que el trabajo que has realizado hasta el momento te ha dado la claridad que necesitabas y que ya puedes sentir cómo se aligera tu carga. Lo que puede hacer el plan de cinco pasos, es llevarte mucho más lejos en el camino.

Ya que yo creo que siempre es de mucha ayuda tener un modelo o ejemplo como referencia, al implementar cualquier plan en tu vida, permíteme compartir contigo la historia de una paciente. Te voy a decir de entrada que hoy en día Rhonda es una feliz y productiva madre de dos hijos que van a la universidad. Está felizmente casada y se mantiene ocupada haciendo una variedad de cosas que disfruta. Yo confío en ella, te diré que hoy está viviendo de forma consistente con su *yo* auténtico. Sin embargo, hace algunos años, nada estaba más lejos de la verdad. Por favor comprende que al platicarte la historia de Rhonda, mi intención no es escandalizarte. De hecho, tu historia puede contener elementos mucho más trágicos que la de ella. Mi propósito al hacer un bosquejo general de la historia de Rhonda es simplemente enseñarte cómo una persona puede implementar el plan de cinco pasos.

Cuando llegó por primera vez a mi oficina, Rhonda estaba en sus treinta y pocos años. En cuanto comenzó a hablar, me fue quedando claro que su *yo* auténtico había sido casi destruido. Era evidente que se odiaba a sí misma, que no tenía confianza ni sentido de valor alguno. Ella sentía que no tenía nada que ofrecerles a los demás y como resultado no merecía nada a cambio. Incluso se disculpó de "hacerme perder el tiempo", el cual "seguramente podía yo haberlo pasado con alguien que lo mereciera". Rhonda estaba viviendo una vida horrible, dominada por un concepto ficticio de sí misma, que de ninguna forma reflejaba quién era en realidad. Estaba perdida, muy perdida. Pasó mucho tiempo antes de que encontráramos el primer eslabón en esta espantosa cadena de vida. Comenzado a la tierna edad de doce años, había sido golpeada, violada y sexualmente explotada por su padre biológico. Los horrores de este trato se fueron desenvolviendo a lo largo de varias sesiones que tuvimos juntos, con Rhonda, en un principio, disculpando a su torturador.

Rhonda, eventualmente me dijo, que su padre, un representante de mercadotecnia para un manufacturero importante, frecuentemente había requerido que ella lo acompañara en sus viajes durante los veranos, estos viajes involucraban manejar cientos de miles de kilómetros para visitar a los clientes que se encontraban en diferentes estados. Pronto resultó evidente que su padre era un alcohólico enfermo con una terrible y malvada vena psicótica. Por las noches, cayéndose de borracho, después de toda una tarde de haber estado bebiendo y enfiestándose con clientes a quienes tenía que "entretener", frecuentemente, los llevaba a su cuarto donde apostaban, gritaban, se peleaban, tenían relaciones sexuales con prostitutas o mujeres que se habían ligado en el bar. En un sinfín de ocasiones, estos cerdos borrachos violaron a Rhonda mientras su padre observaba emborrachándose hasta la perdición. Él se desconectaba, pero su enojo nunca estaba lejos de la superficie: la menor resistencia de parte de ella provocaba tanto a sus palabras como a sus puños. Si lloraba o trataba de escapar, la golpeaba brutalmente y la llenaba de culpa diciéndole: "Eres una perra egoísta, ¿por qué quieres arruinar mi negocio? Estos hombres te dan de comer; son los que proveen el techo bajo el que vives. ¿Quieres que tu madre y tus hermanos y hermanas se mueran de hambre? De todas formas no eres más que una golfita, te trepas en los asientos traseros de los automóviles de tus novios para que te metan mano; por supuesto que puedes hacer lo mismo con los que ponen la comida en nuestro plato." (¡Vaya que tenía ganas de conocer a este imbécil!) Por supuesto, que nada de lo que le decía a Rhonda era verdad y ella nunca se había revolcado con nadie hasta antes de que su padre le robara la dignidad. Esta preciosa criatura era virgen antes del primer viaje con su padre durante un verano oscuro. Una vez que había comenzado este espeluznante comportamiento, el sentido de valor de Rhonda —toda su esperanza, optimismo y estima— se convirtió en añicos. Gracias a las acciones de su padre, y con el espíritu roto, aceptó ese concepto ficticio y el guión de vida que lo acompañaba.

Su padre había muerto recientemente. Como resultado, Rhonda era un caldero de emociones. Por un lado, estaba aliviada porque ese hombre maligno ya no caminaba sobre la tierra; por el otro, se sentía culpable de no sentir pena por su muerte. También, burbujeaba dentro de su caldero un sentimiento de furia y frustración de que él hubiera muerto sin haber sido nunca responsable de sus acciones. Sería minimizar enormemente, decir que cuando acudió a mí pidiendo ayuda, Rhonda tenía un concepto de sí misma seriamente dañado y distorsionado, con asuntos emocionales sin resolver.

La educación que había recibido de su padre, que había interiorizado y con la que se inflingía daño todos los días, era información falsa y pervertida. A su temprana y vulnerable edad, el concepto de su *yo* auténtico había sido erradicado fácilmente y reemplazado por pura ficción. Claramente, nuestro reto era lavar toda la confusión y la contaminación del dolor, duda, auto condena, enojo, odio y amargura. La meta era que Rhonda se reconectara con su *yo* auténtico del cual se había desconectado desde niña. Quería llevarla al punto donde ella pudiera tratarse a sí misma con respeto, dignidad, valor y optimismo. Todos sus factores internos, donde residía su verdadero poder, estaban descarrilados. Sus factores internos estaban terriblemente distorsionados y trabajando para su *yo* ficticio conforme ella vivía este desfiguramiento psíquico. Su diálogo interno, veinte años después de su primer viaje de explotación, la seguía saboteando. Las cintas le hablaban siempre de inutilidad y desesperanza. Sus etiquetas eran "sucia", "golfa" y "prostituta". Su centro de control era irracionalmente interno y las creencias fijas que definían su guión de vida no le ofrecían salida alguna. Estas horribles cosas le habían sucedido y la habían "marcado de por vida".

Habiendo aprendido algo de la situación de Rhonda, tú comprendes los retos y las preocupaciones que ella tenía que enfrentar cuando se sentó a implementar este plan de cinco pasos en su vida. Ahora vamos a echar a andar este plan en tu vida, usando la trágica y tóxica cadena de vida de Rhonda como ejemplo.

Estos ejercicios agrupan y dan sentido a todo el trabajo que realizaste en los capítulos anteriores, por lo que no exagero la importancia de que hagas bien el trabajo. He descubierto que el mejor acercamiento, por mucho, es tomar un evento detonante, ese primer eslabón que identificaste en el paso 1, y que le des seguimiento a lo largo de los cinco pasos. Lleva cada paso del plan a fructificar antes de que tomes otro evento y comiences a trabajar en él.

No aceleres el proceso. No me disculpo por el hecho de que este trabajo es intensivo y lleva tiempo. La regla de "basura adentro, basura afuera" aplica poderosamente a los ejercicios que estás a punto de realizar: si apuras el trabajo, si "pasas por encima" de la información en lugar de comprometerte contigo mismo a realizar una evolución cabal y honesta, entonces lo que vas a obtener, son resultados superficiales. Confío que lo siguiente te resulte obvio, pero de todas formas lo voy a decir: no puede haber ningún momento más apropiado en tu vida que este momento para decidir que vas a dar el cien por ciento de tu energía, atención y esfuerzo a una tarea.

Como lo hiciste con anterioridad, ve por tu diario y encuentra el lugar más silencioso y privado que puedas. Debes apartar una hora o más para llevar cada uno de los eventos mediante el proceso de cinco pasos. Dependiendo de tu evento, puedes descubrir que el proceso tarda varias sesiones, regadas a lo largo de varios días. Comprende que quiero que escarbes hasta que toques fondo en términos de tus reacciones internas. Ten cuidado de no solamente clavarte con la parte que te inmoviliza o te atormenta. Debes estar dispuesto y ser capaz de enfrentarlo todo, para ir más allá de tus respuestas emotivas y trabajar cada factor que esté afectando tu vida. Una vez que hayas sometido un evento al proceso, el siguiente también merece por lo menos una hora completa, y así sucesivamente.

Para cada paso, considera la situación y posibles respuestas de Rhonda, meramente como ejemplos. Tus respuestas deben ser el resultado de una reflexión silenciosa y una evaluación honesta de tu propia vida. Si tus eventos son menos dramáticos que los de Rhonda (gracias a Dios), no te desvíes. Si un evento es importante para ti, entonces eso es suficiente para que califique y le des tu completa atención y esfuerzo.

Vamos a comenzar.

Paso uno: selecciona el evento

Con callada atención a tu respiración y mente y cuerpo relajados, considera tu cadena de vida: la serie de eventos, circunstancias y respuestas que te han llevado a ser quien eres en este momento.

Comienza por decidir, cuál, entre estos eventos externos clave que ya identificaste anteriormente, ha sido el *factor más tóxico en tu vida*. Va a ser uno de los siguientes:

* Un momento determinante

* una decisión crítica, o

* una persona clave

Revisa el material que escribiste anteriormente acerca de cada uno de estos factores externos, puede ser de gran ayuda en este momento.

Ahora necesitas escribir una descripción corta del evento seleccionado. Esta descripción no necesita ser de más de un par de oraciones y puede que ya esté plasmada en los que escribiste anteriormente. Sin embargo, puede ser que hayas cambiado desde ese primer escrito por lo que si necesitas editar o agregarle algo a tu respuesta, hazlo ahora.

Como ejemplo, esto es lo que Rhonda escribió en su paso 1: "En esa primera mañana, un martes de junio, comenzó a empacar el automóvil y me dijo que empacara mis cosas y me alistara. Yo lo conocía, yo lo odiaba y sabía que no debía subirme al coche con él; no sabía qué era lo que iba a suceder, pero sabía que me iba a arrepentir. Podía haber corrido a la cocina y suplicarle a mi mamá que me dejara quedarme con ella. Me podía haber ido de la casa. O quizá, si lo hubiera dicho bien, habría logrado convencer a mi mamá de que viniera con nosotros y que me protegiera. En lugar de eso, hice lo que me pidió. Ése fue, el primero y a la vez, mi número uno, mi evento determinante más tóxico y mi decisión crítica más devastadora. Ésa es la decisión más terrible que he tomado." Sé que mientras leen esto, deben estar pensando: "¡Es un disparate! ¿Cómo puede ella tener responsabilidad alguna por lo que este bastardo enfermo le hizo?" Tienen toda la razón, pero recuerden, ésta es la reacción interna de una Rhonda confundida y con sentimientos de culpa y refleja la ficción que ella ha estado viviendo desde entonces. Obviamente, no es racional, pero traten de convencer de esto a una aterrada niña de doce años que está plagada de culpa.

Ahora, después de haber leído este pequeño extracto, revisa tu respuesta. ¿Encontraste el momento más tóxico y fuiste honesto en la descripción del mismo? Recuerda: vamos a limpiar este desastre y a correrlo a patadas como fuerza distorsionada de tu vida. No pierdas ni un poquito la marca. No solamente quieres matar a la mitad de las "víboras" de tu vida.

Paso dos: audita tus respuestas internas a ese evento

Recuerda que tu respuesta a este paso va a tocar algunos o todos los cinco factores internos, cada uno de los cuales ha sido definido y discutido en el capítulo correspondiente. Utiliza las siguientes preguntas para estimular tus pensamientos:

Revisando el evento que describiste en el paso 1.

1. *¿A quién le asignas la responsabilidad o la culpa de ese evento, tu centro de control?*

Por ejemplo, la primera serie de preguntas que le hice a Rhonda fueron: ¿A quién le atribuyes la responsabilidad de ese evento? ¿Realmente tenías opción a los doce años para rehusarte a subirte al coche? ¿Podías saber lo que iba a suceder? ¿Tú fuiste la causante de las violaciones? ¿Eres "dueña" de la enfermedad de tu padre y de los otros pervertidos con los que se divertía? Juzgando su respuesta del paso 1, es claro que ella se asigna la culpa a sí misma.

Nunca he visto a alguien que provoque que alguien lo ataque sexualmente, así que estoy seguro que tanto tú como yo podemos ver que la respuesta de Rhonda debería ser un enfático "¡No!" Pero de nuevo, nosotros tenemos una perspectiva diferente a la de la niña de doce años que estaba bajo el control de su padre.

La siguiente pregunta también está relacionada con la ubicación de la responsabilidad: ¿Quién decidió cómo ibas a responder a este evento, tal y como decirte cosas espantosas a ti misma?

Como nadie puede reaccionar desde afuera, la siguiente respuesta de Rhonda tenía que ser: "Yo."

Siguiente pregunta: ¿Controlabas la situación?

Esta pregunta se enfoca directamente en la responsabilidad y la culpa. Te sorprenderías el número de personas que se culpan a sí mismas por eventos de los que fueron víctimas y no los perpetradores. Además, muchas familias, desesperadamente quieren esfumar esos eventos así que culpan a la víctima por ser tan egoísta como para sacar a relucir la situación u obligarlos a enfrentar las cosas.

Aplica estas preguntas al centro de control de tu propio evento y escribe las respuestas. Cuidado: no escribas lo que intelectualmente piensas que debes decir. Es fácil adivinar las respuestas "correctas" o socialmente apropiadas. Eso no es lo que quiero que veas y escribas. Escribe lo que realmente piensas cuando estás a solas viviendo con el evento más tóxico de tu vida. No puedes cambiar lo que no reconoces, así que tienes que ser brutalmente honesto. ¿Qué es lo que crees acerca del responsable de tu evento, aunque intelectualmente sepas que no es así?

2. *¿Cuál ha sido el tono o el contenido de tu diálogo interno a partir de ese evento? ¿Encuentras que tus conversaciones en tiempo real y a "velocidad normal" en tu vida diaria reflejan los cambios que ocurrieron en ti y están asociados a ese evento?*

Cuando reflexionas sobre ese evento, ¿qué te dices a ti mismo? Cuando no estás reflexionando directamente sobre ese evento, qué te lleva a experimentar culpa y vergüenza, ¿qué es lo que te dices a ti mismo?, aunque no sea en referencia directa a ese evento.

Como sugieren las respuestas de Rhonda, muchas víctimas de abuso sexual reportan que en un principio no percibieron o no se permitieron percibir lo que estaba sucediendo. Muchas víctimas de abuso, por ejemplo, reportan que al principio pensaron que estaban recibiendo atención especial y que conforme continuaron los eventos fueron descubriendo las intenciones más perversas. Algunos se sienten engañados y estúpidos por su ingenuidad. Otros desarrollan diversas perspectivas a propósito para proteger a su atacante, especialmente si es un miembro de la familia. Por ejemplo, una niña que ha sido abusada por un miembro masculino de su familia puede percibir que fue un accidente o que se trataba de una amistad especial. Ya sea que tu evento sea similar al de Rhonda o totalmente diferente, las preguntas relevantes pueden ser: ¿cómo percibiste tu comportamiento? ¿Cuál era tu percepción de las intenciones o comportamientos de las otras personas involucradas en este evento? ¿Qué te dices a ti misma acerca de esas cosas hoy? ¿De qué forma han afectado estas etiquetas tu confianza y la forma de relacionarte con el mundo y tu reacción a este evento? Por ejemplo, si estás teniendo un desacuerdo con tu pareja, ¿te dices cosas denigrantes por que te sientes "dañado"?

En cualquier caso, si un diálogo negativo parece ser el resultado de este evento, describe ese diálogo, por escrito. Comprende que el diálogo interno puede no estar relacionado directamente con el evento. Puede ser un diálogo interno que está entrelazado con mensajes de duda, incompetencia o algún otro residuo de este tóxico evento. Si algún evento sacudió tu fe en ti mismo, aunque tu manifestación actual no involucre referencias específicas al origen, sigue siendo altamente relevante.

3. ¿Qué etiquetas has generado como resultado de este evento?

Como consecuencia de este evento, ¿qué te has dicho acerca de ti mismo? Rhonda descubrió que ella usaba etiquetas tales como "sucia", "dañada", "nada que ofrecer", "avergonzada" y "una cosa para ser utilizada, para darle placer a los demás".

Considera si te has etiquetado a ti mismo, y utilizas las etiquetas como resultado de ese evento en específico. Revisa las etiquetas que apuntaste en el capítulo de etiquetas. Puedes descubrir más etiquetas, ahora que has estado trabajando más en esto, escribe esas etiquetas.

4. ¿Qué cintas ha generado o contribuido este evento?

Como resultado de lo que has "aprendido" en el despertar de este evento, ¿has desarrollado una respuesta automática e inconsciente, que te juzga y predice el resultado de las cosas en determinadas situaciones? Si sospechas que en tus situaciones más estresantes una cinta está mandando el mensaje "fracasado", ¿es esta cinta consecuencia del evento que repasaste en este momento?

Por ejemplo, Rhonda reconoció que ella esperaba un resultado similar de cada relación que había tratado de entablar. Identificó un número de cintas relacionadas con los hombres, relaciones, a ser utilizada y vergüenza en la intimidad. Ella siempre esperaba ser descartada cuando tenía una relación íntima con un hombre. Un ejemplo de una de las cintas de Rhonda era: "Los hombres son unos cerdos y solamente se interesan en mí si 'aflojo' y luego me botan una vez que lo hago. Estoy atrapada de por vida." Explora los resultados esperados o predicciones que subsisten en tu mente como resultado de este evento externo. Identifica tus cintas con todo el detalle que te sea posible.

5. *¿Cuáles son las creencias fijas y los guiones resultantes que has construido como consecuencia de este evento?*

¿Sospechas que vives conforme a un "guión" derivado de este evento, un juego de palabras, pensamientos y comportamientos que obedeces ciegamente, una y otra vez? ¿Cómo te has limitado como resultado de este evento? ¿Simplemente te has dado por vencido de esperar a que el mundo te trate diferente? ¿Te has limitado a ti mismo en lo que eres en este momento? Rhonda, por ejemplo, vivía un guión de vida en el cual ella resistía cualquier oportunidad de socializar con hombres, incluso en un ambiente relajado y seguro, temiendo que eso podría alterar una predecible —aunque dolorosa— forma de vida. Ella vivía conforme a sus creencias, alternando entre una descarada promiscuidad y un retraimiento absolutamente vergonzoso.

¿Cómo se relacionan estas creencias con tu experiencia temprana? Identifica las conexiones entre el evento que estás considerando y las creencias fijas con las que vives.

De nuevo, no dudes en consultar los capítulos individuales que tratan de los factores internos y al material que redactaste en cada uno de ellos, para estimular las respuestas más cabales que puedas dar a cada uno de las cinco preguntas del paso dos.

Vamos a detenernos un momento a considerar dónde puede estar Rhonda en este punto. Para cuando ella había completado el paso dos de su plan, puede haber identificado un número de comportamientos internos reveladores.

Rhonda, al igual que tú, no puede cambiar los eventos externos de su vida, incluyendo algunas de las decisiones que tomó después de su trágico maltrato. Lo que sí puede cambiar es lo que ahora dice y hace al respecto. Aunque esto pueda parecer una victoria hueca, te aseguro que conforme se vaya desenvolviendo en tu vida vas a darte cuenta de que no lo es.

Confío en que ya estás cambiando tu diálogo interno. Confío en que aprendes conforme vamos avanzando. Por ejemplo, puedes haber descubierto que no es posible que seas el responsable del evento que revisaste. Muchas, muchas personas, al hacer este trabajo, por primera vez, ven este evento con ojos maduros. Ellos descubren por primera vez que han estado recordándolo durante años, a través de sus ojos de niños. Estas nuevas perspectivas, les permiten formular nuevos juicios acerca de ellos mismos.

Recuerdo a un hombre que constantemente se juzgaba como irresponsable y nunca confiaba en sí mismo, todo como resultado de un accidente en el que se ahogó su hermano pequeño. Aunque estaba en la escuela al momento en que esto sucedió, un día escuchó a su madre decir que si él hubiera estado en la casa, la tragedia nunca hubiera sucedido. El resultado fue que, a lo largo de su vida, había cargado la culpa por la muerte de su hermano. Sin embargo, una vez que auditó objetivamente el evento, descubrió que su madre estaba en realidad halagando su alto sentido de responsabilidad: su punto era que había sido una tragedia que él no hubiera estado ahí para salvar a su hermanito. Cuando fue a visitar a su madre, poco tiempo después, ella le corroboró esta nueva y más madura interpretación como la versión correcta; ella se horrorizó al saber lo profundamente mal que la había interpretado. No puedes imaginarte el alivio y la alegría que sintió.

Una vez que comenzamos a escuchar nuestro diálogo interno, la auditoría puede tener resultados impresionantes. Podemos aprender cosas asombrosas de nosotros mismos. La pérdida de su hermano pequeño permanece, pero su interpretación y percepción ha cambiado dramáticamente al igual que su vida.

Paso tres: prueba la autenticidad de tu respuesta interna

Como acabamos de ver, discernir lo que nos decimos, puede ser terapéutico. Pero el regreso a la autenticidad, requiere más que eso. *Ésta es la etapa en la que te equipas con criterios claros de autenticidad, el estándar con el que vas a probar tus respuestas internas.*

No es difícil imaginar a alguien como Rhonda diciendo: "Okey, puedo ver que el abuso sexual que sufrí me desfiguró psíquicamente. Y puedo ver que mi reacción a él fue altamente contraproducente. Ya realicé la auditoria de mis factores internos y puedo ver cómo reaccioné al evento. No es de sorprender que me sienta tan mal conmigo misma. Me siento mal por lo que sucedió y por cómo reaccioné ante eso. Eso lo entiendo. *¿Ahora qué voy a hacer?"*

Bueno, ahora lo que vas a hacer es aprender el criterio de cuatro partes para una auto evaluación de tu *yo* auténtico. Vas a evaluar cada una de tus respuestas internas —creencias, diálogos, etiquetas y demás— contra estos criterios.

Estos criterios de autenticidad, te van a ayudar a determinar si tus respuestas y reacciones contribuyen a tu *yo* auténtico o te jalan hacia el extremo de tu concepto de tu *yo* ficticio. Estas cuatro reglas te dan la vara que vas a utilizar para medir cada atribución, etiqueta, conversación interna, cinta y creencia fija. *Todas esas respuestas o pasan o no pasan.* Cuando no pasan, vas a saber que necesitas abrir tu mente a nuevas opciones, en otras palabras, estoy listo para enseñarte cómo evaluar lo que te dices a ti mismo para que puedas distinguir lo que es ficticio de lo que es auténtico. Quiero llevarte al punto en el que tratar de deslizar una mentira por ti va a ser como tratar de enseñarle a decir misa al papa.

Piensa en el criterio de esta prueba de cuatro puntos, como preguntas o retos. Cuando utilices estas preguntas para evaluar cada uno de tus pensamientos y percepciones, vas a ver claramente, qué tan auténticos o ficticios son tus pensamientos internos. Las cuatro preguntas son:

1. ¿Es un hecho verídico?

¿Es lo que estás pensando, sintiendo, percibiendo o asignando algo que sea objetiva y verificablemente cierto? Si tu diálogo interno, por ejemplo, fuera revisado por observadores externos, personas que nada tienen que ver en el asunto, ¿estarían de acuerdo contigo o no? ¿Es algo que crees ahora, porque es algo que creíste entonces? Gran parte del tiempo, actuamos con base en creencias que están completamente equivocadas y que nunca hemos evaluado. Puede ser que te estés aferrando a creencias que fueron ciertas cuando tenías tres o siete años o quizá nunca fueron ciertas. Quizá no tengas ni la menor idea. Si no tienes idea, no actúes con base en algo que tú simplemente, quizá sin pensar, aceptas como cierto, sin comprobarlo.

2. *¿Sirve a tus más altos intereses el que te aferres al pensamiento o actitud?*

Muchas veces, te aferras a tus creencias porque tienes miedo de soltarlas, aunque aferrarte a ellas te cause dolor, sufrimiento, frustración y pérdida. Este criterio es simple: si lo que estás pensando, sintiendo y haciendo no te funciona, si no te ayuda a ser y hacer lo que auténticamente quieres, entonces no pasa este criterio de prueba. ¿Te hace sentir contento, calmado, en paz y satisfecho? Éste es un asunto *enorme.* Aplica este estándar y tu calidad de vida va a cambiar y digo ahora mismo. Cuando apliques este estándar, debes ser implacable. No escuches tus propias justificaciones de por qué estás tolerando pensamientos y creencias, acciones e inacciones que no te están funcionando. Si no te funciona, *¡deja de hacerlo!*

3. *¿Tus pensamientos y actitudes mejoran y protegen tu salud?*

¿Te empujan y ponen en situaciones de riesgo tus pensamientos acerca de ti mismo? Por ejemplo, ¿tu falso orgullo en cuanto a manejar un automóvil cuando no es seguro causa riesgo de lastimarte? ¿Te pone en situaciones peligrosas la insistencia en tener la razón? ¿Tienen un efecto físico, que no puedes sustentar, el dolor y el estrés de cómo te piensas, sientes y crees de ti? Tenemos creencias egoístas que nos hacen defendernos cuando no hay necesidad de hacerlo. ¿Generan una armonía física dentro de tu cuerpo los pensamientos a los que te aferras? O, ¿estás constantemente agitado y alterado, desgastando tu cuerpo y sometiéndolo a una enfermedad? Puede ser que ahora sea el momento de que comprendas que aferrarte a esas creencias no te ayuda, de hecho, te lastima.

4. ¿Esta actitud me da más de lo que quiero, necesito y merezco?

Esta pregunta es tan directa como suena. ¿Cuál es tu meta? ¿Cuál es el blanco al que estás apuntando? Quizá dirás: "Mi meta es sentirme en paz conmigo mismo, una tranquilidad que fluye a partir de la clara conciencia de mi propio valor." Quizá la meta sea "una relación más sólida y amorosa con mis hijos". Quizá es un mejor matrimonio o una promoción en el trabajo. Cualquiera que sea tu meta, prueba tu respuesta interna contra ella: ¿esa actitud, creencia o pensamiento te está acercando más a lo que quieres? O, ¿te está llevando o manteniéndo en circunstancias que ya *no* quieres?

Vamos a echar a andar estos criterios, usando del evento que Rhonda estaba considerando. Digamos que Rhonda adoptó la creencia fija de que ella es sucia, desagradable y detestable para las demás personas. Se siente avergonzada acerca de lo que le sucedió, aunque haya sido involuntariamente. Ella está lista para poner a prueba esta creencia para determinar si es auténtica o ficticia.

Pregunta uno: ¿es un hecho verdadero? ¿Es algo con lo que todos estarían de acuerdo que es verdad?

¡No! ¡No! ¡No! Rhonda probablemente responda: "No es cierto. Ahora ya sé, como adulta madura y objetiva, que fui utilizada y abusada. No soy desagradable, ni despreciable ni estoy dañada. Fui victimada por personas que sí lo son, pero yo no soy eso. Las personas no conocen los eventos de mi vida, ni mucho menos cuáles están afectando mi vida…"

Pregunta dos: ¿sirve a tus más altos intereses el que te aferres al pensamiento o actitud? Una posible respuesta: "No sólo no vale la pena, está limitando mi vida. ¿Por qué querría yo aferrarme? ¿Me da valor, o me debilita? ¿Me hace feliz, o me entristece? A menos de que quiera algo que me esté recordando que debo sentir lástima de mí, más vale que lo suelte ahora."

Pregunta tres: ¿tus pensamientos y actitudes mejoran y protegen tu salud? Una posible respuesta: "Al insistir que soy un ser humano desagradable, puede ser que no me cause una muerte aguda; pero definitivamente no incrementa mi salud. Definitivamente me puede hacer tomar decisiones contrarias a mi felicidad y muchas veces a mi salud."

La lección del paso tres debe ser clara. Si respondiste que no a las dos primeras preguntas, y sí a la tercera, estás aferrándote a una creencia ficticia. La creencia es venenosa. No puedes acceder a los reinos de la paz y la alegría mientras este veneno resida en tu mente. Suéltalo inmediatamente.

Pregunta cuatro: ¿esta actitud me da más de lo que quiero, necesito y merezco? Rhonda podría responder: "No, no lo hace. Quiero sentirme limpia, sana y feliz. Quiero sentirme merecedora de dignidad y respeto y ninguna de mis reacciones, percepciones o creencias me lleva a obtener lo que realmente quiero."

Revisando tus respuestas al paso dos, toma cada una de las respuestas que apliquen y pruébalas, utilizando los cuatro criterios que acabamos de ver. Puede ser de gran utilidad que veas tus descripciones escritas de la respuesta y que escribas una pequeña explicación de cómo reprueban esta prueba de autenticidad. Sé cabal. La aplicación de estas cuatro preguntas, tanto ahora como en el futuro, debe ser despiadada. La conclusión, ya no escuches a tu mierda. Si no pasa la prueba de autenticidad, suéltala y suéltala ahora.

De nuevo, aquí están los cuatro criterios:

1. ¿Es un hecho verdadero?

2. ¿Sirve a tus más altos intereses el que te aferres al pensamiento o actitud?

3. ¿Tus pensamientos y actitudes mejoran y protegen tu salud?

4. ¿Tus pensamientos y creencias consiguen lo que tú quieres?

Paso cuatro: genera una respuesta "Alternativa Auténtica y Precisa"

Habiéndote comprometido a encontrar el camino de regreso a tu autenticidad, puedes decirte a ti mismo: "¿Qué debo hacer para superar este evento tóxico? Primero, necesito dejar de sentirme responsable por las cosas que no puedo controlar. Necesito cambiar mi diálogo interno, que es lo que me digo a mí mismo todos y cada uno de los días que salgo al mundo. Necesito comprender cuáles son mis etiquetas y confrontarlas para comprobar su autenticidad. Necesito identificar las cintas que me han limitado y las creencias y juicios que tengo sobre mí mismo que me están lisiando. Necesito identificarlos antes de continuar."

Habiendo hecho todo eso, dices: "Okey, me doy cuenta de lo que me estoy diciendo y he confrontado cada una de esas respuestas. *¿Ahora qué pasa?"*

Cuando pones a prueba tu diálogo interno ficticio y no pasa la prueba (y no la va pasar ya que no es cierto; no sirve a tus intereses; no mejora ni protege tu vida; no te ofrece lo que quieres que te dé), entonces es el momento de que hagas lo que llamamos el pensamiento "AAP". Para reemplazar las respuestas ficticias, tienes que generar patrones de comportamiento *Alternativos, Auténticos y Precisos* (AAP). Y para que estos sean "AAP", estas respuestas tienen que cumplir con los estándares de los cuatro criterios de autenticidad. Tú debes generar estas nuevas opciones y después utilizarlas para reemplazar las respuestas que ya no funcionan.

Supongamos que el diálogo interno de Rhonda es así: "Soy una sucia depravada. Soy una basura que ningún hombre va a querer para otra cosa que para tener relaciones sexuales."

Una vez que ella ponga a prueba esos criterios y no pasen (que ya hemos visto que sucede), tendrá que dar un paso y comenzar a hacer un poco de pensamiento "AAP"; ella tiene que generar respuestas alternativas, auténticas y precisas.

En lugar de aferrarse a la creencia de que "está dañada", va a tener que adoptar una nueva visión a través de la cual ella podrá verse a sí misma como importante y respetada. Ella puede considerar la creencia alternativa de que no es la culpable de una sola cosa y que nadie tiene el derecho de juzgarla. Ella también debe generar una "AAP" que diga: "Tengo que dejar de juzgarme a mí misma. Yo no hice nada malo. Debo de existir para mí y aceptar las cualidades que me hacen única y especial."

Una segunda alternativa que puede ser probada es que se considere como alguien que ha permitido que su pasado se disuelva y le reste importancia de este evento. Ella ha tomado la positiva decisión de vivir en el presente y no en el pasado.

Ésta es una técnica sencilla que te va a ayudar a engancharte con pensamientos "AAP". Haz el siguiente cuadro: primero, divide la página verticalmente. En el lado izquierdo de la página, enlista tus creencias ficticias presentes. Ya sabes qué poner en la lista, ya sabes lo que es ficticio porque hiciste la prueba y sabes cuáles de tus pensamientos, sentimientos y creencias reprobaron. En el lado derecho, realiza una tormenta de ideas: para cada una de tus creencias presentes, enlista todas las creencias alternativas que puedas. Ahora vas a tomar cada una de las creencias alternativas y (¿recuerdas el paso tres?) vas a probar su autenticidad. Aquellas creencias que pasen la prueba son en verdad auténticas.

Aquí hay un ejemplo de cómo podría ser el cuadro de Rhonda:

Creencia Presente   *Creencia Alternativa*
Estoy dañada.   1. Soy un ser humano de calidad que ha sufrido mucho pero que puede sanar.
                        2. Soy un ser humano valioso que puede vivir con dignidad y respeto.
                        3. Estoy viviendo en el presente, donde puedo decidir por mí misma, en lugar de ser prisionera del pasado con sus memorias y dolor.

Ahora, vamos a confrontar estos ejemplos alternativos:

1. ¿Es verdadera la alternativa? Sí.

2. ¿Es del mayor interés de Rhonda aferrarse a estas creencias? Sí.

3. ¿Las alternativas mejoran y protegen su salud? Sí.

4. ¿Las alternativas le otorgan a Rhonda lo que ella en verdad desea? Sí.

Conclusión: Las tres alternativas parecen ser auténticas, así que Rhonda tiene que tomar una agradable decisión: puede adoptar una, dos o las tres alternativas.

Ahora trabaja tu propio cuadro "AAP". Dale al paso cuatro el tiempo que merece. Recuerda probar el criterio de autenticidad de cada pensamiento "AAP".

Como última parte del paso cuatro, y para que no haya equivocaciones acerca de tus opciones, circula cada "AAP" que pase la prueba. Estás empezando a forjar los eslabones de la cadena de vida de tu elección.

Paso cinco: identifica y ejecuta tu Respuesta Efectiva Mínima (REM)

Recuerda que en este paso, al que llamaremos tu "REM", necesitas llevar a cabo una acción, ¿cuál será?

La meta del paso cinco es el quiebre emocional, lo cual significa que puedes "cerrar el libro" de tu situación y el dolor asociado con ella. Puedes poner ese "libro del dolor" en el librero y ya no vas a necesitar bajarlo y leerlo todos los días.

Toma en cuenta que "REM" incluye la palabra "mínima". Tu "REM" es la cosa que puedes hacer con el *menor* esfuerzo que te permite el quiebre emocional. Un ejemplo de lo que *no* es el "REM": A veces escucho a personas que están sintiendo mucho dolor, planean grandes eventos para avergonzar a alguien, cuando todo lo que requieren para sentir alivio emocional sería una explicación y una disculpa. El concepto de "REM", busca satisfacer tu necesidad de solución, sin crear todo un nuevo grupo de problemas. Trata de que conserves tus recursos. Puede ayudarte considerar a esos antiguos guerreros que deliberaban largamente, discutiendo las acciones más efectivas pertinentes al menor costo de sangre y sufrimiento. No tenían la intención de incendiar la Tierra, sino tener los máximos resultados al menor costo. Cuando se trata de tu "REM", tú eres tu propio consejo.

Analiza tus alternativas de acción. Pensando en tu "REM", utiliza esta prueba de cuatro partes:

1. ¿Qué acción puedes tomar para resolver este dolor?

2. ¿Si tuvieras éxito y lograras hacer lo que te propones, cómo te sentirías?

3. ¿Es armónico el sentimiento que vas a obtener con el sentimiento que *quieres* tener?

4. Recuerda la palabra "mínima", ¿podría haber alguna otra acción más emocional que te diera la liberación que deseas sentir?

Volviendo a Rhonda, ella consideraría su posible "REM" preguntándose, ¿qué es lo menos que puedo hacer para sentirme reivindicada, para sentir justicia, para liberarme de esta prisión de dolor emocional en la que estoy viviendo?

Su padre ha muerto, pero quizá ella conozca el paradero de uno de sus "cuates". Quizá el "REM" de Rhonda, sea ir a ver a esa persona, verlo a los ojos y decirle: "No creas que no sé lo que me hiciste y quiero que me escuches. Tú necesitas saber el dolor que me causaste. Necesitas saber el efecto que tuvo en mí la forma en que me lisiaste. Necesitas saber lo que esto le ha hecho a mi vida, a mi matrimonio y a mi relación con mis hijos, desgraciado, infeliz hijo de perra."

Quizá ese sea su "REM". Quizá necesita el efecto catártico de haberlo dicho. Por otra parte, quizá eso no le ayude a resolver las cosas. Quizá Rhonda necesita aprovechar el hecho de que no hay limitaciones estipuladas en los casos de abuso y acudir a las autoridades, levantar una denuncia y que arresten y metan a la cárcel a ese "H.D.P."

Conforme consideras tu propio evento detonante y la naturaleza y el grado de sufrimiento que has experimentado, ¿cuál sería tu "REM"? Quizá no sientas la necesidad, o sientas que tengas el valor en este momento de hacer cualquiera de las dos cosas que contemplamos para Rhonda. Quizá lo que necesites es escribir una carta con todo lo que sientes y piensas. Quizá esto te solucione las cosas. Quizá necesites mandar la carta, si tu evento tiene que ver con alguien más. O puede ser, que como Rhonda, si no puedes enviar la carta, necesitas ir a la tumba de tu ofensor y leérsela en el panteón.

Voy a compartir contigo, lo que hizo Rhonda. Inicialmente, ella pensó que su "REM" podía consistir en leerle la carta a su madre, como una opción de ventilar sus sentimientos. Sin embargo, descartó esa opción, sintiendo que era más una "respuesta efectiva máxima": Mientras que podía ser que resolviera el asunto, tenía efectos secundarios innecesarios, incluyendo la posible culpa, pena, furia y negación de parte de su madre que estaba muy enferma.

Finalmente decidió que tenía que viajar al cementerio donde estaba enterrado su padre, visitar su tumba y leerle la carta. Mientras que otros pueden creer que fue un comportamiento inútil, a Rhonda le funcionó absolutamente bien. Cuando le leyó la carta a su difunto padre, se permitió gritar, llorar y darle voz a su más extrema furia. Cuando terminó, me dijo que se sentía como si un peso de miles de libras se le hubiera quitado del pecho.

Si en esa situación, esa respuesta no hubiera sido tu "REM", quizá lo que necesitas es tirarle la basura encima de la sepultura. Pero cualquiera que sea tu "REM", necesitas identificarlo y hacerlo: necesitas emitir esa respuesta hasta el momento en que puedas decir: "Okey, ya se acabó. Es suficiente. Mi lente está limpio. Mi asunto emocional está terminado y estoy libre de regresar a ser la persona que sé que soy."

El perdón

Parte de lo que hace que un "REM" sea efectivo es que haya una acción; parte es el pensamiento "AAP" que conlleva; parte es el perdón; y parte es la reescritura de tu vida para que te dirijas al éxito. Vamos a platicar un momento, acerca de una de esas partes, el perdón.

Aunque cada situación es diferente, te puedo decir que el elemento que yo he observado forma parte de cualquier "REM" exitoso, es el perdón. El perdón puede ser un paso muy difícil, pero esencial para que recibas el quiebre emocional que necesitas. Entiende que cuando yo utilizo la palabra "perdón", estoy hablando de algo que sucede enteramente dentro de ti. También debes saber que cuando utilizo la palabra "perdón", de ninguna manera te estoy pidiendo que tomes la postura de que lo que te haya sucedido en tu vida, está "bien".

La razón por la que creo que el perdón es un elemento importante, es porque sin él, estás, casi seguramente, destinado a una vida marcada por el enojo, la amargura y el odio. Esas emociones sólo pueden amasar una tragedia. Tú eres el que pagas el precio de cargar todas esas emociones negativas contigo, permitiéndoles que contaminen cada elemento de tu vida actual. El perdón no es un sentimiento pasivo que te inunde lentamente. El perdón es una elección, una elección que tú puedes tomar para liberarte a ti mismo de esta prisión emocional de enojo, odio y amargura. No digo que la "elección" sea fácil, solamente que es necesaria.

¿Debería Rhonda de perdonar a su padre por el abuso, violación y explotación? La respuesta es un inequívoco sí. No debería de hacerlo porque él merece ser perdonado, debería hacerlo porque *ella* merece ser libre. Muchas personas están renuentes a perdonar, porque ellos creen que deshonra y trivializa lo que les sucedió. Nada podría estar más lejos de la verdad. Las personas que cargan con el peso del enojo invariablemente dicen que lo hacen porque nunca tuvieron un quiebre emocional por el tratamiento que recibieron de las manos de otra persona. Los sentimientos de los que estamos hablando aquí son heridas abiertas, asuntos emocionales no resueltos con alguien en algún lugar; cualquiera que sea el blanco de todas estas emociones negativas. Entonces llega el momento en el que tienes que decir: "El dolor cesa aquí, el dolor cesa ahora. Necesito sanar y no puedo hacerlo con estas heridas abiertas de enojo, odio y amargura. Me doy permiso para sobrepasar esto. Y si ese enfermo depredador es liberado de mis emociones negativas al mismo tiempo, que así sea. Las personas que hacen cosas espeluznantes van a enfrentarse a un dolor mucho mayor el día del juicio final del que yo me he podido someter a mí mismo. Esto se lo dejo al más alto poder y elijo sanar mis heridas." Como encontrar la fuerza y el valor de perdonar, en tus circunstancias, es específicamente un asunto tuyo. Quizá encuentres la fuerza soltándole a Dios el asunto. Quizá este proceso de cinco pasos te ayude a encontrar la fuerza.

Aplica el criterio de autenticidad a estas respuestas, a tu enojo y percepción. Por ejemplo, supongamos que crees que uno de tus padres te ha dañado al no elogiarte lo suficiente, que la vida nunca fue una alegría mientras crecías. *¿Es verdadero este pensamiento?* Bien puede ser que lo sea. Puede ser que te fallaran los elogios y por lo tanto tu pensamiento crítico cumple con el primer criterio. Pero recuerda que perdonar a los que nos han transgredido, o a aquellos que amas, no tiene nada que ver con ellos, tiene que ver contigo. Puede ser cierto que te lastimaron de alguna manera. Ciertamente no hay nada ficticio en reconocer que fuiste lastimado. No te estoy pidiendo de forma alguna que arrumbes esto debajo de la alfombra o que pretendas que nunca sucedió. Ni siquiera te estoy pidiendo que lo trivialices y que te digas a ti mismo que no fue un gran rollo. Por otro lado, también te debes de preguntar: ¿Cuánto te has lastimado a ti mismo manteniendo este enojo? *¿Sirven a tu mayor interés estos pensamientos?* Son inútiles en cuanto a cualquier tipo de satisfacción en relación con tus padres y definitivamente una carga negativa para ti. Como resultado, tus percepciones y reacciones no pasan el segundo estándar de autenticidad y, por lo tanto, deben ser rechazados. *¿Tu falta de perdón mejora y protege tu salud?* Claramente, no. El enojo y la venganza corroen el cuerpo y el alma. De nuevo, el pensamiento no pasa la prueba de la autenticidad. En otras palabras, lo que te estás diciendo a ti mismo aunque no sea una mentira, no va de acuerdo con tus mayores intereses y no protege ni mejora tu salud. En cuanto al cuarto diente de la prueba de autenticidad, debe ser claro que el seguir cargando un corazón lleno de amargura *no te va a dar lo que quieres*. Ahí radica el poder del perdón. Es verdad que a ti te pasó algo, pero todavía, velando por tus intereses, puedes soltarlo y dejarlo descansar.

En contraste, una creencia que sobrevive y pasa la prueba de la autenticidad sería la creencia de que tú controlas la calidad de tu vida emocional y que nadie puede encerrarte en un lazo destructivo donde puedan controlarte. Tú puedes tomar la decisión, consistente con tu autenticidad, de *bloquear* cualquier atadura con estas personas por medio del odio, miedo o resentimiento. Puedes resistir el cederles tu energía a través de tu diálogo interior. Considera la técnica utilizada por las tribus de los indios nativos americanos para castigar comportamientos abusivos: la tribu completa, simple y sencillamente, se desconecta del ofensor, negándose a reconocer su presencia. El ofensor se vuelve "invisible". De todas las posibles respuestas, esta respuesta es el peor castigo imaginable. En lugar de responder a él con la furia del que no perdona, dándole al ofensor más poder del que ya tiene, hay un desapego absoluto. Ellos reservan su energía para cosas más importantes. Ésa es la libertad y la liberación de la que te hablo cuando hablo del perdón. Retira la energía que tienes invertida en los perpetradores de tu vida y ellos se van a marchitar y van a desaparecer de tu pantalla de radar.

El objetivo del "REM" es limpiar el concepto de ti mismo. Si tus respuestas internas están limpias y tus lentes de percepción están claros, en lugar de causar que reacciones de forma impulsiva con respuestas enojadas, exageradas e inapropiadas, tu concepto de ti mismo se va a mover hacia un comportamiento constructivo que te da más de lo que quieres y menos de lo que no quieres.

Recuerda lo que te ha llevado por este camino de dolor y distracción: la variedad de eventos negativos y tu reacción interna a estos eventos, es lo que te ha alejado de tu *yo* auténtico. Estos eventos son las campanas de la puerta; los baches del camino; los choques de la vida que han dañado el "vehículo que eres" y sepultado a tu *yo* auténtico debajo de un montón de basura putrefacta. Para regresar a tu ser auténtico, debes asegurarte que has limpiado *todos* los asuntos emocionales que contaminan tu vida actual y la visión de ti mismo. Limpia el lente del proyector del que platicamos. Aprieta el botón del foco y devuelve tu imagen al punto donde la puedas ver claramente.

Cuando apliques los principios de este libro en forma activa y comiences a desarrollar tu propio lenguaje, te vas a encontrar enfocado en el camino del éxito. Al comprometerte a aprobar todas las batallas de tu vida utilizando la prueba de pensamiento "AAP", vas a sentir como van cediendo el peso y las restricciones. Vas a tener más energía para tus propósitos y a descubrir que la promesa de alegría y paz es verdadera.

Al principio este proceso se puede sentir torpe. Probar cada una de tus creencias negativas requiere práctica. Te vas a sorprender a ti mismo resbalando con tus antiguas etiquetas y cintas. Tienes una larga historia de hábitos aprendidos —hábitos llamados respuestas internas— y no van a desaparecer rápido. Pero sí *puedes* cambiar tu diálogo interno. *Puedes* cambiar la forma en la que te etiquetas. Puedes presionar el botón de *expulsar* en las cintas que has generado y puedes sobreponerte a las creencias fijas que te han mantenido atrás. Tú *puedes* auditar la autenticidad de todas estas respuestas internas y generar alternativas "AAP" para aquellas respuestas que no den el ancho.

Elegir una auténtica y precisa alternativa, significa que adquieres hábitos genuinos, agendas de quién eres en realidad, para que tu vida pueda desarrollarse conforme a tu verdad en lugar de al servicio de una falsa identidad.

Tu *yo* autentico está caracterizado por la confianza, esperanza, optimismo, alegría y propósito. Es tiempo de que te comiences a comportar de esta forma.

Comenzando hoy, eres tú quien debe dar el paso y aceptar la responsabilidad de una vida auténtica. Eres tú quien debe crear la cadena de vida que deseas. Ya tienes las herramientas, ahora úsalas.

12

SABOTAJE

Hablar mal de los otros es una manera deshonesta
de elogiarnos a nosotros mismos.

WILL DURANT

Joan estaba feliz. Ella había trabajado tanto, durante tanto tiempo. Después de su fracaso matrimonial, había decidido que era tiempo de que estuviera ahí para ella. Era tiempo de dejar de tratar de hacer feliz a todo el mundo mientras que ella era relegada hasta abajo de la lista de prioridades. Había desperdiciado tanto tiempo y energía tratando de agradar a su dominante y sabelotodo madre que, una vez que se divorció, fue como si alguien le hubiera quitado un enorme peso del pecho. Al principio había estado furiosa con ella misma por todas las cosas que había soportado de su suegra y "su hijito". Se sentía violada y estúpida por haber accedido a tanto con el fin de mantener las cosas en paz. Ahora, después de lo que para ella parecían años, las cosas estaban comenzando a cambiar. Había dejado de golpearse a sí misma. Había decidido que el único momento era el ahora y que tenía que retomar su vida. Realmente, era más como "llegar a" su vida que "retomar" su vida, porque ella había botado a Joan hacía muchísimo tiempo.

Ella se había empujado a sí misma a la sombra desde tiempos inmemoriales. Un gran momento al "venderse" fue cuando permitió que su padre, un contador público, insistiera en que asistiera a una escuela de contabilidad en lugar de que recibiera un certificado de maestra en artes, un campo por el que alguna vez sintió una desbocada pasión. "Ponte seria", le había dicho. "En este mundo tienes que encontrar la forma de sostenerte. Nunca vas a ser una maestra exitosa, enseñándoles a los niños a jugar con barro." Ella se había "vendido" ya tantas veces que realmente fue un asunto automático el que aceptara que él le dijera lo que tenía que hacer. Se había convertido en algo cada vez más fácil conforme pasaba el tiempo. Sus decisiones, grandes y pequeñas, habían sido tomadas en función de complacer a los demás: con quién casarse, dónde vivir, qué automóvil manejar, a dónde ir de vacaciones, estar de acuerdo en no tener hijos. Su plan de vida se había convertido en algo muy simple: no hacer olas.

Pero todo eso estaba detrás de ella. Había encontrado su fuerza y a sí misma. Había leído interminablemente, ido a terapia y se había retado a sí misma de todas las formas imaginables. Había escrito cientos de páginas en su diario y algunas veces se impactaba de las cosas que escribía. Impactada o no, seguía escarbando y siendo honesta consigo misma. Finalmente, después de meses y meses de trabajo duro, se había recompensado con un viaje culminante: había pasado cuatro maravillosas semanas en un spa en Arizona, donde terminó por perder las veinte libras de peso que le sobraban y que parecían estar pegadas a sus caderas. Se sentía sensacional. Una noche, de regreso a su cabaña, escuchó un mensaje de voz del buzón de su casa y supo que había sido aceptada en un posgrado en artes, uno que la ponía en el camino a la carrera que deseaba. Y no solamente había perdido esos últimos kilos; no sólo se veía y sentía más fuerte que nunca, ¡se había enamorado! Era como si estuviera descubriendo a una persona completamente nueva dentro de ella, una Joan que se había perdido hace años; alguien que, se dio cuenta, podía ser asombrosa. Todo se estaba dando. Ella había encontrado su *yo* auténtico.

Reviviendo las memorias de años pasados en el vuelo de regreso a casa, Joan casi no podía contener la risa. Pensó en cómo iba a darles a sus amigas la buena noticia. Sabía que Alice y Becky se morían de ganas de saber los cambios en su vida, especialmente porque ella se había "desaparecido" un poco los últimos meses mientras trabajaba arduamente en poner en orden su vida. A través de llamadas telefónicas desde Arizona había tratado de describirles la magia del spa, pero no les había dicho una sola palabra de Mark. Ésa iba a ser una sorpresa.

Alice estaría fascinada. Después de todo, había sido Alice quien le había recomendado el spa. Ella era la que, sabiendo lo doloroso que había sido el divorcio, insistió en que Joan iniciara una nueva vida. Como un entusiasta entrenador, Alice le recordaba constantemente a Joan que éste era el momento de su vida para reflexionar y armar las cosas, una oportunidad de poner detrás de ella todos esos "días de mierda" y comenzar de nuevo. Sí, Alice estaría emocionadísima y Joan se moría de ganas de darle la noticia.

Becky también estaría emocionada, pero Joan sabía que Becky era una pesimista. Sin duda, al principio Becky cuestionaría si todo esto era real. Tan ocurrente y divertida como lo era Becky, siempre había una certeza gris en su voz, un tono que decía que ella reconocía cómo "debía ser" la vida. Cuando las personas trataban de cambiar su vida y fallaban, Becky no se sorprendía. No importaba cuánto luchaban las personas para ser felices, ella parecía dar por hecho que se quedarían cortos, por alguna u otra razón. Pero esta vez sería diferente. De seguro Becky se iba a dar cuenta. Más tarde que temprano, ella vería la diferencia en Joan y tendría que reconocer que los cambios eran genuinos. Esta vez, incluso Becky comprendería y apreciaría lo maravillosamente transformada que estaba Joan. Joan esperaba que esto fuera cierto; sin embargo y de forma extraña, no parecía importarle tanto como antes. Si Becky estaba contenta por ella, que bueno. Si no, también estaba bien.

A lo largo de todas sus experiencias —algunas buenas, otras no tan buenas— Joan, Alice y Becky habían sido almas gemelas; su amistad tripartita crecía cada vez más sólida y segura de lo que había sido cuando se formó hacía quince años en segundo de secundaria. Las tres habían visto en sus matrimonios buenas y malas rachas, siendo el de Joan el que se disolvió primero. Mientras que Joan y Becky tenían trabajos de oficina, Alice se quedaba en casa con sus hijos. Las tres almorzaban todos los sábados; consideraban esto como una oportunidad de compartir sus vidas que no podían perderse. Algunas veces chismeaban, tomando nota de quién le estaba poniendo el cuerno a quién o quién había sido vista usando tal cosa en tal lugar. Sus pláticas sabatinas estaban invariablemente salpicadas de chistes negros acerca de lo miserables que eran en su pequeño pueblo, acerca del hecho que nadie parecía feliz con lo que estaba haciendo. Pero este sábado sería diferente: Joan se estaba fugando. Ella estaba a punto de remontar el vuelo hacia una nueva vida.

Nada podía haber preparado a Joan para la sacudida que recibió el sábado. Cierto, sus amigas expresaron interés en sus aventuras, pero su interés parecía forzado. Ellas fueron todo menos entusiastas. Después de que les platicó de su pérdida de peso, recibió unas tibias felicitaciones, seguidas de un silencio incómodo. Finalmente, Becky habló. Con una conocedora sonrisa y la ceja ligera y sutilmente levantada, estuvo de acuerdo en que la pérdida de peso había sido un logro. Pero era una pena, suspiró, que Joan probablemente iba a recuperar ese peso en menos tiempo del que le había tomado el perderlo. Becky incluso citó algunas estadísticas de una revista para apoyar su predicción. Cuando llegó el momento de hablar de la vida amorosa de Joan y los detalles acerca de Mark, Becky se puso aún más dudosa. Con preocupación en la voz, murmuró que, aunque no conocía a Mark, ¿cómo iba a saber Joan que él era leal? A ella le sonaba como un típico sinvergüenza. Bien por Joan el haberse permitido una aventurilla; pero eso era todo lo que era, una aventura, nada más. Gentilmente le sugirió a Joan que quizá nunca lo iba a volver a ver. Más hubiera valido que Becky le gritara su silencioso mensaje a Joan; era tan claro: "Olvídalo. El tiempo de la fantasía terminó. Cómete un postre y brinca a la zanja con nosotras."

Conociendo a Becky como la conocía, Joan tenía por lo menos un poco de experiencia con su cinismo. Pero la reacción de Alice la dejó muda. Era como si los comentarios de Becky hubieran destapado los sentimientos que Alice había estado guardando durante semanas. Ahora que tenía "permiso", Alice soltó un río de amarga crítica, comentarios que quemaron a Joan como si fueran ácido. Le dijo que se había comenzado a vestir como "una golfa" y que estaba actuando como "si lo supiera todo y fuera todopoderosa". ¿Quién se creía que era? Incluso aunque Mark fuera de fiar, ¿qué podría ver él en una pueblerina como ella? Alice estaba fuera de sí, diciéndole a Joan de todo menos prostituta y fraude, una traidora que no pensó dos veces en darle la espalda a sus amigas. Y esta estúpida idea de volver a la escuela a su edad: "Digo, ¡consíguete una vida!" Y todo para qué, para

que Joan pudiera trabajar como maestra recibiendo un sueldo miserable, ¡sí, como no! Si Joan quería ser mejor que sus
amigas, pues entonces adelante, ella debía ir tras lo que quería y enfrentar las consecuencias.

Temblando, llegó hasta el estacionamiento; apenas pudo
encontrar las llaves del coche entre el mar de lagrimas. No
se había sentido tan lastimada desde la universidad y alguna de esas amargas confrontaciones con su padre. Era como
si hubiera salido del cine para descubrir, de repente, que
las cosas eran como siempre habían sido. Estaba completamente desconcertada. Pensaba que se había encontrado,
que sus sueños para el futuro habían comenzado a hacerse
realidad, que incluso había encontrado alguien que la amaba por lo que era realmente. ¿Qué no podían ver esto? ¿No
veían que estaba contenta? Ella había, por fin, encontrado
un camino hacia lo que deseaba, en lugar de hacia lo que
los demás le decían que debía ser; sin embargo, sus mejores amigas le estaban diciendo que estaba equivocada, que
sus percepciones eran falsas, que su maravillosa aventura
era un cuento de hadas infantil. Juntas, Alice y Becky habían sido sus consejeras, su punto de referencia. ¿Podían
estar equivocadas? ¿O la equivocada era ella? ¿Seguía siendo el patito feo que siempre sintió que era? ¿Había sido un
sueño? ¿Debería abandonar sus verdaderas pasiones y regresar a la vida que conocía? Después de todo, era difícil
imaginar "a la buena de Joan" siendo la estrella de algo,
incluso de su propia vida. Ella estaba en una encrucijada
crítica: ¿Se apegaría a su curso o sería saboteada y
succionada de regreso a sus antiguos papeles?

Lo que le sucedió a Joan no es ninguna novedad. Muy seguido, conforme vislumbramos nuestro *yo* auténtico, escuchamos el murmullo de nuestras potencialidades y es entonces

cuando surgen las amenazas. Es posible que nos jale nuestro guión de vida antiguo. Podemos ser persuadidos de que todo fue un sueño. Podemos ser convencidos de que nuestras pasiones, las convicciones que hemos sentido con tan intensa claridad, son absurdas. Comenzamos a temer que si les parecemos raros a las personas cuyas opiniones respetamos, pues de alguna manera metimos la pata. Nos avergonzamos de nuestra audacia de creer que somos diferentes. Muy seguido sucede que, justo cuando estamos a punto de escapar de nuestro ser ficticio, nuestros "amigos" nos retienen en como éramos y, desde su punto de vista, siempre seremos.

Por favor comprende, primero que nada, que esta reacción no es siempre intencional. Tus amigos y familia no planean retenerte en tu *yo* ficticio. Algunos lo hacen por el deseo de protegerte. Otros están tratando de protegerse a *sí mismos* del cambio. Algunos otros estarán tratando de proteger el predecible mundo que compartían.

Lo que he encontrado es que la mayoría de las personas realmente no saben promover el bienestar del *yo* auténtico de los demás. El hacerlo requiere de una gran dosis de sabiduría y confianza. Confiar en tus decisiones, decidir dar un paso atrás y permitirte que vivas tu *yo* auténtico, requiere que las personas en tu vida confíen en el proceso incluso más que tú. Es muy fácil que se sientan amenazados: pueden tener miedo de perderte, porque al parecer estás creciendo más que ellos. Como resultado, ellos pueden tratar —consciente e inconscientemente— de mantener el *status quo*. En esencia, se requiere de una persona auténtica para saber y comprender de lo que se trata tu búsqueda de regreso hacia tu *yo* auténtico.

Recibir el apoyo y la empatía de las personas de tu vida es duro, porque para ellos tu situación parece inestable. Es-

tás cuestionando cada valor y creencia que has tenido acerca
de ti mismo; estás cuestionando tus relaciones y a ellos les
puede parecer que tus ideas no son muy claras. Tú empiezas
a experimentar con conceptos nuevos y estas ideas nuevas
le pueden parecer ridículas a alguien más. Para complicar
las cosas, éste es un proceso de refinamiento: tú moderas y
cambias tus experimentos iniciales; tú estás probando y afi-
nando los cambios hasta que llegan a un nivel mucho más
profundo de convicción. De esta forma, se van convirtiendo
en más significativos y duraderos que los cambios que adoptaste de la noche a la mañana. Viendo estos "ajustes", tu
moderación y cambios a tu experimentación inicial, las personas negativas pueden llegar a la conclusión de que has
fallado; pueden decirte: "Ves, ¡te lo dije!" El punto es que tu
vida es un proceso y vas a tener que arriesgarte a besar a
algunas ranas en el camino. No te desvíes de la búsqueda de
tu *yo* auténtico sólo porque alguien se da cuenta de que tu
camino está lleno de curvas. Frecuentemente, esas mismas
personas son las que están aterradas de confrontar sus propias curvas. Solamente están confrontando tu nuevo guión
porque éste reta su antiguo guión.

Por ejemplo, puede ser que estés cuestionando tu relación
con Dios. Hacerlo no es "vender tu alma al diablo".
Ciertamente, tienes el derecho de cuestionar si tu entendimiento de Dios es uno que le compraste a alguien más. Puedes
estarte preguntando si es verdadero, si resuena con los niveles
más profundos de tu fe, o si simplemente "es" porque alguien
dijo que era. Este tipo de cuestionamiento, con un
seguimiento honesto, te puede llevar a tener una relación
más relevante y personal con Dios. Pero necesitas reconocer
que puede haber personas en tu vida que no van a apoyar
este proceso.

Es parecido a lo que pasa cuando las personas deciden retomar el control de su salud física. La experiencia nos enseña que las terapias más efectivas tienden a ser aquellas que toman en consideración las preferencias del paciente, lo que no quiere decir que les va a gustar a sus parientes. Este punto fue expuesto de forma muy convincente, hace algunos años, en un documental dramático que pasó por la televisión y que trataba de una mujer llamada Debbie Frankie Ogg. Habiendo sido diagnosticada con cáncer, Debbie Ogg decidió que la medicina tradicional no tenía nada que ofrecerle. En su lugar, ella decidió experimentar con terapias alternativas, incluyendo unas de visualización guiada al igual que el uso de medicinas herbales.

Cuando le quedó claro a la familia que ella estaba comprometida con este acercamiento alternativo, ellos respondieron minimizándolo. Hubo algunas manifestaciones de preocupación, bromas acerca de "doctores brujos" y de "raras" hierbas, y toda una gama de tácticas diseñadas a regresarla a un tratamiento convencional. Finalmente, en una memorable escena en la mesa del comedor, Debbie le pidió a su familia que se fuera y que no regresaran hasta que ella hubiera completado su viaje a través de estos métodos. En sus propias palabras: "Yo no puedo encontrar y combatir mi cáncer si tengo que pelear con ustedes al mismo tiempo. Necesito que alguien crea en mí y, si no pueden hacer eso, entonces se van a tener que ir hasta que esto haya terminado."

El punto de su ultimátum era que ella iba a decidir quién estaba en su equipo y quién no. Iba a decidir quién iba a ser su doctor, quién iba a ser parte de su equipo de apoyo y quién necesitaba estar con ella. Ella iba a generar sus propios juicios en cuanto a qué tratamientos le eran más benéficos. Como resultaron las cosas, algunas de sus decisiones fueron de gran beneficio; otras, no tanto. Pero ella había dejado bien en claro que estaba remando su propia canoa y que estaba preparada para vivir con el resultado, incluso si su resultado era la vida o la muerte. Felizmente, las terapias que eligió funcionaron y hoy sigue viva para contar su historia. Ella te diría que el acercamiento quizá no te funcione a ti, pero que sí tienes la responsabilidad de buscar el acercamiento que te funcione.

Debes de estar absolutamente comprometido para encontrar tu camino de regreso a tu ser y vida auténtica. Al igual que Debbie, debes aprender a remar tu propia canoa y, mientras menos pasajeros invites, más fácil te va a ser alcanzar la meta. Tienes el derecho de elegir a las personas que te van a rodear conforme realizas este trabajo y a elegir cuándo y dónde lo vas a realizar. Tienes el derecho y debes reclamarlo sin disculpa alguna. No continúes pretendiendo que no sabes quién tiene tus mayores intereses en su corazón y quién no. Lo sabes tan ciertamente como que estás aquí sentado. Es tiempo de que te des permiso de actuar con base en esos conocimientos. Tienes el derecho de elegir a tu equipo y, si quieres triunfar, debes hacerlo con los ojos abiertos.

Yo he descubierto algunas de las dinámicas de cómo las personas reaccionan tóxicamente a la búsqueda del *yo* auténtico. Necesitas conocer estas dinámicas para que no te saboteen en tu camino de curación.

Hay, básicamente, cuatro patrones destructivos que las personas pueden introducir en tu búsqueda de autenticidad. Estáte en alerta. Sé cuidadoso cuando estés más vulnerable y siempre planea un salida en caso de que te encuentres atrapado en una conversación, como le sucedió a Joan. Recuerda que las personas que te responden con uno de estos patrones de comportamiento son "agentes tóxicos" para el ser, ya sea que tengan la intención de serlo o no. Como dije anteriormente, ellos por lo general no intentan dañarte, sino están tratando de proteger sus propias vidas, sus propios miedos y sus propios seres ficticios.

Comprende que aquí no me preocupan las intenciones. Ya sea que estas personas tengan la intención de lastimarte o no, no es el asunto. Estoy siendo egoísta por ti, lo que significa que sólo estoy viendo los resultados. Si alguien "accidentalmente" me atropella el pie con su automóvil, puede ser que su intención no haya sido lastimarme, pero mi pie está desecho de todas formas. Ahora, no puedes darte el lujo de ser magnánimo en cuanto a las intenciones. No puedes darte el lujo de decir: "Bueno, estoy jodido y justo en el mismo lugar donde empecé, pero sé que no tenían esa intención."

Las cuatro categorías que típicamente veo en la población de "agentes" pueden ser identificadas como:

1. Sobreprotección

2. Manipulación del poder

3. Sincerándonos, y

4. Seguridad en el *status quo*

Sobreprotección

Este tipo de sabotaje tiene un mensaje básico de miedo: "Realmente no creo que seas capaz de ser más de lo que eres. Te estás preparando para el fracaso. Relájate y no te vas a lastimar. Si apuntas demasiado alto, te puedes caer y destruirte a ti mismo y a todo lo que tienes. No debes de elevar mucho tus pensamientos. Sólo quédate aquí conmigo y yo te voy a cuidar. Allá afuera es duro el mundo y, honestamente, ¿cuándo has hecho algo?"

Una vez trabajé con la familia de una estrella de atletismo, un niño con un talento remarcable para el salto de altura. Él era un atleta talentoso, comprometido y apasionado, pero tenía una madre que lo quería resguardar de potenciales decepciones. Ella le decía a David que no debía darle tanta importancia al deporte. Razonaba que si él trabajaba tan duro, esperando ser el mejor, incluso ganar las competencias estatales, seguramente se iba a decepcionar y ella simplemente no podía tolerar que se le rompiera "el corazoncito" de esa manera. Temía que el fracaso destruiría su sentido del orgullo; por lo tanto, su actitud era: "Si no intentas, no fracasas; y si no fracasas, no te lastimas." La verdad, yo creo que ella no podía con la presión. Todos sabemos lo difícil que es ver a nuestros hijos competir.

La buena noticia es que aunque David no "la podía sacar de su equipo", sí podía dejar de escucharla. David participó en la competencia escolar y su madre estuvo ahí en cada paso del camino diciéndole: "Que no te importe tanto, descansa, deja de trabajar tan duro." Me encantaría decirte que David ganó la competencia, pero no, llegó en tercer lugar. Él estaba decepcionado con sus resultados, pero justificablemente orgulloso de sí mismo y de su ética de trabajo. Después de ganar una beca deportiva de una pequeña pero excelente universidad, disfrutó de muchos primeros lugares tanto en salto de altura como en la carrera de diez mil metros planos. Ahora es entrenador de atletismo y ama su trabajo. Pronto, en algún momento, va a ganar esa competencia estatal y vaya, ¡vaya que está disfrutándolo!

Aunque era joven, David tenía convicciones lo suficientemente fuertes como para no permitir que su madre saboteara su visión. Él sabía en su corazón lo que quería, sabía que iba a ser retado y que habría consecuencias. He visto a demasiadas personas que no se han retado a sí mismas y a sus padres, porque los que se supone que los debían estar animando estaban tratando de "protegerlos" del dolor del fracaso. Éstas son las personas acerca de las cuales nunca lees nada, porque ellos no creyeron lo suficiente en ellos mismos para ganar o perder; ellos nunca le entraron al juego.

Los sobreprotectores, como la mamá de David, son extremadamente peligrosos porque sus métodos son virtualmente invisibles. Parecen ser tan amorosos, tan bien intencionados. Su influencia puede ser especialmente poderosa porque, por lo general, viene de alguien en quien confías. La "sabiduría" que ellos quieren compartir contigo es en nombre del amor y la preocupación, haciéndolos muy difíciles de vencer, particularmente si eres un poco inseguro.

Sí, puede ser doloroso intentar y fracasar, pero es el intento lo que debe de ser honrado, no el miedo al fracaso. Simplemente, tu viaje de regreso a tu *yo* auténtico no solamente va a ser un viaje de éxitos. Protégete contra las personas negativas y haz lo que tienes que hacer.

Manipulación del poder

La manipulación del poder es el sabotaje de tu propio poder para así mantener una relación. El escenario de Joan es el típico. Ella había encontrado una nueva base de poder dentro de sí misma. Había descubierto que podía perder peso y encontrar a una pareja basándose en sus propios talentos y esfuerzos. Joan comenzó a creer en sí misma lo suficiente como para iniciar una nueva carrera. Desafortunadamente, todos estos logros amenazaron a sus amigas de toda la vida, hasta el punto del rompimiento. Su poder de controlarla y tener acceso a ella se vio amenazado y ellas temieron perderla. En lugar de anteponer los intereses de Joan a los suyos, o de elegir ser inspiradas por ella, trataron de retenerla dentro de la relación que conocían. Ya sea que hayan hecho esto consciente o inconscientemente, fue inconsecuente para Joan, al igual que lo será en tu vida.

Aprende a evaluar los mensajes que recibes de aquellos que están más cerca de ti. No quiero que te conviertas en un paranoico, pero quiero que te escuches y que pienses por ti mismo. ¿Te está diciendo tu pareja que "no puedes" porque ella estaría amenazada si pudieras? Las personas que genuinamente te quieren te van a decir la verdad, aunque no quieras escucharla, pero también van a ayudarte a conseguir lo que quieres, aunque les asuste el que cambies. No asumas que estás siendo saboteado si alguien no está de acuerdo con tu plan, porque ellos quizá quieran genuinamente retroalimentarte. Pero *analiza sus motivos* con los ojos abiertos. Ellos pueden sentirse amenazados por tu poder personal de tal forma que, consciente o inconscientemente, van a tratar de mantenerte en tu pequeño capullo. El mecanismo específico de este sabotaje es infantilizarte; tratarte como a un niño para que cedas, como niño, ante el poder de su autoridad.

No hay diferencia alguna de a qué edad se da este intercambio; las luchas de poder pueden durar toda una vida. Puedes escuchar frases tales como: "¿Quién diablos te crees que eres? ¿Qué crees que estás haciendo, comportándote como si estuvieras más allá de todo bien y todo mal? ¿A qué tonto has estado escuchando ahora?" El poder es adictivo y, si alguien ha tenido autoridad sobre ti por un largo periodo, va a ser difícil cambiarlo o cambiarla. Después de todo, si ellos son los que tienen el poder, ¿por qué habrían de cambiar? ¿Por qué habrían de dártelo?

Y recuerda: Conforme escaneas tu paisaje, buscando los orígenes de estos mensajes, escucha tu propia voz, porque bien podría ser la culpable. Tu yo ficticio, con toda su inercia, puede ser el que esté hablando más fuerte acerca de lo que no debes o no puedes hacer. De cualquier forma, ya sea que sea tu decisión o la de alguien más, ten mucho cuidado con los mensajes que estás dispuesto a interiorizar.

Siendo sinceros

Piensa en una persona que se siente deficiente, inadecuada. Algo falta, algo necesario para que pueda ser todo lo que quiere ser. Si alguien más entra a escena, aparentemente poseyendo ese algo, su sentido de injusticia se enfurece.

Surgen el resentimiento, el enojo y el miedo.

Te presentas a la comida y les anuncias a tus amigas: "¿Adivinen qué? ¡Me acabo de ganar la lotería *y* me voy a casar! ¡Vean mi anillo!"

Ahora, como hemos visto, puede que todas se emocionen, pero hay una buena posibilidad de que por lo menos unas cuantas estén pensando: "¡Perra!" Simplemente, las personas no siempre se alegran por tus éxitos. Si les permites controlarte con sus celos, si les permites que te jalen y definan quién eres, ellas te van a definir de la forma que les resulte más conveniente y menos amenazante. Esto es a lo que me refiero cuando digo "sincerándonos": El intento de otros de comprometerte, de bajarte a un nivel inferior al que ellos parecen estar. Sutilmente, tan sutilmente, de forma consciente o no, las personas celosas van a sabotearte porque alcanzaste un nivel más alto que el de ellos. Esto puede ser realmente confuso, porque las personas celosas te hacen machincuepas: trabajan *contigo* cuando estás cayendo y *contra ti* cuando tienes éxito.

Seguridad en el *status quo*

Incluso cuando sus circunstancias de vida no podrían ser más penosas, muchas personas siguen ansiando el *status quo*: no quieren cambiar, aunque el cambio sea para mejorar. Esto es porque hay seguridad en el *status quo*. Están viviendo su propio guión ficticio y quién te crees que eres para arruinarles su actuación. Al demostrar tu éxito, puede ser que no estén listos para ver sus propias debilidades; incluso si la vida que viven es una mentira, aparentemente es fácil. Por lo menos todos conocen las reglas y todos saben qué esperar, incluso si es la destrucción.

Recuerdo vívidamente a una familia con la que trabajé casi un año, los Lincoln. Todavía los pienso como los "guerreros Lincoln", porque ellos eran el grupo de personas más salvaje y contendiente que he conocido en mi vida. En su frustración, rompieron más cosas que la mayoría de las personas pueden llegar a tener. Aventaban lámparas, hacían hoyos en las paredes, chocaban automóviles y cualquier otra cosa que pudieran. Vinieron a verme, supuestamente para cambiar este patrón. Después de muchas sesiones, se fue haciendo evidente que aunque todos decían ser miserables, nadie quería cambiar el sistema. El papá estaba frustrado porque la mamá lo minimizaba. La mamá estaba constantemente alterada porque los hijos eran abusivos con ella y le faltaban al respeto. Los hijos estaban exasperados porque sus padres no tenían ni la menor idea de lo que estaba sucediendo. Y toda esta constante frustración los llevaba a tener temperamentos fuera de control y a espectaculares batallas.

Ahora, la casa de los Lincoln estaba obviamente en el escusado, pero cuando se me ocurrió sugerirles que cambiaran, hubieras pensado que los había acusado de homicidio.

Era como si hubieran hecho un pacto de pelear hasta la muerte y de que cualquier cambio sería una traición. Les daba demasiado miedo intentar una nueva forma de manejar las cosas. Concentrarse maduramente en sus necesidades personales hubiera significado que cada uno de ellos fuera honesto y abierto con la familia y consigo mismos. Lo cual los aterraba. En lugar de eso, ellos habían adoptado por un entendimiento tácito que mantendría su *status quo*.

En una de nuestras últimas sesiones, Susan, la madre de este grupo de bestias, anunció que había decidido ir a la escuela nocturna a estudiar enfermería. Ella quería que todos supieran que estaba cansada de las constantes peleas nocturnas y que se estaba saliendo de la jugada. Debían de haber visto la revolución del grupo; era increíble. Dijo uno de los niños: "¿De qué estas hablando? ¿Cómo puedes dejarnos todas las noches? ¿Por qué querrías hacer algo como eso? Eres demasiado vieja y tonta. ¿Y qué hay de nosotros? A ti no te importamos. Qué egoísta."

Le tomó al resto de la familia menos de una hora convencer a Susan de que ella era incapaz de hacer cualquier otra cosa que no fuera pelear con la familia. Yo los confronté acerca de lo que estaban haciendo, pero Susan se alineó con ellos. En cuestión de minutos, todos se me voltearon como una manada de perros salvajes por amenazar su *status quo*. (Cielos, ¿de verdad me pregunto por qué ya no doy terapia?)

El punto es que el *status quo* ofrece refugio al miedo al cambio. Un cambio de posición de cualquiera está visto como una enorme amenaza para todos. Lo cual significa que cualquier movimiento hacia reconectarte con tu *yo* auténtico va a generar resistencia: el grupo o pareja con la que te estés enfrentando va a sublevarse ante la percepción de la amenaza.

No permitas que este paralizante compromiso mental con el *status quo* abata tu espíritu o tu pasión por la autenticidad. Estás vivo por una razón en especial y esa razón es para que seas lo mejor que puedas ser. No permitas que nadie o que ningún grupo te quite esa responsabilidad, especialmente no en nombre de la comodidad.

Prueba este Ejercicio

Vas a necesitar ser extremadamente cauto y cuidadoso en el acercamiento a este ejercicio, ya que puede involucrar a personas que tienen un gran significado para ti. La meta es simplemente ayudarte a que te enfoques en cómo puede ser que las personas saboteen tus esfuerzos para reconectarte con tu *yo* auténtico.

Recuerda que puede ser que estas personas no te estén robando tu autenticidad *conscientemente*. De hecho, puede que ellos se estén diciendo a sí mismos que te están protegiendo y que quieren lo mejor para ti. Su razonamiento puede ser ligero y gracioso, pero el resultado es el mismo.

Paso uno

En tu diario, escribe los nombres de las personas que sientas —sin importar sus intenciones— que pueden sabotearte en la búsqueda de tu vida auténtica. Junto a cada nombre, revisa las descripciones que te he dado, escribe la categoría de sabotaje que es probable que utilicen, la forma particular en que pueden sabotearte. Por favor comprende que éste no es un ejercicio de asignación de culpas. Es meramente una forma de alertarte de las personas que pueden minar tu peregrinación, incluso de la forma más amable y bien intencionada.

Paso dos

Decide qué respuesta le vas a dar a cada una de las personas de tu lista. ¿Vas a sonreír, manifestar tu apreciación y amablemente desviar su interferencia, incluso cuando sepas dentro de ti que vas a seguir tu camino? ¿O vas a necesitar ser más directo, decirle a la persona que se quite de tu camino y que te permita dirigir tu propia vida? Permite que el cuadro de abajo guíe tu pensamiento en los dos pasos de este ejercicio.

Posible saboteador	Posible método de sabotaje	Mi respuesta

Esta historia tiene una moraleja y tú ya sabes cuál es: el mundo no está acostumbrado a nutrirte. Está acostumbrado a tu *conformidad* y *condescendencia*, independientemente de cómo se ensamble con tus dones, habilidades, capacidades y visiones. Si se las dejas al mundo en general, si dejas que otros determinen quién eres, no vas a estar viviendo tu *yo* auténtico como fue compuesto originalmente. En vez de eso, vas a estar viviendo un *yo* ficticio que no es nada más que una conveniente estructura para el mundo en general y para todas las personas con las que te encuentres en la vida.

Negar a tu ser auténtico es venderte. Es traicionarte a ti mismo en todo lo que verdaderamente eres. Es por eso que he buscado inmunizarte contra la manipulación de las personas de tu vida y de la sociedad que está dirigiendo su propia agenda. Es por esto que cierro este libro como lo inicié: alejando los engaños.

Las máquinas de mercadeo, tus padres, empleados, amigos, todos tienen necesidad de que seas de determinada manera. Y es muy probable que tú hayas condescendido y te hayas conformado con esas expectativas a costa de tus propios dones, habilidades y sueños. Cuando esas necesidades son contrarias a tu *yo* auténtico, *tú debes prevalecer*.

Servidores públicos que firman importantes tratados saben lo importante que es "confía, pero verifica". Las dos partes pueden comprometerse por escrito; pueden darse la mano y decir, "tienes mi palabra", pero eso no los exime del deber de supervisarse unos a otros. Puedes decirme que tú has reducido drásticamente tu inventario de misiles nucleares, ¿pero qué tal si me permites ser el que los cuente? De la misma manera, cuando se trata de reconectarte con tu *yo* auténtico, necesitas asumir la actitud de "confía, pero verifica". Confía en que vale la pena hacer este trabajo. Confía en que dentro de ti tienes todo lo que necesitas para ser, tener y hacer todo lo que quieres en la vida. Confía en que eres el mejor juez, por mucho, de lo que es lo mejor para ti. Al mismo tiempo, sé despiadado a la hora de confrontar tus pensamientos. Verifica que tus propias respuestas internas e interpretaciones pasen la prueba de la autenticidad.

Cuando se trata de verificar, utiliza las herramientas que se te han dado. Recuerda la "prueba de la autenticidad", la prueba de cuatro partes de la que hablamos en el capítulo 11. Cuando te sientas en una encrucijada, como se sentía Joan en el estacionamiento después de la comida con sus amigas, retoma el control de la situación poniendo a trabajar la prueba. Someto a tu consideración que si Joan simplemente se hubiera sentado en su automóvil unos minutos, aplicando cada uno de los cuatro criterios a sus pensamientos, hubiera detectado rápidamente el sabotaje que estaba teniendo lugar. Pronto vería que la opción de volver a quien antes era, al *yo* ficticio que Alice y Becky parecían preferir, reprobaría la prueba. Ella podría recuperar el muy necesario optimismo y equilibrio simplemente descubriendo los defectos de sus propios pensamientos. Lo mismo es verdad para ti: cuando sospeches de un sabotaje, no dudes en aplicar la prueba. Sé despiadado al descartar cualquier pensamiento que no pase la prueba.

Igualmente, vas a necesitar desarrollar pensamientos alternativos auténticos y precisos. Habiendo descubierto que tu respuesta inicial no pasa la prueba de la autenticidad, ¿qué otras opciones se te ocurren? Aviéntate tantas líneas de vida como te sea posible. Date permiso de generar cuantas respuestas alternativas te sea posible, y luego prueba la autenticidad de cada una de ellas. Avócate únicamente a las que verdaderamente sean "AAP".

No estoy diciendo que este proceso de dos pasos va a ser natural; seguramente no, al principio. Pero tampoco es natural aprender a tocar un instrumento o ser un padre efectivo o cualquier otra cosa que valga la pena hacer. Ya sabes que estás haciendo algo que lleva tiempo y esfuerzo. Igualmente, si solamente te comprometes a hacerlo, día tras día, puedes convertirte en un experto del pensamiento y la vida "AAP".

No podías haber defendido tu autenticidad cuando eras un niño, pero la puedes defender ahora. La primera persona con la que necesitas afirmarte eres tú.

Epílogo

Si tu barco no llega, nada hacia él.

Tú y yo iniciamos juntos este viaje con mi confesión de cuando "vendí" mi *yo*. Te dije que sucumbí ante las expectativas, cadena de vida y el dinero. Estuve atrapado durante diez años sin tener el valor o el enfoque para poder hacer algo al respecto. Ignoré mi propia voz, mis necesidades y pasiones para satisfacer lo que yo percibía como las expectativas de los demás. En retrospectiva, es probable que esa historia no te alentara a confiar en mí. Probablemente te preguntabas, ¿qué estaba pensando? (Hay un cambio: ¡Tú dándome lata a mí en vez de a la inversa!) Tan poco inspirador como haya sido, era la verdad y una que yo tenía el poder de controlar con solamente reclamarlo. Afortunadamente, eventualmente ejercí ese control, o no estaría aquí escribiendo este libro.

De forma extraña, aunque sucumbía a las expectativas de los demás, también eran mis expectativas. Claramente hacía lo que conscientemente deseaba hacer, pero sentía una vaga aunque firme fuerza jalándome a conformarme y condescender. La fuerza de esa cadena de vida era asombrosamente poderosa. Quiero decir, tú te reúnes con la familia, ¿no? Tú vas a donde va tu gente, haces lo que ellos hacen y vives en su mundo. Mi verdad personal era terriblemente limitante conforme sentía la necesidad de mantenerme en el flujo de mi familia y sus patrones. Parecía egoísta pensar en hacer algo diferente sólo porque yo quería otra cosa. Era familiar, seguro y a un nivel se sentía bien. O eso me parecía en aquel momento.

En esos diez años, que se sintieron como si hubieran sido cuarenta, me engañé a mí mismo, a mi mujer y a mis hijos. Eso lo sé ahora no porque sea un hombre listo, sino porque hice las cosas tan mal durante tanto tiempo que finalmente caí en la cuenta. O lo captas o no lo captas. Yo no lo captaba entonces, pero ahora seguro que sí. Éste es el resto de mi historia.

Después de mi conversación con Robin esa tarde de otoño, juntos decidimos que sin importar las expectativas, posibles consecuencias o el siempre presente miedo al cambio, dejaríamos de "quemar luz del día" en nuestras vidas. Decidimos que la vida que estábamos viviendo era la única que teníamos, que no era un ensayo para que nos saliera bien la próxima vez. El tiempo es el único recurso que no podemos regenerar y la estábamos arruinando como los grandes. Decidimos, de entrada, que yo iba a dejar de quejarme acerca de lo que tenía y no tenía en mi vida personal y profesional y que haría algo al respecto. Nos voy a dar —a mí— crédito de que no volveremos a desperdiciar ni un solo minuto. Tomamos la decisión, jalamos el gatillo y en menos de 90 días, rompimos esa larga y pesada cadena de vida y empezamos una nueva. Al principio hablamos mucho acerca de las diferentes opciones, la mayoría de las cuales mantenían un pie en tierra segura mientras que el otro buscaba tierra nueva. Estirándonos, pero más bien intentando estirarnos. Afortunadamente nos entró la razón y rápidamente concluimos: "Oye, no resolvamos este asunto a medias. No hay que ser melindrosos porque no tenemos las agallas para lanzarnos de lleno. Si vamos a hacer esto, necesitamos hacerlo bien, hasta sus últimas consecuencias."

Robin fue lo suficientemente gentil como para señalar que yo tenía mi ya calva cabeza metida donde podía ver mi ombligo, porque se me había pasado el hecho de que ella adoraba el cambio. Ella agregó que su pasión eran su esposo y sus hijos y que, sin perder un latido, absolutamente y sin lugar a dudas florecería donde fuera, siempre y cuando estuviéramos todos juntos. (Odio cuando es mucho más inteligente que yo, particularmente en lo que se supone es mi especialidad.)

Porque mi "ventana de datos" había estado cerrada por mis creencias fijas y guión de vida en el modo de "estás atrapado", se me había pasado por completo el recurso que radicaba en mi esposa. Ella no estaba ni medianamente tan atrapada como yo y era mucho más flexible de lo que la consideraba. Yo había fallado al ver su espíritu de cambio. ¡Vivimos y aprendemos!

Para no hacerles el cuento largo, decidimos que lo que realmente quería, era estar en un lugar diferente, haciendo algo diferente entre un mundo de personas diferentes. Con ese reconocimiento acerca de lo que realmente quería, con el hecho de decirlo en voz alta, trazamos un curso.

Primero, le dije a mi padre: "Te amo, amo a la familia y odio mi vida, mi carrera y este pueblo. Ya me voy." Él me dijo: "Hijo, ¿qué no tienes cerebro adentro de la cabeza. Te ha llevado diez años construir todo esto y, te vas a largar a buscar algún sueño descabellado? Debimos de haberte tirado de cabeza cuando eras un bebé." Siendo el bocón que soy, le respondí que deseaba que me hubieran tirado más duro, porque quizá entonces me hubiera ido antes. Después le señalé que él, de hecho, había hecho exactamente lo mismo con su vida o si no nunca hubiera ido a la universidad y nunca se hubiera convertido en psicólogo, y nunca se hubiera ido del pequeño pueblo de cinco mil habitantes donde estaba toda su familia. Eso le dio una pausa, pero después dijo, aquello fue diferente porque él, a diferencia mía, había tenido el suficiente sentido común para resguardarse de la lluvia, mientras que yo, obviamente sabía cual era la diferencia entre "¡ven aquí y búscalo!" (He limpiado bastante esta conversación, para no ofender a las sensibilidades tiernas, pero no lo suficiente como para que no supieran que él pensaba que me había vuelto loco.)

Haciendo caso omiso de ese consejo, nos fuimos. Fuimos a un pueblo nuevo que *nosotros* elegimos, comenzamos una nueva profesión por la cual yo estaba locamente apasionado y cimentamos nuestras vidas en un mundo de personas nuevas que compartían nuestras visiones y pasiones, tanto personal como profesionalmente. Hubo algunas dificultades y momentos aterradores, pero honestamente te puedo decir que nunca dudé de haber hecho lo correcto para mí y para mi familia. No dudé, porque por primera vez en años, me sentía tan bien. Una vez que me conecté y escuché a mi *yo* auténtico, se me aparecían "pelotas de playa" por todos lados y las "piedras" rodaban cuesta abajo. Inmediatamente me sentí vibrante y vivo, como si hubiera recuperado esos diez años. Mi energía de vida brotaba de forma ilimitada. No podía esperar a que fuera de día y odiaba tener que dormir por las noches. Me moría de ganas de de agarrar al toro por los cuernos. Ya fuera que estuviera trabajando, conviviendo con mi familia, entrenando al equipo de basquetbol de los niños o simplemente estando conmigo, me sentía totalmente vivo.

Todo lo que había sido bueno durante esos diez años era mejor. Todo lo que había sido una tarea ahora era tanto más fácil. Nunca dudé de mi éxito profesional. Por la pasión que sentía y porque mi vida me quedaba tan bien, tan auténticamente, yo sabía que no podía fallar. Estaba tan apasionado, que no había forma que nadie —mis padres, clientes, compañeros de trabajo o empleados— pudieran no sentirse atraídos por esa energía. Al fin, tenía ese sentimiento al final del día de haber hecho un buen trabajo, un trabajo del que me sentía orgulloso. ¿Y adivinen qué? Cuando se reabrió mi "ventana de datos" las posibilidades que vi personal, espiritual y profesionalmente estaban por todos lados. La compañía que fundamos mi socio y yo se convirtió en líder de la industria en el nivel mundial. Comencé a escribir libros y a hacer televisión. Encontré nuevas formas de marcar la distancia con una educación y profesión para la cual yo ya no tenía energía. Estoy floreciendo, mi esposa y mis hijos están floreciendo y todos los miembros de mi familia que pensaron que estaba loco cuando rompí mi cadena de vida (incluyendo a mi papá) vieron lo que pasó con los cambios que hice y en menos de un año nos siguieron a nuestra nueva vida. ¡Supongo que debí haber cambiado de nombre e identidad con el resto de los cambios! (Sólo estoy bromeando hermanas, sólo estoy bromeando.)

Para mí, la geografía, carrera y forma de vida eran componentes importantes para un cambio efectivo. Para ti pueden ser una o ninguna de esas cosas. Lo que importa es que te comprometas a encontrar y reconectarte con tu *yo* auténtico, lo que quiera que eso requiera. Lo que importa es que retes y reescribas tu verdad personal y que vivas una vida que te permita ser quien realmente eres. Todo lo que queda por hacer es que crees una oportunidad para ti mismo. Todos somos únicamente diferentes y sólo tú sabes lo que eso significa para ti. Si tú no peleas por la oportunidad de vivir esa cualidad de ser único, nadie más lo hará. Un caballo de carreras debe correr, un pájaro debe volar, un artista debe pintar, un maestro debe enseñar. Hay algo en ti, que tú debes hacer. Si ya realizaste todo el considerable trabajo en este libro, entonces lo que queda por hacer es que lo hagas.

Nos vemos en la luz del sol.

APÉNDICE A

Cuestionario de atribución al centro de control de la salud

Para cada una de las afirmaciones del cuestionario, decide qué tanto estás de acuerdo con ellas. De las cuatro opciones de respuesta, selecciona la que expresa cómo te sientes al respecto: si estás completamente de acuerdo, marca (A); si estás casi de acuerdo, pero mantienes ciertas reservas, entonces marca (CA); si estás casi completamente en desacuerdo, marca (CD); o si estás completamente en desacuerdo, marca (D).

Acuerdo: 8 puntos	Casi en desacuerdo: 2 puntos
Casi de acuerdo: 4 puntos	Desacuerdo: 1 punto

	Acuerdo	Casi de acuerdo	Casi en desacuerdo	Desacuerdo
Sección I				
1. Si me enfermo, normalmente se debe a que no he seguido las dietas más renombradas.	(A)	(CA)	(CD)	(D)
2. Para curarme debo cambiar mis hábitos.	(A)	(CA)	(CD)	(D)
3. Creo que la buena salud está realacionada con los buenos hábitos, como el ejercicio y el manejo del estrés.	(A)	(CA)	(CD)	(D)

	Acuerdo	Casi de acuerdo	Casi en desacuerdo	Desacuerdo
4. Creo que si necesito curarme, debo de responsabilizarme de la curación.	(A)	(CA)	(CD)	(D)
5. Mi curación se basa en mis esfuerzos, no en los de los doctores u hospitales.	(A)	(CA)	(CD)	(D)

Sección II

	Acuerdo	Casi de acuerdo	Casi en desacuerdo	Desacuerdo
6. Lo más importante en una curación es tener un doctor inteligente.	(A)	(CA)	(CD)	(D)
7. Confío en que mis proveedores de salud son expertos y se hacen responsables de mi salud.	(A)	(CA)	(CD)	(D)
8. El gobierno utiliza armas que hacen que nos enfermemos.	(A)	(CA)	(CD)	(D)
9. La razón por la que me curo es porque tomo las medicinas correctas.	(A)	(CA)	(CD)	(D)
10. Dependo de los doctores para estar sano. Lo que dicen es lo correcto.	(A)	(CA)	(CD)	(D)

Sección III

	Acuerdo	Casi de acuerdo	Casi en desacuerdo	Desacuerdo
11. Si me enfermo es por mala suerte.	(A)	(CA)	(CD)	(D)
12. Soy muy afortunado si no me enfermo.	(A)	(CA)	(CD)	(D)
13. Si una persona muere es por accidente, porque nadie sabe cuándo se va a enfermar.	(A)	(CA)	(CD)	(D)
14. Si me resfrío es porque ese día pasé por donde se encontraban los gérmenes de la gripa.	(A)	(CA)	(CD)	(D)
15. La vida se basa en la suerte y la fortuna.	(A)	(CA)	(CD)	(D)

Apéndice B

Cuestionario de atribución al centro de control del *yo*

Para cada una de las afirmaciones del cuestionaro, decide qué tanto estás de acuerdo con ellas. De las cuatro opciones de respuesta, selecciona la que expresa cómo te sientes al respecto: si estás completamente de acuerdo, marca (A); si estás casi de acuerdo, pero mantienes ciertas reservas, entonces marca (CA); si estás casi completamente en desacuerdo, marca (CD); o si estás completamente en desacuerdo, marca (D).

Acuerdo: 8 puntos	Casi en desacuerdo: 2 puntos
Casi de acuerdo: 4 puntos	Desacuerdo: 1 punto

	Acuerdo	Casi de acuerdo	Casi en desacuerdo	Desacuerdo
Sección I				
1. Si no me conozco, se debe a que no he tomado el tiempo para hacerlo.	(A)	(CA)	(CD)	(D)
2. Para entenderme a mí mismo, tengo que recurrir a mis percepciones de la vida.	(A)	(CA)	(CD)	(D)
3. Creo que tengo el poder y el talento para ser la persona que deseo ser.	(A)	(CA)	(CD)	(D)

	Acuerdo	Casi de acuerdo	Casi en desacuerdo	Desacuerdo
4. Creo que si deseo ser quien realmente soy, debo de responder las preguntas acerca de mí mismo.	(A)	(CA)	(CD)	(D)
5. Que sea quien realmente soy, depende de ser honesto conmigo mismo.	(A)	(CA)	(CD)	(D)

Sección II

	Acuerdo	Casi de acuerdo	Casi en desacuerdo	Desacuerdo
6. Para ser quien soy, debo de preguntárselo a mis amigos.	(A)	(CA)	(CD)	(D)
7. Dependo de que mis amigos sean expertos en mí.	(A)	(CA)	(CD)	(D)
8. Existen expertos que me dirán quién soy en realidad.	(A)	(CA)	(CD)	(D)
9. El verdadero *yo* es el que los demás piensan que soy.	(A)	(CA)	(CD)	(D)
10. Dependo de los demás para mantener mi autoestima. Lo que dicen es correcto.	(A)	(CA)	(CD)	(D)

Sección III

	Acuerdo	Casi de acuerdo	Casi en desacuerdo	Desacuerdo
11. Si me deprimo se debe a la mala suerte.	(A)	(CA)	(CD)	(D)
12. Soy muy afortunado si obtengo lo que deseo.	(A)	(CA)	(CD)	(D)
13. Es un accidente el que yo gane o pierda.	(A)	(CA)	(CD)	(D)
14. Si algún día soy yo mismo, se debe a que alguien se compadeció de mí.	(A)	(CA)	(CD)	(D)
15. La vida se basa en la suerte y la fortuna.	(A)	(CA)	(CD)	(D)